本书为国家社会科学基金项目（18BRK017）的结项成果

财智睿读

U0514742

现行户籍制度下
城市差异化公共服务供给
与人口空间集聚优化研究

杨晓军 ◎ 著

中国财经出版传媒集团

经济科学出版社
Economic Science Press

图书在版编目（CIP）数据

现行户籍制度下城市差异化公共服务供给与人口空间集聚优化研究/杨晓军著. －－北京：经济科学出版社，2023.6

ISBN 978－7－5218－4850－2

Ⅰ. ①现… Ⅱ. ①杨… Ⅲ. ①公共服务－研究－中国②人口迁移－研究－中国 Ⅳ. ①D669.3②C922.2

中国国家版本馆 CIP 数据核字（2023）第 110272 号

责任编辑：李一心
责任校对：刘　昕
责任印制：范　艳

现行户籍制度下城市差异化公共服务供给与人口空间集聚优化研究

杨晓军　著

经济科学出版社出版、发行　新华书店经销

社址：北京市海淀区阜成路甲 28 号　邮编：100142

总编部电话：010－88191217　发行部电话：010－88191522

网址：www.esp.com.cn

电子邮箱：esp@esp.com.cn

天猫网店：经济科学出版社旗舰店

网址：http://jjkxcbs.tmall.com

北京密兴印刷有限公司印装

710×1000　16 开　20 印张　288000 字

2023 年 9 月第 1 版　2023 年 9 月第 1 次印刷

ISBN 978－7－5218－4850－2　定价：82.00 元

（图书出现印装问题，本社负责调换。电话：010－88191545）

（版权所有　侵权必究　打击盗版　举报热线：010－88191661

QQ：2242791300　营销中心电话：010－88191537

电子邮箱：dbts@esp.com.cn）

前言

　　人口向城市集聚已经成为我国经济高速增长和城镇化进程的重要推动力量，直接体现为城市人口规模持续增长，其背后原因在于人们对优质资源与利益的追求。公共服务作为保障民生的重要举措，对人口向城市集聚具有显著促进作用，而在现有户籍管理制度下，地方政府公共服务供给存在以户籍为标尺的差异化特性，使得外来人口与户籍人口无法享受同等的公共服务，既促使人口为了享受更好的公共服务而向城市集聚，又造成城市人口空间集聚的非均衡性。因此，有效衡量现行户籍制度下城市公共服务供给的差异性及其对人口集聚的空间效应和结构差异，提出城市人口合理集聚的优化路径，有利于更好地优化城市层级体系与推动新型城镇化持续健康发展。

　　现有文献表明城市公共服务会显著促进人口向城市流动或迁移，而户籍制度会限制人口向城市迁移，尤其是户籍制度下公共服务供给差异也会影响人口集聚。本书基于现有研究成果，将户籍制度、公共服务和人口集聚纳入统一体系，以城市人口合理集聚为最终目标，基于城市公共服务供给视角，以户籍制度、公共服务供给和人口集聚理论为基础，在中国户籍制度改革不断推进和城市人口持续增长的背景下，回顾和分析中国城市公共服务和人口集聚的特征和变化趋势，结合对现有文献资料的归纳整理，构建户籍制度下城市差异化公共服务供给与人口空间集聚的理论分析框架；然后从理论方面分析户籍制度下城市差异化公共服务供给对人口空间集聚的作用机理，提出相应的理论假说；继而运用空间计量模型和城市面板数据，基于全国、城市规模、行政等级和地理位置层面考察户籍制度下城市差异化公共服务供给对城市人口集聚的空间效应与结构差异；最后结合上述理论假说和实证检验结论，提出有效促进城市人口集聚的优化与创新路径。

基于现有研究成果和数据可获得性，构建新的城市公共服务评价体系，运用熵值法测算2003～2019年中国地级及以上城市公共服务水平综合评价指数，采用Dagum基尼系数基于城市规模、行政等级和地理位置层面测算城市公共服务供给的空间差异及其来源，结果表明：中国城市公共服务供给具有明显的空间非均衡特征；城市规模层面上，相同规模城市公共服务的空间非均衡特征不明显，但规模间公共服务水平具有明显的空间非均衡特征，且规模间差异是总体差异的主要来源；行政等级层面上，各等级城市公共服务水平的空间非均衡性较低，但等级间公共服务水平存在明显的空间非均衡特征，且等级间差异是总体差异的主要来源；区域层面上，区域内和区域间城市公共服务水平均存在明显的空间非均衡特征，且超变密度是城市公共服务和特殊性公共服务水平总体差异的主要来源，而区域间差异是城市一般性公共服务水平总体差异的主要来源。此外，运用核密度估计方法测度城市公共服务的分布动态演进，结果表明：中国城市公共服务水平呈现缓慢上升趋势，绝对差异存在微弱缩小趋势，分布曲线的延展性呈现拓宽趋势，且存在多级分化现象；城市规模层面上，仅大城市公共服务和一般性公共服务水平的绝对差异存在微弱扩大趋势，分布曲线的延展性呈现拓宽趋势，且极化现象不明显；行政等级层面上，城市公共服务的绝对差异以微弱缩小趋势为主，分布曲线的延展性呈现拓宽趋势，且以两极分化现象为主；区域层面上，城市公共服务水平的绝对差异存在微弱缩小趋势，一般性公共服务和中部城市特殊性公共服务的绝对差异存在微弱扩大趋势，分布曲线的延展性呈现拓宽趋势，且存在两级或多级分化现象。

人口空间集聚表现为城市人口规模与迁移、流动人口规模。根据2006～2019年中国地级及以上城市面板数据，采用Dagum基尼系数基于城市规模、行政等级和地理位置层面测算人口集聚的空间差异及其来源，结果表明：中国城市人口空间集聚存在明显的空间非均衡特征；城市规模层面上，相同规模城市总体人口和迁移人口的空间非均衡特征不明显，而城市间均存在明显的非均衡特征，相同规模内或规模间城市流动人口均存在明显的空间非均衡特征，且规模间差异是总体差异的主要来源；行政等级层面上，地级市间人口规模和迁移人口、不同等级城市流动人口均存在明显的空间非均衡特征，等级间城市人口集聚也存在明显的空间差异，且等级间差异是总体差异的主要来源；区域层面上，区域内和区域间人口集聚均存在明显的空间非均衡特征，超变密度是城市人口规模和迁移人口总体差异的主要来源，而区域间差异是城市流动人口区域差异的主要来源。此外，运用核密度估计方法测度城市人口集聚的分布动态演进，结果表明：中国城市人口空间集聚呈现上升态势，人口规模的绝对差异有微弱缩小趋势，而迁移和流动人口的绝对差异有扩大趋势，分布曲线的延展性呈现拓宽趋势，且存在微弱的多极分化现象；城市规模层面上，除中小城市迁移人口外，其他规模城市人口集聚规模均呈现上升趋势，绝对差异有微弱缩小趋势，分布曲线的延展性呈现微弱扩宽趋势，且迁移和流动人口均存在两极或多极分化现象；行政等级层面上，除地级市迁移人口外，其他等级城市人口集聚规模均呈现上升趋势，绝对差异有微弱缩小趋势，分布曲线的延展性呈现微弱扩宽趋势，且存在微弱的两极或多极分化现象；区域层面上，除东北外其他区域城市人口集聚规模均呈现上升趋势，迁移人口的绝对差异有微弱缩小趋势，而流动人口的角度差异有微弱扩大趋势，分布曲线的延展性呈现微弱扩宽趋势，且存在多极分化现象。

将户籍制度、公共服务和人口集聚纳入一个统一体系，探讨户籍制度下差异化公共服务供给对人口空间集聚的作用机理：（1）户籍制度下地方政府提供差异化公共服务。现有户籍管理制度下，地方政府的很多公共服务都是以户籍作为准入条件和财政分配依据，将非户籍常住人口排除在外，导致户籍人口和非户籍人口享受不同的公共服务。具体来看，一般性公共服务受户籍制度影响较少，而特殊性公共服务主要为户籍人口提供。（2）户籍制度会限制人口向城市集聚。城市户籍门槛的设置将大量的外来人口排斥在城市公共服务范围外，使得外来人口在城市难以享有与城市居民相同的公共服务，进而阻碍人口向城市集聚。而城市户籍制度改革通过破除居民特殊身份状态和降低落户门槛，打破原有的城乡户籍壁垒和行政干预资源配置机制，促进外来人口向城市集聚，而城市准入门槛和落户条件的设置又反映出城市政府部门对户籍改革取向和进程的控制，仍然发挥着限制人口向城市集聚的作用。（3）公共服务供给会促进人口向城市集聚。良好的公共服务，包括充裕的公共教育资源、健康的劳动就业市场、完善的社会保障体系、先进的医疗卫生设施、有效的公共设施供给、发达的交通通信手段、完备的文化体育设施、较好的自然环境质量等会直接促进人口向城市集聚。不同类型公共服务由于自身特征差异对人口集聚的影响也会存在差异，一般性公共服务主要体现在对人口流动的影响，而特殊性公共服务对人口迁移的影响尤为显著。不同人口规模、行政等级和地理位置的城市由于其所提供的公共服务存在差异，对人口集聚的空间效应也具有较大的差异性。（4）户籍制度下城市公共服务供给仍会促进人口向城市集聚。户籍制度是影响人口向城市集聚的制度性障碍和约束，即使考虑到其会通过削弱城市公共服务而阻碍人口向城市集聚，城市公共服务供给仍然对人口空间集聚具有促进效应，但是影响程度有所减弱。

　　基于上述理论分析，运用空间计量模型和城市面板数据，基于全国、城市规模、行政等级和地理位置层面考察户籍制度下城市公共服务供给对城市人口集聚的空间效应与结构差异，结果表明：（1）户籍制度对城市人口集聚具有显著影响。户籍制度对人口迁移具有显著的负向影响，而对常住人口和流动人口均具有正向影响。城市规模层面上，户籍制度对城市人口规模的影响程度与城市规模呈现倒"U"型关系，对城市人口迁移的影响程度与城市规模基本呈现正相关，对城市人口流动的影响程度与城市规模呈现负相关；行政等级层面上，户籍制度对城市人口集聚的影响程度与城市等级呈现正相关；区域层面上，户籍制度对城市人口规模的影响程度大小依次为东北、中部、西部和东部，对城市人口迁移的影响程度大小依次为中部、东部、西部和东北，对城市人口流动的影响程度大小依次为东北、中部、西部和东部。
（2）城市公共服务供给对人口集聚具有重要影响。从公共服务总体供给看，城市公共服务供给对人口集聚具有显著正向影响；公共服务供给对城市人口规模的影响程度与城市规模呈现"N"型趋势，对城市迁移和人口流动的影响程度均与城市规模呈现正相关；公共服务供给对城市人口集聚的影响程度与城市等级呈现正相关；公共服务供给对城市人口规模的影响程度大小依次为中部、西部、东部和东北，对城市人口迁移的影响程度大小依次为东部、西部、中部和东北部，对城市人口流动的影响程度大小依次为东北、西部、东部和中部。从公共服务类型看，不同类型公共服务均对城市人口集聚具有促进作用，特殊性公共服务供给对人口迁移的影响尤为显著，而一般性公共服务供给主要体现在对人口流动的影响。城市规模层面上，特殊性公共服务供给对城市人口集聚的影响程度均与城市规模呈现正相关；一般性公共服务供给对城市人口规模的影响程度与城市规模呈现"N"型趋势，仅大城市和超大城市一般性公共服务供给有利于促进城市迁移人口增长，但一般性公共服务供给对城市人口流动的影响程度与城市规模呈现正相关。行政等级层面上，特殊性和一般性公共服务供给对城市人口集聚的影响程度基本与城市等级呈现正相关。区域层面上，特殊性公共服务供给对城市人口规模的影响程度大小依次为东部、中部、西部和东北，仅东部和中部城市特殊性公共服务供给有利于促进城市迁移人口增长，仅西部城市特殊性公共服务供给有利于促进城市流动人口增长；一般性公共服务供给对城市人口规模的影响程度大小依次为中部、东北，东部和西部，各区域城市一般性公共服务供给对城市人口迁移的影响不显著；仅中部和东北城市一般性公共服务供给有利于促进人口向城市流动。（3）户籍制度下城市公共服务供给对人口集聚的空间效应和结构差异。从公共服务总体供给看，户籍制度会约束人口向城市集聚，且会通过削弱公共服务供给而阻碍人口向城市集聚，但城市公共服务供给仍然对人口集聚具有促进作用。城市规模层面上，除小城市外，其他规模城市户籍制度会通过削弱公共服务供给而阻碍人口集聚，具体来看，中等城市对人口规模的抑制作用尤为明显，随后依次为特大城市、大城市和超大城市；超大城市对人口迁移的抑制作用尤为明显，随后依次为大城市、中等城市和特大城市；大城市对人口流动的抑制作用尤为明显，随后依次为中等城市、超大城市、小城市和特大城市。行政等级层面上，地级市和省会城市户籍制度会通过削弱公共服务供给而阻碍常住人口规模增长，且省会城市的抑制作用略高于地级市；各等级城市户籍制度会通过削弱公共服务供给而阻碍人口向城市迁移，直辖市的抑制作用尤其明显，随后依次为地级市、省会城市和副省级城市；各等级城市户籍制度会通过削弱公共服务供给而阻碍流动人口规模增长，直辖市的抑制作用尤其明显，随后依次为地级市、副省级城市和省会城市。区域层面上，各区域城市户籍制度会通过削弱公共服务供给而阻碍人口规模增长，东北城市的抑制作用尤其明显，随后依次为西部、中部和东部城市；东部和中部城市户籍制度会通过削弱公共服务供给而阻碍迁移人口规模，且中部城市的抑制作用高于东部城市；各区域城市户籍制度会通过削弱公共服务供给而阻碍流动人口规模增长，东北城市的抑制作用尤其明显，随后依次为中部、东部和西部城市。从公共服务类型看，户籍制度会通过削弱特殊性公共服务供给而阻碍人口向城市集聚，但城市公共服务供给仍然对人口集聚具有促进作用。城市规模层面上，大城市以上规模城市的户籍制度通过削弱公共服务供给而阻碍人口集聚的影响尤为明显，具体来看，大城市对人口规模的抑制作用略高于特大城市；特大城市对人口迁移的抑制作用尤为明显，随后依次为超大城市和大城市；特大城市对人口流动的抑制作用高于大城市。行政等级层面上，地级市和省会城市户籍制度会通过削弱公共服务供给而阻碍常住人口规模增长，且省会城市的抑制作用略高于地级市；直辖市对人口迁移的抑制作用尤其明显，随后依次为副省级城市和地级市；直辖市对人口流动的抑制作用高于地级市。区域层面上，各区域城市户籍制度会通过削弱公共服务供给而阻碍人口规模增长，东北城市的抑制作用尤其明显，随后依次为东部、西部和中部城市；东部和中部城市户籍制度会通过削弱公共服务供给而阻碍迁移人口规模，且中部城市的抑制作用高于东部城市；东北城市对人口流动的抑制作用尤其明显，随后依次为西部、中部和东部城市。

　　根据上述作用机理和实证分析结果，提出城市人口空间集聚的优化路径。基于公共服务供给视角，持续提升公共服务质量。政府作为城市公共服务供给的主体，应当充分考虑城市居民的需求，扩大公共服务供给范围和全面提升公共服务质量，以提升城市公共服务供给能力；通过保障流动人口享受公共服务权益，扩大公共服务覆盖面，加快推进基本公共服务均等化，让城市流动人口平等地享受公共服务；通过完善公共服务分层供给体系、财政转移支付机制和优化市场化激励约束机制等措施构建公共服务成本分担机制，为城市公共服务供给提供财政保障。基于制度改革视角，加快推进户籍制度改革步伐，既要继续降低城市落户门槛，尤其是大城市的落户条件，也要有序剥离户口附加的教育、医疗等社会福利，让户籍制度回归到人口登记和管理等基本职能上。同时，根据城市自身特征进一步细化差异化落户政策，以切实为流动人口进城落户提供制度保障。基于人口集聚视角，通过丰富城市就业岗位和提高工资水平、构建高效快捷的综合交通运输网络体系和重视人才引进工作等积极推进人口向城市迁移，通过制定差异化流动人口政策、实现流动人口与户籍人口公共服务的均等化和加强流动人口的社会融合等措施有序引导人口向城市流动，通过重视人口空间差异及其空间关联性、充分发挥中心城市对外围人口空间分布的引领作用和城市间人口增长的模仿和借鉴行为等措施实现城市人口合理增长，优化城市层级体系，实现城市人口合理集聚。

目 录

第一章

绪　论

第一节　研究背景

人口向城市集聚已经成为经济发展和城镇化进程的普遍规律，其通过人口空间分布格局和城市层面的规模经济，成为我国经济高速增长和城镇化进程的一个重要推动力量（叶文平等，2018；翟振武等，2019）。城市人口集聚最直接的体现就是城市人口规模不断增加。从人口空间分布格局来看，中国人口大规模向主要城市化地区（人口密度大于等于1500人/平方公里的城市实体地域）聚集，使其成为我国人口增长的主要承接地和人口汇聚地。城市人口持续增长是城市化进程的显著特征，它会通过集聚效应和规模效应促进城市经济增长。从流动人口来看，（超）特大城市和大城市仍是人口流动的集中地，城市流动人口绝对规模较高的城市呈现东南部城市群地区高度集聚分布的特征（刘敏，2019）。根据《中国流动人口发展报告2018》，以珠三角、长三角、京津冀、长江中游和成渝城市群为代表的五大城市群仍将是未来流动人口的主要聚集地。由于中国城镇化水平滞后于国外同等发展水平国家或同样发展阶段的城镇化水平，估计今后中国城镇化还将保持较快发展的趋势，城镇化率仍将以年均提高1个百分点左右的速度推进（简新华、黄锟，2010），这就意味着会有越来越多的人口向城市迁移。《国家新型城镇化规划（2014～2020年）》中也明确提出户籍人口城镇化率达到45%左右，努力实现1亿左右农业转移人口和其他常住人口在城镇落户。为何越来越多的人口向城市集聚？现有研究表明，对优质资源与利益的追求是人口向城市集聚的重要本质。由于各种资源与要素在城乡或城市间不均衡配置，人们在用脚投票的驱动下形成大规模人口向城市尤其是大城市、特大城市和超大城市集聚的现象，已经成为中国城镇化进程中的重要特征。因此，正确理解和揭示中国城市人口空间集聚的空间差异和分布动态演进、深入探讨其背后的原因，有利于优化与调整城市人口空间分布格局，对推动城市经济健康发展和新型城镇化进程具有重要的现实意义。

中国正在由追求GDP增速转向更加重视民生事业发展，以满足人民日益增长的美好生活需要，其中公共服务就是保障民生的重要举措。作为公共服务的直接供给者，政府不仅需要利用公共资源和财政资金提供公众所需公共服务需求的数量和质量，而且要着眼于民众需求的差异性，以满足不同群体对公共服务的需求。随着中国新型城镇化进程的推进和居民收入水平的提高，人们对教育、医疗、交通等公共服务的需求水平也呈现快速增长的趋势。与此同时，由于城市经济发展水平差距和公共财政支出水平差异，造成城市间教育、医疗、交通等公共服务存在较大差异。因此，如何促使城市间公共服务需求与供给相适应，优化公共服务资源配置，着力解决公共服务要素的非均衡发展，是我国全面建设小康社会的必然要求。为此，《国家新型城镇化规划（2014–2020年）》中明确提出加强市政公用设施和公共服务设施建设，增加基本公共服务供给，增强对人口集聚和服务的支撑能力；国务院公布《国家基本公共服务体系"十二五"规划》《"十三五"推进基本公共服务均等化规划》《"十四五"公共服务规划》等文件均详细制定国家基本公共服务清单制，要求完善城市基本公共服务体系，扩大公共服务供给多元化，切实提升公共服务水平，实现基本公共服务均等化，以不断满足人民群众美好生活需要，努力增进全体人民的获得感和幸福感；历年政府工作报告中也提出要完善公共服务体系，保障群众基本生活，不断满足人民日益增长的美好生活需要。因此，科学地测算中国城市公共服务水平，分析其空间差异和动态分布特征，以充分了解中国城市公共服务的特征和趋势，促进城市公共服务资源合理配置与调整，进而为提出促进人口向城市集聚的政策提供有价值的决策和参考。

户籍制度的建立使得中国出现城乡分割的二元经济格局，阻碍了中国城镇化进程。随着市场化改革的推进，户籍制度的负面效应逐渐凸显，推进户籍制度改革成为经济发展的迫切要求。城市作为现代人口的聚集地，由于其户籍身份所拥有较多的社会福利，尽管政府部门实施较为严格的户籍门槛措施，对外来人口仍具有较强的吸引力。在中国户籍制度改革的进程中，一些城市虽然开始逐步放宽外地居民的准入门槛和落户条件，但仍然存在相应的人口准入制度，这是城市政府部门对户籍改革取向和进程的控制，是以选择性的方式吸引城市经济发展所需人才、资金等稀缺资源的重要途径，既可以吸纳经济发展中所需的稀缺人口，又能减轻城市的负担，因此仍然发挥着限制人口向城市迁入的作用。户籍门槛的设置将大量的外来人口排斥在城市社会福利和公共服务范围外，使得大量在城镇居住和就业的外来人口因为无法获得城镇户口，而不能与户籍人口享受均等的城市社会福利和公共服务。因此，中国城乡或城市间的公共服务差异会促使人口为了享受更好的公共服务而发生迁移。中国城市与农村的公共服务水平存在很大差异，促使农村人口为了享受更好的公共服务水平而向城市迁移；中国不同行政等级和规模城市间的公共服务供给也存在较大的差异，进而促使人口从地级市向副省级城市、省会城市或直辖市迁移，或是从中小城市向大城市迁移。由此可见，现有户籍管理制度下，地方政府公共服务供给存在以户籍为标尺的差异化特性，使得外来人口与户籍人口无法享受同等的公共服务，既促使人口为了享受更好的公共服务而向城市集聚，又造成城市人口空间集聚的非均衡性。因此，有效衡量户籍制度下城市公共服务供给的差异性及其对人口集聚的空间效应和结构差异，提出城市人口合理集聚的优化路径，为城市政府部门制定提升公共服务质量和人口规划政策提供参考和建议，有利于更好地优化城市层级体系和推动新型城镇化健康发展。

第二节 文 献 综 述

一、国外研究现状

（一）公共服务与居住地选择

现有研究表明公共服务对家庭居住地选择具有重要影响。蒂布特（Tiebout，1956）最早提出公共服务对人们居住地选择的作用，认为人们会趋向于选择最符合其公共产品偏好类型的地区居住。许多学者利用不同国家和地区的微观家庭数据对此进行实证检验，形成了不同的研究结论：一是认为城市教育支出、学校质量等地方公共服务对家庭居住地选择具有正向效应，如弗里德曼（Friedman，1981）利用条件Logit 模型和美国加利福尼亚州旧金山湾地区 682 户白人家庭数据，研究发现当地公共服务对居民居住地选择决策具有正向效应，但是影响较小；内希巴和施特劳斯（Nechyba and Strauss，1998）利用条件 Logit与多分类模型和美国新泽西州卡姆登市 22739 户家庭数据，研究发现当地每个学生的公共教育支出在解释单个家庭的居住地选择中起着重要作用，且城市对学生花费支出增加 1% 会使外来居民选择本地居住的概率平均增加 1.7% ~ 3.1%；巴尤等（Bayoh et al.，2006）利用混合条件 Logit 与多分类模型和美国俄亥俄州哥伦比亚都市区富兰克林县824 户家庭数据，研究发现当地公共产品尤其是学校质量对家庭居住地选择有重要影响，即城市市区学校质量每增加 1% 会使选择成为该城市居民的概率增加 3.7%；达尔伯格等（Dahlberg et al.，2012）利用条件与混合 Logit 模型和瑞典斯德哥尔摩地区 2018 名迁移人口的微观数据，研究当地公共服务对人口迁移的影响，发现城市的儿童保育支出对人口迁入具有显著的正向效应，而教育和老年照护支出对人口迁入虽然具有正向效应，但统计结果不显著；贝克等（Berck et al.，2016）利用嵌套 Logit 模型和瑞典统计局人口调查数据，研究发现瑞典年轻人的居住地点选择与是否接受教育和学校等级等因素密切相关；马尔和鲁帕率哈（Marre and Rupasingha，2020）利用条件 Logit 模型、标准 Poisson 回归模型和 2005～2009 年美国人口普查局的社区调查数据，研究发现学校质量是吸引农民移民城市的重要因素。二是认为当地公共服务（学校和公共服务支出）对家庭居住地选择具有负向效应，如奎格利（Quigley，1985）利用嵌套 Logit 模型和美国宾夕法尼亚州匹兹堡都市区 584 户家庭数据，研究发现当地公共服务（学校和公共服务支出）对家庭居住地选择具有负向效应。三是认为学校质量等地方公共服务对家庭居住地选择不存在影响，如拉帕波尔（Rapaport，1997）利用混合条件 Logit 模型和美国佛罗里达州坦帕湾地区 10484 户家庭数据，研究发现学校质量对家庭居住地选择不存在影响；贝尔林斯基和哈鲁特运扬（Berlinschi and Harutyunyan，2019）利用欧洲复兴开发银行和世界银行于 2010 年联合收集的来自 34 个国家或地区超过 39000 个家庭数据，研究发现教育和购买公共服务意愿对移民迁移意愿的影响不显著。

（二）公共服务与人口集聚

许多学者关注城市政府的公共服务支出或基础设施建设对人口集聚的影响。一是基于人口流入视角，分析城市公共服务对人口流入的影响，如戴（Day，1992）利用加拿大 1962～1981 年的省级数据和广义最小二乘估计模型，研究发现省级政府支出、转移支付和平均失业保险福利会影响人口的迁移决策，其中政府的人均健康和教育支出越高的省份越能够吸引外来人口的流入。达尔马佐和德布拉西奥（Dalmazzo and de Blasio，2011）利用 Roback 一般均衡模型和意大利 8000 户家庭数据，研究发现城市设施包括消费、文化设施等均对技术工人向城市聚集具有明显的促进作用。二是基于人口迁入视角，关注当地公共服务或基础设施对人口迁移的影响，如安德森和卡尔森（Anderson and Cerlsen，1997）利用挪威大部分城市的七年面板数据，研究表明挪威当地公民对公共服务的满意度与人口迁移存在一定的影响。罗德里格兹—波塞和克特雷尔（Rodríguez – Pose and Ketterer，2012）

利用 1990～2006 年欧洲 133 个地区的移民数据，研究发现欧洲地区良好的地区基础设施在吸引外来移民方面具有重要作用。布赫等（Buch et al.，2014）利用面板回归估计模型和 2000～2007 年德国 71 个城市 10 万户居民数据，研究发现公共设施对劳动力净迁移率具有重要影响，且大城市比小城市更具有吸引力。希林等（Shilpi et al.，2014）利用广义嵌套式 logit 模型和尼泊尔 2010 年人口普查数据，研究发现尼泊尔的基础设施（如道路和电力供给等）在人口迁移中发挥重要作用。有学者利用 2005～2006 年撒哈拉以南非洲、拉丁美洲和亚洲等国家数据，研究发现当地设施包括公共服务、基础设施等对人口迁移具有重要影响（Dustmann and Okatenko，2014）；马萨等（Maza et al.，2019）利用 2004～2014 年西班牙各省外国人和本地人内部流动数据和扩展的引力模型，研究发现外国人流动过程中更加重视社会服务和文化娱乐设施，而本地人则更受良好气候条件的吸引。

二、国内研究现状

（一）户籍制度

1. 户籍门槛

户籍门槛主要用来反映城市流动人口在城市获得户籍的难易程度，因此城市的户籍门槛越高，在城市生活的流动人口也就越多。从现有文献来看，户籍门槛测度主要有两种路径：一是直接建立落户门槛评价指标体系，根据投影寻踪模型构造城市落户门槛指数（吴开亚等，2010；刘金伟，2016；孙文凯，2017；张吉鹏、卢冲，2019；张吉鹏等，2020）；二是利用替代变量来衡量，如城市新增户籍人口数（除去自然增长）除以新增移动电话户数（丁菊红、邓可斌，2011），城市户籍人口除以常住人口（邹一南、李爱民，2013；年猛、王垚，2016），城市流动人口除以城市总人口（陆万军、张彬斌，2016），城市常住人口与户籍人口的比值（刘欢，2019）等。

2. 户籍制度与人口流迁

中国现有户籍管理制度对城乡劳动力自由流动具有重要影响，直接促使城市出现了大量的永久移民（邓曲恒、古斯塔夫森，2007），中国人从此开始了一场史无前例的人口大流动（乔晓春，2019）。户籍制度是农村劳动力流动的制度性障碍和约束，阻碍了农村劳动力的自由流动（赵耀辉、刘启明，1997；蔡昉等，2001；Chan，2009），也是导致劳动力回流的重要因素，尤其是对低技能、跨省流动、农村户籍和健康较差群体有显著影响（张吉鹏等，2020）。因而，改革现有户籍制度，会促进农村劳动力向城市移动，扩大城市劳动力市场的就业规模，提高城市的非农劳动生产率（刘欢，2020），进而增进城市的经济福利水平（李晓春、马轶群，2004；都阳等，2014），也会使得劳动力流动性增强，影响城市规模分布和优化城市层级体系（Au et al.，2006；Bosker et al.，2012；梁琦等，2013）。从户籍制度改革的进程来看，现有户籍制度改革无法惠及所有群体，大城市城镇户口的准入门槛相对较高并呈现出精英化倾向（侯亚杰，2017），且许多沿海城市政府把户籍制度改革当作稳定劳动力供给的制度手段（蔡昉，2010），尤其是东部城市的户籍堤坝效应促成了其就业吸引力存在"内助式吸引"与"外援式吸引"两条路径（王克强等，2014），且户籍制度越严格和城市行政级别越高的城市越吸引外来常住人口的进入，有利于城市人口规模扩张（年猛、王垚，2016）。

随着户籍制度改革不断推进，虽然大部分城市允许农村劳动力进入，但还有许多类型的岗位不许农村劳动力进入（王小鲁，2002），在城镇劳动力市场上面临户籍歧视（吴彬彬等，2020），只有拥有较高人力资本的农村劳动力会迁往城市（周文等，2017）。现有户籍改革方面采取的是向高质量的劳动力和投资者开放城市户口，对低素质、低技能和流动时间短的流动人口仍然存在严格的限制（彭希哲、郭秀云，2007；刘欢、席鹏辉，2019），尤其是在城市面临劳动力市场歧视以及公共服务方面的政策歧视，使得他们迁移到城市的预期收益降低（宋扬，2019），进而阻碍了流动人口融入城市和城镇化进程（侯新烁，2018；谭策天、何文，2019；陈杰等，2021），且户口一元化和迁移落户条件的宽松化并未诱致过多人口涌向大城市（陆益龙，2008）。表明户籍制度限制非技能劳动力的流动，但对技能劳动力的流动几乎没有任何影响，且对劳动力流动与城乡收入差距扩大悖论的形成具有"门槛效应"（安虎森等，2011）。因此，户籍福利初始水平较低的城市能自发走向取消户籍限制，而户籍福利初始水平较高的城市则最终会稳定在一个相当高水平的户籍门槛限制（汪立鑫等，2010）。其结果导致21世纪最初几年的户籍制度改革对农村劳动力向大中城市流动的影响并不显著（孙文凯等，2011）。

（二）城市公共服务

现有研究主要集中于根据作者对公共服务范围的理解建立城市公共服务评价体系，利用熵值法、主成分和空间自相关等分析方法测算城市公共服务水平，并分析其空间差异性，主要表现在：一是注重分析城市公共服务的空间分布或区域差异。如王悦荣（2010）研究表明中国地级以上城市基本公共服务均等化程度很低，总体上呈现东中西部递降的态势；马慧强等（2011）研究表明城市公共服务质量总体不高，空间差异明显，呈现从东部沿海到中部、西部逐渐降低的特点；马君和李全文（2013）研究表明城市公共服务的区域差异明显，呈现东部、西部和中部依次递减态势；纪江明和胡伟（2013）研究表明东部经济发达地区的公共服务公众满意度指数排名要明显优于中西部地区城市；冯骁等（2014）研究表明我国城市公共服务水平整体得到提高，但幅度不大，空间上不均等，以东部高于西部、经济发达区域为核心的沿海高于内地呈梯度分布；韩增林等（2015）研究表明城市基本公共服务水平的空间分布为"T"型格局，并呈"东—中—西"阶梯状递减；熊兴等（2018）研究表明中国基本公共服务水平呈不断提升趋势，空间分布与我国人口密度分布"胡焕庸线"大体一致，公共服务基尼系数呈先下降后上升的趋势，总体差异程度相对合理，中部地区公共服务均等化程度最高，高于东部和西部地区。二是注重分析城市公共服务在行政等级间差异。如汤苍松（2013）研究表明我国东部地区中心城市公共服务能力高于中西部地区，直辖市和副省级城市高于省会城市和较大的市；覃成林和刘佩婷（2016）研究表明中国城市公共服务水平总体差异呈现上升趋势，且与城市行政等级呈现正相关。三是注重分析城市公共服务的省级差异。如武力超等（2014）研究表明各省份内城市公共服务的基尼系数基本分布在 0.2 ～ 0.55 之间，且与经济发展水平存在一定关系；任喜萍和殷仲义（2019）研究表明公共资源配置综合水平呈稳定上升趋势，省际差距呈缩小态势，空间上呈东部＞东北＞西部＞中部的分布格局。四是注重分析城市群内部公共服务配置差异。吴晶（2017）研究表明 2008 ～ 2015 年长三角城市群的基本公共服务水平呈现以上海为核心、以沪宁和沪杭方向为轴线向外衰减的圈层结构分布格局，且空间正相关性逐渐增强，具有空间集聚效应；许恒周等（2018）研究表明 2008 ～ 2014 年京津冀城市圈的公共服务资源配置效率总体呈现"南北两头高，中部城市低"的状态，且随着时间推移逐年上升；许莉和万春（2020）研究表明 2014 ～ 2017 年京津冀城市圈的不同城市间公共服务供给水平差异显著，呈现以北京和天津为中心逐渐衰减的空间格局，但其区域差异逐渐缩小，变动趋势上由不均衡格局逐渐向均衡格局演进。

公共服务均等化是近年来学术界重点关注的焦点问题，现有文献研究主要包括四个方面：一是测算公共服务均等化水平。基于公共服务供给视角，通过构建公共服务评价指标体系，在使用熵值法或主成分分析法测算公共服务综合评价指数的基础上，采用基尼系数或变异系数测算公共服务均等化水平（任强，2009；武力超等，2014；熊兴等，2018；辛冲冲、陈志勇，2019；李华、董艳玲，2020）；基于政府公共服务财政支出视角，衡量地区间公共服务收入能力差异和支出成本差异，以均等化标准为基础的转移支付能确保各地有财力提供大体相同水平的基本公共服务（曾红颖，2012）；基于居民公共服务满意度视角，利用中国家庭追踪调查数据库中的居民满意度得分，通过计算每个受访者满意度得分的变异系数来衡量城市内部公共服务均等化（吕炜、张妍彦，2019）。二是地区公共服务均等化差异。基于演变趋势视角，有学者认为地区间公共服务水平差距在逐步扩大（安体富、任强，2008），省际公共服务水平的差距没有缩小（任强，2009），但也有学者认为中国公共服务总体差异呈现下降态势，均等化趋势加强（辛冲冲、陈志勇，2019；李华、董艳玲，2020）；基于区域差异视角，研究表明基本公共服务均等化存在明显的区域差异（唐天伟等，2013），有学者认为市域层面基本公共服务非均等化程度呈现东部城市高于西部城市特征（冯骁等，2014），也有学者认为公共服务均等化水平总体上呈现由西向东逐渐提高趋势（武力超等，2014），还有学者认为公共服务均等化程度从高到低依次为中部地区、东部地区和西部地区（熊兴等，2018）。三是城乡公共服务均等化差异。基于差异特征视角，城乡公共服务均等化程度普遍偏低，其空间分布存在着显著的全局空间自相关特征（韩增林等，2015），但其均等化水平明显提高，供给差距逐年缩小（范逢春、谭淋丹，2018），也有研究表明城乡公共服务均等化空间分布的非均衡性不断增强，并存在明显的绝对 β 收敛趋势和条件 β 收敛趋势（杨晓军、陈浩，2020）；基于影响因素视角，政府转移支付会影响城乡公共服务差距（解垩，2007；缪小林等，2017），政府城市偏好的存在也制约了城乡基本公共服务均等化水平（刘成奎，2013）。四是城市内部公共服务均等化。基于居民满意度视角，中国城市间的内部公共服务均等化程度呈现显著差异，城市内部均等化程度的提高会显著提升社会信任水平（吕炜、张妍彦，2019）；基于房地产资本化效应视角，教育均等化措施会显著提高受益小学片区内房价（邵磊等，2020）。

（三）人口集聚

中国自 20 世纪 90 年代中后期开始进入城镇化快速发展阶段，各种资源和要素在城市集聚所产生的规模效应直接带动了整个国家经济的高速增长（王小鲁、夏小林，1999；Au and Henderson，2006；陆铭，2017），同时也带动了大规模人口向城镇的流动（李强等，2012），尤其是向人口密度高的主要城市化地区集聚（江曼琦、席强敏，2015）。现有研究表明，对优质资源与利益的追求是人口向城市集聚的重要本质，如城市人口规模扩大所产生的经济效应有利于提高劳动者个人的就业概率（陆铭等，2012），显著提高劳动力实际收入水平（高虹，2014）。

现有研究主要从人口规模和人口密度两个视角研究中国城市人口

集聚的空间分布特征及其对经济增长的影响。

在城市人口规模方面：一是关注中国城市人口规模分布规律。有的学者认为其服从帕累托分布（高鸿鹰、武康平，2007）或趋向于符合齐普夫定律（张车伟、蔡翼飞，2012）；但也有学者认为其并不服从齐普夫定律，而是呈现出典型的扁平化特征（梁琦等，2013；李松林、刘修岩，2017）；还有学者认为其符合双帕累托对数正态分布，且拥有对数正态分布的中间主体，上下尾部更接近幂律分布（邓智团、樊豪斌，2016；魏守华等，2018）。二是关注城市人口分布特征和空间差异。国家层面上，中国城市人口分布基本符合著名的"胡焕庸线"，总体上呈现"东密西疏"格局（顾朝林、庞海峰，2009；陈明星等，2016），虽然中西部地区人口向东部沿海地区持续高强度集聚的趋势有所转变，但"胡焕庸线"仍然保持高度的稳定性（吴瑞君、朱宝树，2016）；区域层面上，中国人口流向主要是从中西部地区流入东部沿海城市，总体呈现"大规模迁移、小规模集中"格局（闫东升等，2015），东部沿海地区的珠三角城市群、长三角城市群和京津冀城市群是中国城镇人口的高度集聚地（王国霞等，2012；张车伟、蔡翼飞，2012）。此外，城市人口分布还存在空间相关性，如吴雪萍和赵果庆（2018）认为中国城市人口分布与其周围相邻城市存在较高的空间自相关；尹德挺和袁尚（2019）认为地级市人口分布总体上存在空间正相关关系；马志飞等（2019）认为城城流动人口在流动过程中会考虑空间的邻近。上述研究成果仅关注到城市人口增长存在的空间相关性，而并未对其是否存在同群效应进行检验。三是关注中国城市流动人口的空间分布特征和差异。很多学者都认为中国流动人口主要集中在大城市，尤其是珠三角、长三角和京津冀地区（于涛方，2012；劳昕、沈体雁，2015；刘涛等，2015；戚伟等，2017）；也有学者认为流动人口主要流向高行政等级城市（年猛、王垚，2016；黄燕芬、张超，2018）。四是关注城市人口规模对经济效率的影响效应。大多学者认为城市人口规模与劳动生产率呈现正相关，且超大城市的综合经济效率最高（杨学成、汪冬梅，2002），或大型和中型城市的规模效率接近最优水平（席强敏，2012），也有学者认为城市规模效率在特大城市和超大城市并不明显，而在大中小城市较明显（金相郁，2006）；还有学者认为地级及以上城市人口规模与劳动生产率呈现倒"U"型关系（王业强，2012；梁婧等，2015）。

在城市人口密度方面：一是关注中国城市人口密度的空间格局。研究表明中国城市的平均人口密度呈波动下降趋势，且黄河下游流域与长三角地区是人口高度集聚的主要区域（黄洁、钟业喜，2014）。二是关注中国城市人口密度对城市经济发展的影响。苏红键和魏后凯（2013）认为城市人口密度的经济效应表现出显著的倒"U"型特征，且最优城市人口密度约为1.30万人/平方公里；张浩然（2017）认为城市建成区人口密度对于城市人口增长和经济增长具有显著的正向影响；杨本建和黄海珊（2018）认为城区人口密度对开发区企业生产率的影响呈现"U"型，即人口密度以8800人/平方公里为界，城区人口密度较低时其对开发区企业生产率产生负向影响，而城区人口密度较高时会产生正向影响。

此外，有学者也关注中国城市人口集聚的特征。如陈刚强等（2008）研究发现1990～2005年中国城市人口总体上的正空间集聚性不强，但局部空间集聚特征明显；顾朝林和庞海峰（2009）研究发现1949～2003年中国城市人口空间分布具有"东密西疏/南密北疏"的基本倾向没有发生根本性变更，且在省区间存在明显的空间差异。刘睿文等（2010）研究发现中国人口分布"西疏东密"的传统空间格局短期不会改变，人口集聚以平原地区为依托，并呈现"沿海、沿江、沿线"高度集聚的特征。还有学者关注城市人口集聚对城市经济增长的影响，认为人口集聚对中国城市经济增长产生显著的正向影响，其影响程度沿东部、中部、西部依次递减（陈乐等，2016），但也有学者认为城市人口集聚与经济增长之间呈现倒"U"型曲线关系（王智勇，2018）。

（四）公共服务与人口集聚

现有大量研究表明城市公共服务对人口集聚具有显著影响，主要表现在以下几个方面：

一是基于公共服务支出视角研究城市公共服务支出对人口集聚的影响，认为城市公共服务对人口集聚具有显著正向效应。付文林（2007）发现目前地方的公共服务水平提高会引起户籍人口增加，且知识、技术水平较低的劳动者在迁移中面临着明显的公共福利歧视；汤韵和梁若冰（2009）利用1990年以来的人口普查、抽样调查数据和居民迁移的引力模型，研究发现2000年之前的省际人口迁移主要受迁入地地方公共支出的影响；张丽等（2011）利用第四次人口普查和2005年1%人口抽样调查数据，研究发现地方财政支出差异对我国省际人口迁移具有显著影响，且迁入地的财政支出增加会引起迁入人口数增加；董理和张启春（2014）研究表明地方政府的公共支出规模不仅对本地区的净迁移人口有显著影响，而且对其相邻地区产生溢出效应；孙焱林和张攀红（2015）利用2000～2011年大中城市数据和面板VAR模型，研究表明，地方公共支出冲击对人口迁移具有正向影响；张光和尹相飞（2015）利用2000～2011年的省际面板数据，研究发现在义务教育和高中教育阶段流动人口输入地的中小学生规模显著低于流动人口输出地区，而在高等教育阶段大学在校生规模在流动人口输入地和输出地间的差异不显著；李斌等（2015）利用2002～2012年城市面板数据，研究表明地区公共服务差异是促进人口城市化的重要因素，会促使非城市居民向人口饱和的大城市过度集聚，同时还对中小城市的城市化发展产生挤出作用；吴伟平和刘乃全（2016）研究表明生产型公共支出、消费型公共支出对劳动力迁移的净影响分别呈现倒"U"型和"U"型的单一门槛效应；王伟同和魏胜广（2016）研究表明大城市在公共支出方面具有更高的规模效应，在吸纳新增人口方面更具成本优势；王丽艳和马光荣（2017）利用全国第五次和第六次人口普查分县数据，研究表明县级财政转移支付会减少就业机会和对公共品供给有限，导致人口净流出；何炜（2020）利用2017年全国流动人口动态监测调查和城市特征数据，研究表明流入地较高的公共服务支出能够显著提高高教育水平劳动力流入的概率，但对低教育水平劳动力的影响不显著。

二是基于城市公共服务多维度视角研究城市公共服务供给对人口

集聚的影响，认为人口会倾向于进入公共服务好的城市。方大春和杨义武（2013）利用2004～2010年省级面板数据，研究发现城市公共品供给水平会显著促进城乡人口迁移且存在区域差异性，具体来看医疗卫生和文化服务的公共品供给水平对城乡人口迁移具有显著正向影响，交通基础设施公共品供给对城乡人口迁移具有显著的负向影响，教育公共品供给对呈现人口迁移具有不显著的负向影响；李拓和李斌（2015）构建城市公共服务能力指标体系，测算中国286个城市2002～2012年的城市公共服务水平，运用空间计量及门限模型对中国跨地区人口流动的影响因素进行实证分析，研究发现城市公共服务能力是吸引外来人口的首要因素；侯慧丽（2016）利用2014年全国流动人口监测数据，研究发现城市公共服务均对流动人口具有吸引力，获得了公共服务的流动人口更容易稳定，而且城市规模与流动人口获得公共服务的可能性存在很大的相关性；杨刚强等（2016）利用2010年中国家庭追踪调查数据及多项Logit和Probit回归模型，考察公共服务资源配置水平对劳动力转移决策的影响，研究发现教育和医疗卫生服务对劳动力转移具有重要影响，而住房条件和居住环境对劳动力转移的影响会受到家庭人口规模的影响；覃成林和刘佩婷（2016）利用2003～2013年中国城市面板数据，研究发现城市行政等级、公共服务水平和城市人口规模三者之间存在递进的正向作用关系；杨义武等（2017）利用六普地级及以上城市横截面数据和门限模型，研究发现地方公共品供给对人口迁移有显著正向影响，但不同规模城市公共品供给对人口迁移的影响强度存在差异，与向大城市迁移相比，流动人口向中小城市迁移会更多地考虑公共服务因素，且地方公共品供给对人口跨省迁移存在"门槛"效应，而对人口省内迁移表现为明显的促进作用；杨晓军（2017）利用2006～2014年城市面板数据和动态GMM模型，研究表明城市公共服务质量有利于促进人口向城市流动，东部地区城市表现尤为突出，且影响效应与城市规模呈明显的正相关；黄燕芬和张超（2018）利用2006～2015年大城市数据和系统GMM模型，研究表明城市公共服务水平对流动人口产生显著的正向拉力；李伟军（2019）利用2007～2016年中国三大城市群48个城市数据，研究表明公共服务与人口集聚正相关，在一二线城市表现为边际效应递减，而在三四线城市表现为边际效应递增；韩峰和李玉双（2019）利用2003～2010年城市面板数据和空间计量模型，研究表明公共服务供给显著提高了本市和周边城市人口规模，且民生类公共服务对城市人口规模增长的作用效果明显大于基础设施类公共服务；田艳平和冯国帅（2019）利用2007～2016年城市面板数据和GMM模型，研究发现城市公共服务对就业质量具有显著促进作用，且存在明显的区域差异；武优勐（2020）利用2005～2016年城市面板数据与2016年中国劳动力动态调查微观数据，研究表明城市公共服务集聚对劳动力流入呈现倒"U"型关系，对较高文化程度、较高技能水平的劳动力具有最强的吸引力；魏义方和卢倩倩（2021）利用35个大中城市的面板数据，研究表明土地财政依赖对经济性公共服务供给有显著正向影响，对民生性公共服务的影响存在城镇化阶段性差异，在城镇化加速阶段和后期阶段。

三是基于居民感知和享受公共服务的微观视角，研究城市公共服务对人口流迁意愿的影响。刘乃全等（2017）利用2014年全国流动人口卫生计生动态监测调查和长三角地区城市数据，研究表明农村户籍流动人口不仅比城镇户籍流动人口更难以获取城市公共服务，而且在城市的长期居留意愿更低，但对已经获得城市公共服务的流动人口而言，不同户籍流动人口的长期居留意愿无显著差异；李国正等（2018）利用2012年和2014～2015年国家卫计委流动人口动态监测数据和国家统计局数据，研究表明房价提高和烟尘排放会降低流动人口居留意愿，而高等院校教育招生规模会提高流动人口居留意愿；林李月等（2019）利用2016年中国流动人口动态监测调查和城市特征数据，研究表明流动人口在流入城市获得的城镇基本公共服务是影响其城市居留意愿的关键因素，尤其是大城市的医疗保险、失业保险、住房保障和小城市的健康档案和健康教育普及程度等；刘金凤和魏后凯（2019）利用中国流动人口动态监测调查与城市匹配数据，研究表明城市公共服务对流动人口的永久迁移意愿具有显著正向影响，且对城镇流动人口永久迁移意愿的影响高于农民工群体；张开志（2020）利用中国流动人口动态监测调查和城市特征的匹配数据，建立公共服务可及性综合指数，研究表明公共服务可及性显著提升了流动人口的永久迁移意愿，降低了"流而不迁"的暂时性迁居概率；张文武和余泳泽（2021）利用"美团网"生活服务分类和 2017 年中国流动人口动态监测调查数据，研究表明城市服务多样性会显著降低流动人口的迁出意愿，服务品类多样性每增加 1%，劳动力迁出的概率平均约降低 3.23%，且在东部地区和 500 万人口以上大城市中表现尤为突出；赵如婧和周皓（2021）利用 2010～2017 年流动人口动态监测调查数据，研究表明城市基本公共服务的获得能够显著提升流动人口的居留意愿。

（五）户籍制度、公共服务与人口集聚

在中国，户籍制度的存在严格限制了人口的自由流动，使得外出进城打工的农村劳动力因为没有城市居民的合法身份，而不能真正享受城市的教育、医疗、社保等城市公共服务产品（夏纪军，2004；乔宝云等，2005；王春光，2006；郑真真，2013；蔡昉，2013；任远，2014；李若建，2015；于潇、陈新造，2016；穆光宗、江砥，2017；悦中山等，2017）。户籍背后公共服务的不均等，加大了具有定居意愿的外地居民的定居成本，降低了其投资性需求进而倾向于选择较低住房模式（何兴强、费怀玉，2018）。地方政府确实存在依据户籍供给公共服务的倾向，流动人口受到歧视（甘行琼等，2015），也会造成财政资源在人口流入地与人口流出地之间的错配，具体表现在人口流入地的公共服务支出水平会随外来人口的增加而降低，而在人口流出地的公共服务支出水平随人口流出而上升（江依妮、张光，2016）。

现有研究也关注到户籍制度约束下公共服务供给对人口集聚的影响，如夏怡然和陆铭（2015）利用 2005 年 1% 人口抽样调查中劳动力流动的微观数据与 220 个地级市的城市特征数据，研究发现城市的基础教育和医疗服务等公共服务会影响劳动力的流入，即使控制户籍制度的影响和剔除来自公共服务相关行业的劳动力需求方面的影响后，公共服务影响劳动力流向的作用仍然稳健，且长期流动的劳动力更会选择流向公共服务好的城市。李拓等（2016）利用中国 2001～2013 年

的省级面板数据和动态空间自回归及面板门限模型，研究发现财政分权对基本公共服务供给的促进作用主要表现在"经营性"公共服务层面；放松户籍制度有利于公共服务供给但对发达地区起反作用，严格的户籍制度会刺激"软"公共服务供给并加剧户籍层面的公共服务非均等化；财政分权的户籍效应促使地方政府放松户籍制度提高公共服务水平，但对发达地区起反作用，从分类视角看则会抑制"软"公共服务供给；李一花等（2017）利用2005～2013年城市面板数据，研究表明公共品供给对人口流动具有显著的正向影响，且存在结构差异和地区差异，且考虑到户籍制度因素后，公共品供给对人口流动仍然存在显著影响；李尧（2020）利用2015～2016年国家卫健委全国流动人口动态监测调查和35个大城市特征数据，研究表明城市优越的教育资源能够吸引流动人口定居，但户籍制度会削弱其居留意愿，进一步分析发现，教育公共服务的户籍歧视会增加流动人口子女留守故土的可能，会在很大程度上削弱流动人口的长期居留意愿；洪俊杰和倪超军（2020）利用2017年全国流动人口动态监测调查数据与225个地级及以上城市的特征数据，研究发现城市公共服务供给质量对农民工定居选址行为有显著的正向影响，且在控制城市户籍限制后的影响作用仍显著为正；刘涛等（2020）利用全国流动人口动态监测调查数据，研究表明人口再流动会偏向于公共服务好的城市，且有返回户籍省的倾向，但如果户籍省的公共服务相对较差，户籍省内城市的吸引力就不再显著高于其他省份。

三、现有研究评述

国内外学者对上述问题做了许多重要探索，但是一些问题还可以进一步探讨，表现在几个方面：（1）在分析对象上，将户籍制度、公共服务和人口集聚纳入统一体系的研究尚不完善且实证研究缺乏；尽管已有文献关注到城市公共服务对人口流动或迁移的影响，但未考虑户籍制度背景下地方政府以户籍为标尺提供差异化公共服务对城市人口空间集聚的影响差异。（2）在分析视角上，现有文献侧重于从居民或家庭的微观视角，所用数据多以全国或省际数据、人口普查数据为主，城市面板数据涉及较少且缺乏连续性，不能反映城市层面的宏观状态，而城市作为人口空间集聚的集中地，基于城市宏观层面分析差异化公共服务供给对人口集聚的空间效应和结构差异尤为重要。（3）在分析方式上，现有研究主要将公共服务视为整体或某一具体层面分析，鲜有文献对公共服务依据户籍尺度展开分类分析；分析方法上构建较为完善的公共服务评价体系并运用空间计量模型的研究较少；现有文献较少考虑城市由于人口规模、行政等级和地理位置等异质性所引起的公共服务供给差异所造成人口空间集聚的非均衡性。

　　基于此，本书在现有研究基础上不断深化户籍制度下城市公共服务供给的差异性及其对人口空间集聚的影响，主要体现在以下几个方面：（1）从学术价值来看，本书将户籍制度、公共服务和人口集聚纳入一个统一体系，探讨户籍制度下差异化公共服务供给对人口空间集聚的作用机理，有利于进一步充实和完善现有关于人口分布的经典理论；基于城市层面的宏观视角，将公共服务按照户籍标尺重新分类，构建新的城市公共服务评价体系，考察户籍制度下城市公共服务对户籍人口和非户籍人口供给的差异化；通过挖掘和梳理城市面板数据，基于全国、城市规模、行政等级和地理位置等层面考察差异化城市公共服务供给对人口集聚的空间效应和结构差异；基于城市人口空间集聚的差异性，从公共服务供给角度出发，提出城市人口合理集聚的优化路径。（2）从应用价值来看，党的十九大报告提出"完善公共服务体系，保障群众基本生活，不断满足人民日益增长的美好生活需要"，"十四五"规划提出"健全国家公共服务制度体系，加快补齐基本公共服务短板，着力增强非基本公共服务弱项，努力提升公共服务质量和水平"，国务院颁布的《关于深入推进新型城镇化建设的若干意见》《"十三五"推进基本公共服务均等化规划》《"十四五"公共服务规划》等文件也明确提出要不断扩大对流动人口的公共服务范围，制定基本公共服务保障国家基础标准、注重缩小城乡公共服务差距和提高区域公共服务均等化水平。在此背景下，充分认识到公共服务供给在人口向城市转移决策中的作用，为城市政府部门制定提升公共服务质量和人口规划政策提供参考和建议，对推动新型城镇化建设和城市人口合理集聚具有重要意义。

第三节 研究思路、内容与方法

一、研究思路

本书以城市人口合理集聚为最终目标，基于城市公共服务供给视角，以户籍制度、公共服务供给和人口集聚理论为基础，在中国户籍制度改革不断推进和城市人口持续增长的背景下，回顾和分析中国城市公共服务和人口集聚的特征和变化趋势，结合对现有文献资料的归纳整理，构建户籍制度下城市差异化公共服务供给与人口空间集聚的理论分析框架；然后从理论方面分析户籍制度下城市差异化公共服务供给对人口空间集聚的作用机理，提出相应的理论假说；继而运用空间计量模型和城市面板数据，基于全国、城市规模、行政等级和地理位置层面考察户籍制度下城市差异化公共服务供给对城市人口集聚的空间效应与结构差异；最后结合上述理论假说和实证检验结论，提出有效促进城市人口集聚的优化与创新路径。具体思路如图 1 – 1 所示。

二、研究内容

本书拟从典型事实描述、理论构建、实证分析和政策设计四个方面对户籍制度下城市差异化公共服务供给与人口空间集聚优化进行系统性研究。具体内容框架如下：

1. 中国城市公共服务供给与人口空间集聚的描述性分析

（1）中国城市公共服务供给的特征和现状。界定城市公共服务内涵，基于地方政府以户籍为标尺提供差异化公共服务的特性，将其分为一般性公共服务（包括文化、交通、环境、资源和通信等）和特殊性公共服务（教育和医疗等），并基于城市层面数据，构建新的城市公共服务评价体系，使用 Dagum 基尼系数分解方法分析中国城市公共服务发展的空间差异特性，并利用核密度估计方法分析城市公共服务供给的分布位置、形态、延展性和极化趋势等分布动态特征。

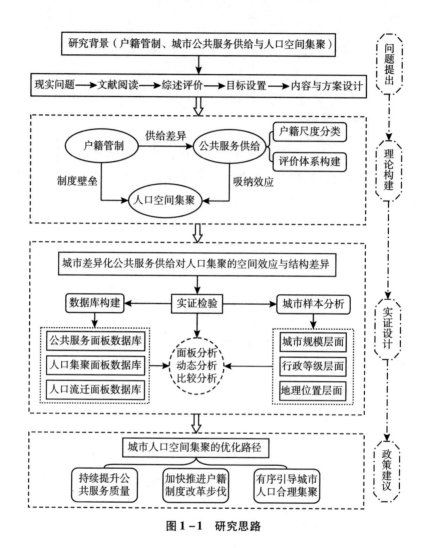

图 1-1 研究思路

（2）中国人口空间集聚的特征及演变规律。城市人口空间集聚既可以通过人口集聚规模反映其集聚结果，也可以通过人口迁移和流动反映其集聚过程。基于城市人口集聚面板数据和 Dagum 基尼系数，基于城市规模、行政等级和地理位置层面测算城市人口规模、迁移人口和流动人口的空间差异及其来源，并运用核密度估计方法测度其分布动态演进。

2. 户籍制度下城市差异化公共服务供给与人口空间集聚的理论分析框架

基于户籍制度、公共服务供给和人口集聚等理论，构建户籍制度下城市差异化公共服务供给对人口空间集聚的作用机理，主要内容包括：

（1）户籍制度下地方政府提供差异化公共服务。现有户籍管理制度下，地方政府的很多公共服务都是以户籍作为准入条件和财政分配依据，将非户籍常住人口排除在外，导致户籍人口和非户籍人口享受不同的公共服务。具体来看，一般性公共服务受户籍制度影响较少，而特殊性公共服务主要为户籍人口提供。

（2）户籍制度会限制人口向城市集聚。城市户籍门槛的设置将大量的外来人口排斥在城市公共服务范围外，使得外来人口在城市难以享有与城市居民相同的公共服务，进而阻碍人口向城市集聚。而城市户籍制度改革通过破除居民特殊身份状态和降低落户门槛，打破原有的城乡户籍壁垒和行政干预资源配置机制，促进外来人口向城市集聚，而城市准入门槛和落户条件的设置又反映出城市政府部门对户籍改革取向和进程的控制，仍然发挥着限制人口向城市集聚的作用。

（3）公共服务供给会促进人口向城市集聚。良好的公共服务，包括充裕的公共教育资源、健康的劳动就业市场、完善的社会保障体系、先进的医疗卫生设施、有效的公共设施供给、发达的交通通信手段、完备的文化体育设施、较好的自然环境质量等会直接促进人口向城市集聚。不同类型公共服务由于自身特征差异对人口集聚的影响也会存在差异，一般性公共服务主要体现在对人口流动的影响，而特殊性公共服务对人口迁移的影响尤为显著。不同人口规模、行政等级和地理位置的城市由于其所提供的公共服务存在差异，对人口集聚的空间效应也具有较大的差异性。

（4）户籍制度下城市公共服务供给仍会促进人口向城市集聚。户籍制度是影响人口向城市集聚的制度性障碍和约束，即使考虑到其会通过削弱城市公共服务而阻碍人口向城市集聚，城市公共服务供给仍然对人口空间集聚具有促进效应，但是影响程度有所减弱。

3. 户籍制度下城市差异化公共服务供给与人口空间集聚的实证分析

（1）户籍制度对城市人口集聚的空间效应和结构差异。根据现有文献资料构建户籍制度测度指标，并运用空间计量模型和城市面板数据分析户籍制度对城市人口集聚的空间效应，并注重分析其规模、等级和区域差异。

（2）城市差异化公共服务供给对人口集聚的空间效应和结构差异。基于全国城市宏观视角，运用空间计量模型和城市面板数据，分析城市差异化公共服务供给对人口集聚的空间效应和结构差异；基于城市规模、行政等级和地理位置的差异性视角，运用空间计量模型和城市面板数据，分析城市公共服务供给对人口集聚的规模、等级和区域差异。

（3）户籍制度下城市公共服务供给对人口集聚的空间效应和结构差异。考虑到户籍制度对城市公共服务供给的约束性，运用空间计量模型和城市面板数据进行下列研究：一是研究户籍制度如何通过限制外来人口平等地享受城市的公共服务，使得外来人口因为无法平等享受城市公共服务而减少向城市集聚；二是基于城市规模、行政等级和地理位置层面分析户籍制度下城市公共服务供给对人口集聚的空间效应和结构差异。

4. 城市人口空间集聚的优化路径

基于上述作用机理和实证分析结论，基于公共服务供给视角，通过提升公共服务供给能力、扩大公共服务覆盖面和构建公共服务成本分担机制等措施持续提升城市公共服务质量，推动人口向城市合理集聚；基于制度改革视角，通过继续降低城市落户门槛、有序剥离户口附加福利和细化城市差异化落户政策等措施加快推进户籍制度改革步伐，为城市人口集聚提供制度保障；基于人口集聚视角，通过积极推进人口向城市迁移、有序引导人口向城市流动和实现城市人口合理增长等措施，优化城市层级体系，实现城市人口合理集聚。

三、研究方法

1. 文献研究

通过归纳和总结现有国内外相关研究成果，建立衡量城市公共服务的评价体系，探讨公共服务对户籍人口和非户籍人口供给的差异化特性。

2. 理论分析与实证分析相结合

通过梳理和借鉴户籍制度、公共服务与人口集聚的理论基础和前沿成果，构建户籍制度下城市差异化公共服务供给与人口空间集聚的理论假说，然后采用实证分析方法对理论假说进行检验，修正和完善理论假说，以此确保研究成果的可操作性。

3. 计量分析方法

运用 Dagum 基尼系数对城市公共服务及其差异化进行评价；运用核密度分析方法探讨中国城市人口的空间集聚特征及其演变规律；构建空间面板计量模型，运用 MATLAB 统计软件分析城市差异化公共服务供给对人口集聚的空间效应及结构差异。

四、数据说明

本书所涉及的城市均为地级及以上城市，考虑到行政区划调整和部分城市统计信息数据不完整，最终选取实证分析数据是 2003～2019 年 284 个城市的面板数据。由于行政区划调整，在样本数据期内有 28 个县级市被撤县设区，包括 2009 年通州撤县设区并入南通，2011 年江都撤县设区并入扬州，2012 年吴江撤县设区并入苏州、姜堰撤县设区并入泰州、胶南撤县设区并入青岛，2013 年上虞撤县设区并入绍兴、南康撤县设区并入赣州、兖州撤县设区并入济宁，2014 年藁城和鹿泉撤县设区并入石家庄、文登撤县设区并入威海、增城和从化撤县设区并入广州、九台撤县设区并入长春，2015 年双城撤县设区并入哈尔滨、金坛撤县设区并入常州、大丰撤县设区并入盐城、富阳撤县设区并入杭州、建阳撤县设区并入南平、高要撤县设区并入肇庆，2016 年冀州撤县设区并入衡水、普兰店撤县设区并入大连、奉化撤县设区并入宁波、章丘撤县设区并入济南，2017 年临安撤县设区并入杭州、长乐撤县设区并入福州、即墨市撤县设区并入青岛、宜州撤县设区并入河池。此外，还有 1 个地级市被撤销，2019 年莱芜市撤市设区并入济南。由于《中国城市建设统计年鉴》从 2006 年开始公布城市常住人口数据，因此城市人口的样本数据期为 2006～2019 年，为保证数据一致性，在此将这些县级市或地级市撤销前的相应人口数据并入相应的地级市；城市公共服务数据来源于《中国城市统计年鉴》，样本观测期为 2003～2019 年。如无特别表明，本书所采用的其他变量的数据均来源于《中国城市统计年鉴》和《中国城市建设统计年鉴》。

关于城市规模的划分标准，根据 2014 年 11 月国务院印发的《关于调整城市规模划分标准的通知》，以城区常住人口为统计口径来划分城市规模，其中城区常住人口 50 万以下的城市为小城市，城区常住人口 50 万以上 100 万以下的城市为中等城市，城区常住人口 100 万以上 500 万以下的城市为大城市，城区常住人口 500 万以上 1000 万以下的城市为特大城市，城区常住人口 1000 万以上的城市为超大城市。本书以 2019 年城区常住人口数（城区暂住人口和公安部门的户籍人口数之和）为依据划分，数据来源于《中国城市建设统计年鉴》。

关于行政等级的划分标准，本书参考《中华人民共和国行政区划手册》将行政等级划分为直辖市、副省级市、省会城市和地级市。其中，直辖市包括北京、天津、上海和重庆，副省级市包括沈阳、大连、长春、哈尔滨、南京、杭州、宁波、厦门、济南、青岛、武汉、广州、深圳、成都和西安等，省会城市包括石家庄、太原、呼和浩特、合肥、福州、南昌、郑州、长沙、南宁、海口、贵阳、昆明、兰州、西宁、银川和乌鲁木齐等，其余为地级市。

关于区域划分标准，本书依据国家统计局 2011 年 6 月公布的《东西中部和东北地区划分方法》，将我的经济区域划分为东部、中部、西部和东北四大地区，其中东部地区包括北京、天津、河北、上海、江苏、浙江、福建、山东、广东和海南 10 个省和直辖市；中部地区包括山西、安徽、江西、河南、湖北和湖南 6 个省；西部地区包括内蒙古、广西、重庆、四川、贵州、云南、西藏、陕西、甘肃、宁夏、青海和新疆 12 个省、自治区和直辖市；东北三省包括辽宁、吉林、黑龙江 3 个省。

第二章

中国城市公共服务供给与人口空间集聚的描述性分析

根据2003~2019年中国地级及以上城市面板数据，构建新的城市公共服务评价体系，并运用熵值法衡量城市公共服务水平综合评价指数。采用Dagum基尼系数基于城市规模、行政等级和地理位置层面测算城市公共服务供给的空间差异及其来源，并运用核密度估计方法测度其分布动态演进。同时，重点考察一般性公共服务（包括文化、交通、环境、资源和通信等）和特殊性公共服务（包括教育和医疗等）的空间差异与分布动态。人口空间集聚既可以通过人口集聚规模反映其集聚结果，也可以通过人口迁移和流动反映其集聚过程。基于此，根据2006~2019年中国地级及以上城市人口集聚规模与人口集聚过程（流动和迁移人口）面板数据，采用Dagum基尼系数基于城市规模、行政等级和地理位置层面测算其空间差异及其来源，并运用核密度估计方法测度其分布动态演进。

第一节 中国城市公共服务供给的特征和现状

一、城市公共服务供给水平测算

（一）评价体系构建

基于现有研究成果和城市层面数据的可获得性，建立城市公共服务评价体系，从教育、医疗、文化、交通、环境、资源和通信等七个层面选取 23 个指标来进行测度。在衡量城市公共服务总体水平时，考虑到每个公共服务水平的整体性，对城市公共服务采用熵值法进行指标赋权。采用熵值法综合评价模型计算 2003～2019 年各城市市辖区层面公共服务水平综合评价指数。具体步骤如下：①假设城市有 i 个市辖区（$i=1$，2，$\cdots$，n），j 项指标（$j=1$，2，$\cdots$，m），基于上述评价指标体系对各项指标进行标准化处理，由于指标体系中的各相关指标均为正向指标，具体公式如式（2-1）所示；②利用公式（2-2）计算得到每年度各城市第 i 个市辖区第 j 项指标的比重大小；③利用公式（2-3）计算第 j 项指标的熵值；④利用公式（2-4）计算信息熵冗余度；⑤利用公式（2-5）计算各项指标的权重值；⑥利用公式（2-6）分别计算各城市市辖区公共服务水平综合评价指数。

$$X_{ij} = \frac{x_{ij} - \min\{x_{1j}, \cdots, x_{nj}\}}{\max\{x_{1j}, \cdots, x_{nj}\} - \min\{x_{1j}, \cdots, x_{nj}\}} \qquad (2-1)$$

$$P_{ij} = \frac{X_{ij}}{\sum\limits_{i=1}^{n} X_{ij}} \qquad (2-2)$$

$$e_j = -\frac{1}{\ln(n)} \sum_{i=1}^{n} P_{ij} \ln P_{ij} \qquad (2-3)$$

$$d_j = 1 - e_j \qquad (2-4)$$

$$w_j = \frac{d_j}{\sum\limits_{j=1}^{m} d_j} \qquad (2-5)$$

$$PS_i = \sum_{j=1}^{m} w_j P_{ij} \qquad (2-6)$$

表 2-1 显示了城市公共服务水平评价指标体系各指标及其权重计算结果。

表 2 - 1　　　　　　　城市公共服务水平评价指标体系

	指标	指标解释	单位	权重（%）		
特殊性公共服务	教育	普通小学学校数	所	4.09	9.66	
		普通中学学校数	所	2.76	6.53	
		普通高等学校数	所	4.81	11.37	
		普通小学师生比	人	4.66	11.01	
		普通中学师生比	人	4.72	11.16	
		普通高校师生比	人	5.18	12.25	
	医疗	医生数	万人	4.35	10.29	
		医院、卫生院床位数	万	5.82	13.77	
		医院、卫生院数	个	5.91	13.96	
一般性公共服务	文化	公共图书馆图书总藏量	万册、件	4.91		8.51
	交通	城市道路面积	万平方米	4.24		7.35
		年末实有公共汽车数	辆	4.44		7.69
		年末实有出租汽车数	辆	4.49		7.78
	环境	绿地面积	公顷	4.73		8.19
		建成区绿化覆盖率	%	2.51		4.35
		工业固体废物综合利用率	%	3.89		6.74
		污水处理率	%	2.37		4.11
		生活垃圾处理率	%	2.84		4.92
	资源	供水总量	亿吨	4.52		7.83
		全社会用电量	亿千瓦时	4.68		8.12
		供气总量	亿立方米	4.10		7.11
	通信	移动电话用户数	万户	4.01		6.95
		互联网宽带接入用户数	万户	5.97		10.34

　　基于地方政府以户籍为标尺提供差异化公共服务的特性，将城市公共服务分为一般性公共服务和特殊性公共服务。其中，一般性公共服务包括文化、交通、环境、资源和通信等，特殊性公共服务包括教育和医疗等。本书同样基于熵值法测算一般性公共服务和特殊性公共

服务的权重和评价指数，具体参见表2-1。

（二）典型化事实

1. 城市公共服务总体水平

为了揭示考察期内城市公共服务水平的演变趋势，本书对全国及各规模、等级和区域层面城市公共服务水平进行均值处理，具体如图2-1、图2-2和图2-3所示。从全国层面看，全国城市公共服务平均水平呈现上升趋势，由2003年的4.12增加至2019年的8.41，增幅为104.05%，年均增长率为4.56%。从规模层面看，不同规模城市公共服务水平均呈现上升趋势，但在增长幅度和速度方面均存在差异。在增长幅度方面，城市公共服务增长幅度与城市规模呈现正相关，具体表现为：超大城市公共服务平均水平的增长幅度最高，年均增长量为1.64；其次是特大城市，年均增长量为0.91；再次是大城市，年均增长量为0.35；最后是中等城市和小城市，年均增长量分别为0.18和0.12。在增长速度方面，不同规模城市公共服务增长速度差异较小，具体表现为：大城市公共服务平均水平的增长速度最快，年均增长率为4.81%；其次是超大城市和中等城市，年均增长率分别为4.64%和4.59%；再次是小城市，年均增长率为4.27%；最后是超大城市，年均增长率为4.13%。在差异程度方面，考察期内不同规模城市的公共服务平均水平绝对差异明显，极差呈现不断扩大趋势，从2003年的26.86扩大至2019年的51.21。具体来看，超大城市公共服务平均水平一直处于最高水平，远高于全国平均水平；特大城市公共服务平均水平也处于较高水平，高于全国平均水平；大城市公共服务平均水平略高于全国平均水平；中小城市公共服务平均水平均低于全国平均水平。从等级层面看，不同等级城市公共服务平均水平均呈现上升趋势，但在增长幅度和速度方面均存在差异。在增长幅度方面，直辖市公共服务平均水平的增长幅度最高，年均增长量为1.68；其次是副省级城市，年均增长量为0.87；再次是省会城市，年均增长量为0.49；最后是地级市，年均增长量为0.20。在增长速度方面，地级市公共服务平均水平的增长速度最快，年均增长率为4.69%；其次是省会城市和副省级城市，年均增长率分别为 4. 67% 和 4. 42%；最后是直辖市，年均增长率为 3. 90%。在差异程度方面，考察期内不同等级城市的公共服务平均水平绝对差异明显，极差呈现不断扩大趋势，从 2003 年的 28. 88 增加至 2019 年的 52. 61。具体来看，直辖市公共服务平均水平一直处于最高水平，远高于全国平均水平；副省级城市公共服务平均水平也处于较高水平，高于全国平均水平；省会城市公共服务平均水平略高于全国平均水平；地级市公共服务平均水平低于全国平均水平。从区域层面看，不同区域城市公共服务平均水平均呈现上升趋势，但在增长幅度和速度方面均存在差异。在增长幅度方面，东部公共服务平均水平的增长幅度最高，年均增长量为 0. 41；其次是西部城市，年均增长量为 0. 23；再次是中部城市，年均增长量为 0. 20；最后是东北城市，年均增长量为 0. 15。在增长速度方面，西部城市公共服务平均水平的增长速度最快，年均增长率为 4. 92%；其次是东部和中部城市，年均增长率分别为 4. 89% 和 4. 24%；最后是东北城市，年均增长率为 3. 06%。在差异程度方面，考察期内不同区域城市的公共服务平均水平绝对差异明显，极差呈现不断扩大趋势，从 2003 年的 2. 61 增加至

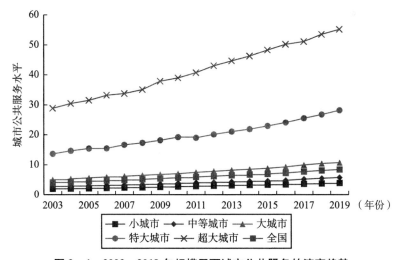

图 2 - 1　2003 ~ 2019 年规模层面城市公共服务的演变趋势

2019 年的 5. 91。具体来看，东部城市公共服务平均水平一直处于最高水平，远高于全国平均水平；东北城市公共服务平均水平略低于全国平均水平；而中西部城市公共服务平均水平均低于全国平均水平，且差异不明显。

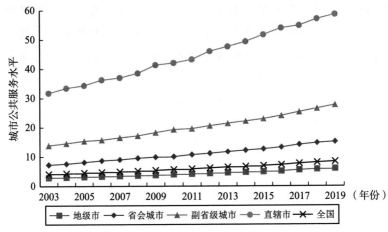

图 2 - 2　2003~2019 年等级层面城市公共服务的演变趋势

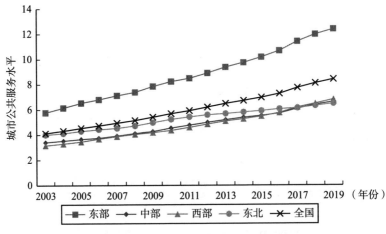

图 2 - 3　2003~2019 年区域层面城市公共服务的演变趋势

2. 城市一般性公共服务水平

为了揭示考察期内城市一般性公共服务水平的演变趋势，本书对全国及各规模、等级和区域层面城市一般性公共服务水平进行均值处理，具体如图 2-4、图 2-5 和图 2-6 所示。从全国层面看，全国城市一般性公共服务平均水平呈现上升趋势，由 2003 年的 6.36 增加至 2019 年的 15.82，增幅为 148.79%，年均增长率为 5.86%。从规模层面看，不同规模城市一般性公共服务水平均呈现上升趋势，但在增长幅度和速度方面均存在差异。在增长幅度方面，城市一般性公共服务增长幅度与城市规模呈现正相关，具体表现为：超大城市一般性公共服务平均水平的增长幅度最高，年均增长量为 3.44；其次是特大城市，年均增长量为 1.84；再次是大城市，年均增长量为 0.76；最后是中等城市和小城市，年均增长量分别为 0.43 和 0.30。在增长速度方面，不同规模城市一般性公共服务增长速度差异较小，与城市规模呈现负相关，具体表现为：小城市一般性公共服务平均水平的增长速度最快，年均增长率为 6.22%；其次是大城市和中等城市，年均增长率均为 6.09%；再次是特大城市，年均增长率为 5.80%；最后是超大城市，年均增长率为 4.71%。在差异程度方面，考察期内不同规模城市的一般性公共服务平均水平绝对差异明显，极差呈现不断扩大趋势，从 2003 年的 47.59 扩大至 2019 年的 97.81。具体来看，超大城市一般性公共服务平均水平一直处于最高水平，远高于全国平均水平；特大城市一般性公共服务平均水平也处于较高水平，高于全国平均水平；大城市一般性公共服务平均水平略高于全国平均水平；中小城市一般性公共服务平均水平均低于全国平均水平。从等级层面看，不同等级城市一般性公共服务平均水平均呈现上升趋势，但在增长幅度和速度方面均存在差异。在增长幅度方面，直辖市一般性公共服务平均水平的增长幅度最高，年均增长量为 3.52；其次是副省级城市，年均增长量为 1.77；再次是省会城市，年均增长量为 0.94；最后是地级市，年均增长量为 0.45。在增长速度方面，地级市一般性公共服务平均水平的增长速度最快，年均增长率为 6.21%；其次是省会城市和副省级城市，年均增长率分别为 5.92% 和 5.32%；最后是直辖市，年均增长率为 4.65%。在差异程度方面，考察期内不同等级城市的一般性公共服务平均水平绝对差异明显，极差呈现不断扩大趋势，从 2003 年的 48.23

增加至 2019 年的 97.34。具体来看，直辖市一般性公共服务平均水平一直处于最高水平，远高于全国平均水平；副省级城市一般性公共服务平均水平也处于较高水平，高于全国平均水平；省会城市一般性公共服务平均水平略高于全国平均水平；地级市一般性公共服务平均水平低于全国平均水平。从区域层面看，不同区域城市一般性公共服务平均水平均呈现上升趋势，但在增长幅度和速度方面均存在差异。在增长幅度方面，东部一般性公共服务平均水平的增长幅度最高，年均增长量为 0.91；其次是西部城市，年均增长量为 0.51；再次是中部城市，年均增长量为 0.44；最后是东北城市，年均增长量为 0.34。在增长速度方面，西部城市一般性公共服务平均水平的增长速度最快，年均增长率为 6.81%；其次是东部和中部城市，年均增长率分别为5.90%和5.71%；最后是东北城市，年均增长率为 3.99%。在差异程度方面，考察期内不同区域城市的一般性公共服务平均水平绝对差异明显，极差呈现不断扩大趋势，从 2003 年的 5.31 增加至 2019 年的12.55。具体来看，东部城市一般性公共服务平均水平一直处于最高水平，远高于全国平均水平；东北城市一般性公共服务平均水平略低于全国平均水平；而中西部城市一般性公共服务平均水平均低于全国平均水平，且差异不明显。

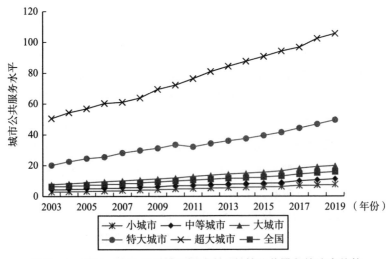

图 2-4 2003～2019 年规模层面城市一般性公共服务的演变趋势

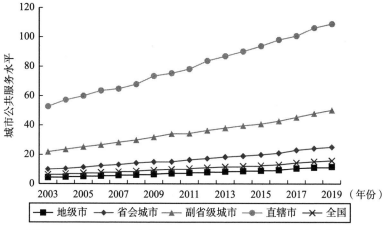

图 2 - 5 2003～2019 年等级层面城市一般性公共服务的演变趋势

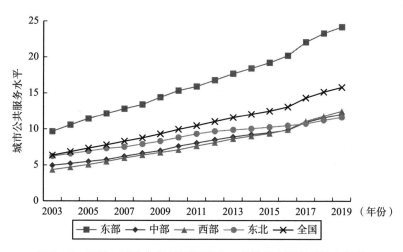

图 2 - 6 2003～2019 年区域层面城市一般性公共服务的演变趋势

3. 城市特殊性公共服务水平

为了揭示考察期内城市特殊性公共服务水平的演变趋势,本书对全国及各规模、等级和区域层面城市特殊性公共服务水平进行均值处理,具体如图 2 - 7、图 2 - 8 和图 2 - 9 所示。从全国层面看,全国城市特殊性公共服务平均水平呈现上升趋势,由 2003 年的 6.22 增加至 2019 年的 8.82,增幅为 41.84%,年均增长率为 2.21%。从规模层面看，不同规模城市特殊性公共服务水平均呈现上升趋势，但在增长幅度和速度方面均存在差异。在增长幅度方面，城市特殊性公共服务增长幅度与城市规模基本呈现正相关，具体表现为：超大城市特殊性公共服务平均水平的增长幅度最高，年均增长量为 1.25；其次是特大城市，年均增长量为 0.78；再次是大城市，年均增长量为 0.25；最后是中等城市和小城市，年均增长量分别为 0.09 和 0.03。在增长速度方面，不同规模城市特殊性公共服务增长速度差异较小，也与城市规模基本呈现正相关，具体表现为：特大城市和超大城市特殊性公共服务平均水平的增长速度最快，年均增长率分别为 2.86% 和 2.83%；其次是大城市，年均增长率为 2.62%；再次是中等城市，年均增长率为 1.76%；最后是小城市，年均增长率为 0.82%。在差异程度方面，考察期内不同规模城市的特殊性公共服务平均水平绝对差异明显，极差呈现不断扩大趋势，从 2003 年的 32.12 扩大至 2019 年的 51.62。具体来看，超大城市特殊性公共服务平均水平一直处于最高水平，远高于全国平均水平；特大城市特殊性公共服务平均水平也处于较高水平，高于全国平均水平；大城市特殊性公共服务平均水平略高于全国平均水平；中小城市特殊性公共服务平均水平均低于全国平均水平。从等级层面看，不同等级城市特殊性公共服务平均水平均呈现上升趋势，但在增长幅度和速度方面均存在差异。在增长幅度方面，直辖市特殊性公共服务平均水平的增长幅度最高，年均增长量为 1.27；其次是副省级城市，年均增长量为 0.72；再次是省会城市，年均增长量为 0.49；最后是地级市，年均增长量为 0.09。在增长速度方面，省会城市特殊性公共服务平均水平的增长速度最快，年均增长率为 3.03%；其次是副省级城市和直辖市，年均增长率分别为 2.85% 和 2.45%；最后是小城市，年均增长率为 1.81%。在差异程度方面，考察期内不同等级城市的特殊性公共服务平均水平绝对差异明显，极差呈现不断扩大趋势，从 2003 年的 38.53 增加至 2019 年的 57.32。具体来看，直辖市特殊性公共服务平均水平一直处于最高水平，远高于全国平均水平；副省级城市特殊性公共服务平均水平也处于较高水平，高于全国平均水平；省会城市特殊性公共服务平均水平略高于全国平均水平；地级市特殊性公共服务平均水平低于全国平均水平。从区域层面看，不同区域城市特殊性公共服务平均水平均呈现上升趋势，但在增长幅度和速度方面均存在差异。在增长幅度方面，东部特殊性公共服务平均水平的增长幅度最高，年均增长量为 0.26；其次是西部城市，年均增长量为 0.13；再次是中部城市，年均增长量为 0.12；最后是东北城市，年均增长量为 0.10。在增长速度方面，东部城市特殊性公共服务平均水平的增长速度最快，年均增长率为 2.72%；其次是西部和中部城市，年均增长率分别为 2.06% 和 1.90%；最后是东北城市，年均增长率为 1.46%。在差异程度方面，考察期内不同区域城市的特殊性公共服务平均水平绝对差异明显，极差呈现不断扩大趋势，从 2003 年的 2.20 增加至 2019 年的 4.27。具体来看，东部城市特殊性公共服务平均水平一直处于最高水平，远高于全国平均水平；东北城市特殊性公共服务平均水平略低于全国平均水平；而中西部城市特殊性公共服务平均水平均低于全国平均水平，且差异不明显。

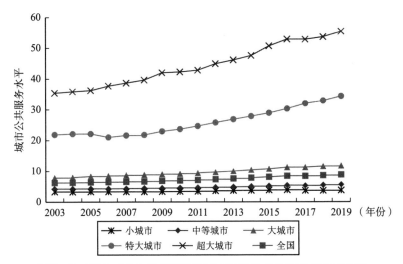

图 2-7 2003~2019 年规模层面城市特殊性公共服务的演变趋势

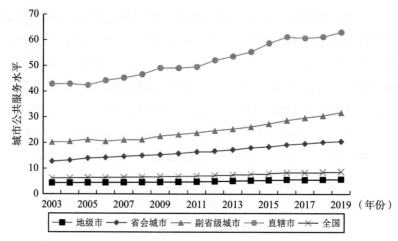

图 2 – 8　2003 ～ 2019 年等级层面城市特殊性公共服务的演变趋势

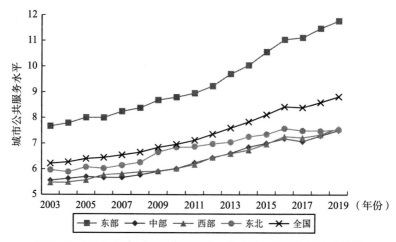

图 2 – 9　2003 ～ 2019 年区域层面城市特殊性公共服务的演变趋势

二、城市公共服务供给的空间差异

本书采用 Dagum 基尼系数分解方法（Dagum，1997）从整体上描述中国城市公共服务发展的空间差异。在此设定衡量城市公共服务程度的基尼系数公式为：

$$G = \sum_{j=1}^{k} \sum_{h=1}^{k} \sum_{i=1}^{n_j} \sum_{r=1}^{n_h} |PS_{ji} - PS_{hr}|/2n^2 \overline{PS} \qquad (2-7)$$

其中，G 代表基尼系数，j、h 代表组个数，i、r 代表组内城市个数，k 代表组总数，n 代表城市总数，$n_j(n_h)$ 代表第 $j(h)$ 组内的城市个数，$PS_{ji}(PS_{hr})$ 代表第 $j(h)$ 组内城市 $i(r)$ 的公共服务程度，$\overline{PS}$ 代表城市公共服务程度的算术平均值。

在对总体基尼系数按照组分解时，首先要根据组内公共服务程度均值对 k 个组进行排序，即 $\overline{PS_1} \leq \cdots \leq \overline{PS_j} \leq \cdots \overline{PS_k}$，然后将基尼系数 G 分解为组内差异贡献（G_w）、组间差异贡献（G_{nb}）和超变密度贡献（G_t）三个部分，且满足 $G = G_w + G_{nb} + G_t$。具体计算公式为：

$$G_{jj} = \frac{1}{2\overline{PS_j}} \sum_{i=1}^{n_j} \sum_{r=1}^{n_h} |PS_{ji} - PS_{hr}| / n_j^2 \qquad (2-8)$$

$$G_w = \sum_{j=1}^{k} G_{jj} p_j s_j = \sum_{j=1}^{k} G_{jj} \frac{n_j}{n} \frac{n_j \overline{PS_j}}{n \overline{PS}} \qquad (2-9)$$

$$G_{jh} = \sum_{i=1}^{n_j} \sum_{r=1}^{n_h} \frac{|PS_{ji} - PS_{hr}|}{n_j n_h (\overline{PS_j} + \overline{PS_h})} \qquad (2-10)$$

$$G_{nb} = \sum_{j=2}^{k} \sum_{h=1}^{j-1} G_{jh} (p_j s_h + p_h s_j) D_{jh} \qquad (2-11)$$

$$G_t = \sum_{j=2}^{k} \sum_{h=1}^{j-1} G_{jh} (p_j s_h + p_h s_j)(1 - D_{jh}) \qquad (2-12)$$

其中，G_{jj} 代表群组 j 的基尼系数，G_{jh} 代表群组 j 和 h 间的基尼系数，D_{jh} 代表组 j 和 h 间公共服务的相对影响，计算公式为：

$$D_{jh} = \frac{d_{jh} - p_{jh}}{d_{jh} + p_{jh}} \qquad (2-13)$$

$$d_{jh} = \int_0^\infty dF_j(PS) \int_0^{PS} F_j(PS - x) dF_h(x) \qquad (2-14)$$

$$d_{jh} = \int_0^\infty dF_h(PS) \int_0^{PS} F_j(PS - x) dF_j(x) \qquad (2-15)$$

其中，d_{jh} 代表组间公共服务的差值，表示组 j 和 h 中所有 $PS_{ji} - PS_{hr} > 0$ 的样本值加总的数学期望；p_{jh} 代表超变一阶矩，为组 j 和 h 中所有 $PS_{hr} - PS_{ji} > 0$ 的样本值加总的数学期望；$F_j(F_h)$ 代表组 $j(h)$ 公共服务的累积分布函数。

（一）城市总体公共服务的空间差异

1. 总体差异

为了刻画城市公共服务水平的总体空间差异程度，运用 Dagum 基尼系数测算 2003～2019 年城市公共服务水平总体差异，如图 2－10 所示。结果显示，中国城市公共服务水平的总体差异程度较高，基尼系数值在 0.38～0.40 之间；从演变趋势看，城市公共服务水平总体差异呈现微弱波动下降趋势，其基尼系数值由 2003 年的 0.3935 缓慢下降至 2019 年的 0.3926，降幅为 0.23%，年均下降率为 0.01%。综合来看，中国城市公共服务水平存在明显的空间非均衡特征，且非均衡性会随着时间推移缓慢减弱。

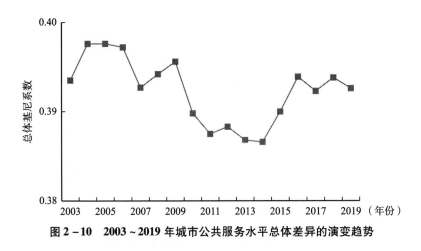

图 2－10　2003～2019 年城市公共服务水平总体差异的演变趋势

2. 规模层面差异

（1）规模内差异。

图 2－11 报告了 2003～2019 年城市公共服务水平规模内差异的演变趋势。从差异程度看，考察期内相同规模城市公共服务水平的内部差异程度较小，其中大城市的内部差异程度最大，其基尼系数均值为 0.2269；其次是超大城市，其基尼系数均值为 0.1673；再次是特大城市和中等城市，其基尼系数均值分别为 0.1187 和 0.1124；最后是小城

市，其基尼系数均值为 0.1002。从演变趋势看，大城市公共服务水平的内部差异程度呈现缓慢上升趋势，增幅为 2.12%，年均增长率为 0.13%；其他规模城市公共服务水平的内部差异程度均呈现下降趋势，其中特大城市的下降速度最快，降幅为 41.73%，年均下降率为 3.32%；超大城市和小城市的下降速度次之，降幅分别为 35.34% 和 31.00%，年均下降率分别为 2.69% 和 2.29%；中等城市的下降速度最慢，降幅为 6.74%，年均下降率为 0.44%。综合来看，相同规模城市公共服务水平的空间非均衡特征不明显，且其会随着时间推移呈现持续减弱态势。

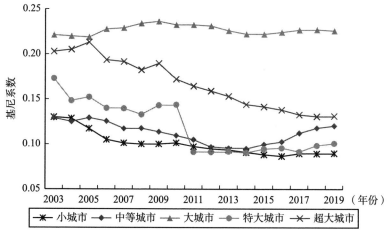

图 2 - 11　2003 ~ 2019 年城市公共服务水平规模内差异的演变趋势

（2）规模间差异。

图 2 - 12 报告了 2003 ~ 2019 年城市公共服务水平规模间差异的演变趋势。从差异程度看，考察期内不同规模城市间差异程度较大，其中小城市与超大城市、中等城市与超大城市、小城市与特大城市、大城市与超大城市、中等城市与特大城市的规模间差异程度最大，其基尼系数均值分别为 0.8689、0.8207、0.7463、0.6894 和 0.6614；其次是大城市与特大城市、小城市与大城市，其基尼系数均值分别为 0.4493 和 0.4484；再次是特大城市与超大城市、中等城市与大城市，

其基尼系数均值分别为 0.3540 和 0.3132；最后是小城市与中等城市，其基尼系数均值为 0.1801。从演变趋势看，小城市与大城市、中等城市与大城市、小城市与中等城市、小城市与特大城市、中等城市与特大城市间差异程度均呈现微弱上升趋势，其中小城市与大城市的差异程度上升速度最快，增幅为 7.25%，年均增长率为 0.44%，而中等城市与特大城市的差异程度上升速度最慢，增幅仅为 0.35%，年均增长率仅为 0.02%；其他规模城市间差异程度均呈现微弱下降趋势，其中特大城市与超大城市的差异程度下降速度最快，降幅为 11.74%，年均下降率为 0.78%，而小城市与超大城市的差异程度下降速度最慢，降幅仅为 0.31%，年均下降率仅为 0.02%。综合来看，不同规模城市间公共服务水平存在空间非均衡特征，且城市间公共服务水平差异的总体变化趋势不明显，保持相对稳定态势。

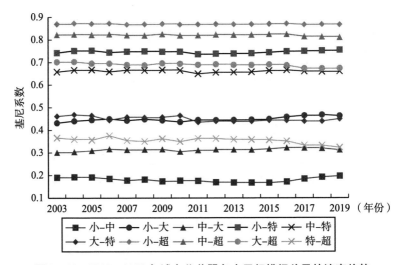

图 2 – 12　2003 ~ 2019 年城市公共服务水平规模间差异的演变趋势

（3）规模差异来源及贡献。

表 2 – 2 报告了 2003 ~ 2019 年城市公共服务水平规模差异来源及贡献。从差异程度看，考察期内规模间差异的贡献率远远高于规模内差异和超变密度的贡献率，其中，规模间差异贡献率均在 88% 以上，规

模内差异贡献率的浮动范围在 8.90% ~ 10.04%，超变密度的贡献率均在 1.75% 以下，表明城市公共服务水平差异来源依次为规模间差异、规模内差异和超变密度，其中规模间差异是导致城市公共服务差异的主要来源。从演变趋势看，规模间差异总体上呈现微弱上升趋势，而规模内差异和超变密度均呈现微弱下降趋势。综合来看，规模间差异是中国城市公共服务总体差异的主要来源，且其贡献程度呈现微弱增强态势，而规模内差异和超变密度对总体差异的影响作用持续减弱。

表 2 - 2　　2003 ~ 2019 年城市公共服务水平规模差异来源及贡献

年份	规模内		规模间		超变密度	
	差异	贡献率（%）	差异	贡献率（%）	差异	贡献率（%）
2003	0.0395	10.04	0.3471	88.21	0.0069	1.75
2004	0.0387	9.73	0.3527	88.71	0.0062	1.56
2005	0.0387	9.73	0.3532	88.83	0.0057	1.43
2006	0.0387	9.75	0.3534	89.00	0.0050	1.26
2007	0.0379	9.65	0.3501	89.15	0.0047	1.20
2008	0.0383	9.72	0.3514	89.17	0.0044	1.12
2009	0.0380	9.61	0.3529	89.23	0.0046	1.16
2010	0.0373	9.57	0.3479	89.23	0.0047	1.21
2011	0.0368	9.50	0.3470	89.55	0.0037	0.95
2012	0.0356	9.17	0.3493	89.96	0.0034	0.88
2013	0.0350	9.05	0.3492	90.30	0.0025	0.65
2014	0.0344	8.90	0.3502	90.58	0.0020	0.52
2015	0.0348	8.92	0.3532	90.56	0.0020	0.51
2016	0.0353	8.96	0.3566	90.53	0.0020	0.51
2017	0.0368	9.38	0.3526	89.90	0.0028	0.71
2018	0.0375	9.52	0.3533	89.69	0.0031	0.79
2019	0.0375	9.55	0.3516	89.58	0.0034	0.87

3. 等级层面差异

（1）等级内差异。

图 2 - 13 报告了 2003～2019 年城市公共服务水平等级内差异的演变趋势。从差异程度看，考察期内不同等级城市的内部差异程度较小，其中地级市公共服务水平的内部差异程度最大，其基尼系数均值为 0.2154；其次是副省级城市，其基尼系数均值为 0.2123；最后是直辖市和省会城市，其基尼系数均值分别为 0.1736 和 0.1512。从演变趋势看，省会城市和地级市公共服务水平的内部差异程度均总体呈现上升趋势，增幅分别为 32.83% 和 7.84%，年均增长率分别为 1.79% 和 0.47%；直辖市和副省级城市公共服务水平的内部差异程度均总体呈现下降趋势，降幅分别为 34.24% 和 7.40%，年均下降率分别为 2.59% 和 0.48%。综合来看，各等级城市公共服务水平的空间非均衡性较低，随着时间推移，省会城市呈现明显上升趋势，而直辖市呈现明显下降趋势。

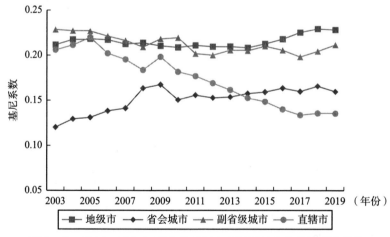

图 2 - 13　2003～2019 年城市公共服务水平等级内差异的演变趋势

（2）等级间差异。

图 2 - 14 报告了 2003～2019 年城市公共服务水平等级间差异的演变趋势。从差异程度看，考察期内不同等级城市间差异程度较大，其

中地级市与直辖市的等级间差异程度最大，其基尼系数均值为0.8260；其次是地级市与副省级城市、省会城市与直辖市，其基尼系数均值分别为0.6513和0.6073；再次是地级市与省会城市、副省级城市与直辖市，其基尼系数均值分别为0.4494和0.3934；最后是省会城市与副省级城市，其基尼系数均值为0.3123。从演变趋势看，地级市与省会城市的差异程度呈现微弱上升趋势，增幅为2.13%，年均增长率为0.13%；其他等级城市间差异程度均呈现下降趋势，其中副省级城市与直辖市的差异程度下降速度最快，降幅为10.52%，年均下降率为0.69%，而地级市与副省级城市的差异程度下降速度最慢，降幅仅为1.59%，年均下降率仅为0.10%。综合来看，不同等级城市间公共服务水平存在明显的空间非均衡特征，且大多数城市公共服务水平等级间差异会随着时间推移呈现微弱下降态势。

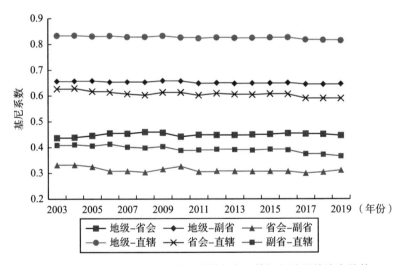

图2-14　2003～2019年城市公共服务水平等级间差异的演变趋势

（3）等级差异来源及贡献。

表2-3报告了2003～2019年城市公共服务水平等级差异来源及贡献。从差异程度看，考察期内等级间差异贡献率高于等级内差异和超变密度贡献率，其中，等级间差异贡献率的浮动范围在66.64%～

70.21%，等级内差异贡献率的浮动范围在29.36%～32.71%，超变密度的贡献率均在0.66%以下，表明城市公共服务水平等级差异来源依次为等级间差异、等级内差异和超变密度，其中等级间差异是导致城市公共服务水平总体差异的主要来源。从演变趋势看，等级间差异总体上呈现微弱下降趋势，而等级内差异和超变密度均呈现微弱上升趋势。综合来看，等级间差异是中国城市公共服务水平总体差异的主要来源，且其贡献程度呈现微弱下降态势，而等级内差异和超变密度对总体差异的影响作用持续增强。

表 2 - 3   2003～2019 年城市公共服务水平等级差异来源及贡献

年份	等级内		等级间		超变密度	
	差异	贡献率（%）	差异	贡献率（%）	差异	贡献率（%）
2003	0.1170	29.73	0.2754	69.99	0.0011	0.28
2004	0.1201	30.21	0.2760	69.42	0.0015	0.38
2005	0.1205	30.31	0.2756	69.33	0.0014	0.35
2006	0.1199	30.19	0.2757	69.43	0.0015	0.38
2007	0.1177	29.97	0.2733	69.60	0.0017	0.43
2008	0.1184	30.03	0.2742	69.54	0.0017	0.43
2009	0.1161	29.36	0.2777	70.21	0.0017	0.43
2010	0.1161	29.78	0.2720	69.78	0.0017	0.44
2011	0.1178	30.40	0.2679	69.14	0.0018	0.46
2012	0.1167	30.05	0.2698	69.46	0.0019	0.49
2013	0.1172	30.30	0.2676	69.18	0.0020	0.52
2014	0.1163	30.07	0.2685	69.43	0.0019	0.49
2015	0.1186	30.41	0.2692	69.03	0.0022	0.56
2016	0.1212	30.77	0.2705	68.67	0.0022	0.56
2017	0.1263	32.20	0.2636	67.21	0.0023	0.59
2018	0.1288	32.70	0.2625	66.64	0.0026	0.66
2019	0.1284	32.71	0.2617	66.66	0.0025	0.64

4. 区域层面差异

（1）区域内差异。

图 2-15 报告了 2003~2019 年城市公共服务水平区域内差异的演变趋势。从差异程度看，考察期内不同区域城市的内部差异程度存在差异，其中东部城市公共服务水平的内部差异程度最大，其基尼系数均值为 0.4399；西部和东北城市公共服务水平的内部差异程度较大，其基尼系数均值分别为 0.3544 和 0.3328；中部城市公共服务水平的内部差异程度最小，其基尼系数均值为 0.2588。从演变趋势看，东部和中部城市公共服务水平的内部差异程度呈现微弱下降趋势，降幅分别为 12.35% 和 0.27%，年均下降率分别为 0.82% 和 0.02%；西部和东北城市公共服务水平的内部差异程度呈现微弱上升趋势，增幅分别为 5.94% 和 1.67%，年均增长率分别为 0.36% 和 0.10%。综合来看，各区域城市公共服务水平的空间非均衡特征明显，且随着时间推移，东部地区呈现明显下降态势，而西部地区呈现明显上升态势。

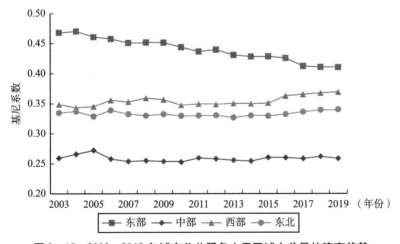

图 2-15　2003~2019 年城市公共服务水平区域内差异的演变趋势

（2）区域间差异。

图 2-16 报告了 2003~2019 年城市公共服务水平区域间差异的演变趋势。从差异程度看，考察期内不同区域城市间差异程度较大，其

中东部与西部城市的区域间差异程度最大，其基尼系数均值为 0.4645；其次是东部与东北城市、东部与中部城市，其基尼系数均值分别为 0.4326 和 0.4185；再次是西部与东北城市、中部与西部城市，其基尼系数均值分别为 0.3530 和 0.3168；最后是中部与东北城市，其基尼系数均值为 0.3045。从演变趋势看，东部与西部、西部与东北城市间公共服务水平差异程度均呈现微弱下降趋势，降幅分别为 0.90% 和 0.11%，年均下降率分别为 0.06% 和 0.01%；其他区域城市间公共服务水平差异程度均呈现上升趋势，其中东部与东北城市的差异程度上升速度最快，增幅为 6.52%，年均增长率为 0.40%，而东部与中部城市的差异程度上升速度最慢，增幅仅为 0.31%，年均增长率为 0.02%。综合来看，不同区域城市间公共服务水平存在明显的空间非均衡特征，且大多数城市公共服务水平区域间差异会随着时间推移呈现微弱上升态势。

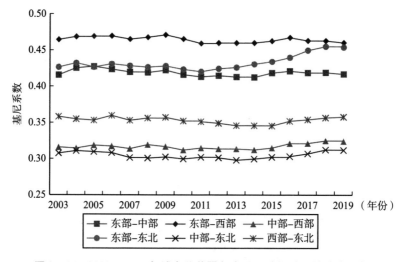

图 2 - 16　2003 ~ 2019 年城市公共服务水平区域间差异的演变趋势

（3）区域差异来源及贡献。

表 2 - 4 报告了 2003 ~ 2019 年城市公共服务水平区域差异来源及贡献。从差异程度看，考察期内超变密度贡献率高于区域间差异和区域

内差异贡献率，其中，超变密度贡献率的浮动范围在 35.88% ~ 38.12%，区域间差异贡献率的浮动范围在 35.15% ~ 37.80%，区域内差异贡献率的浮动范围在 25.80% ~ 26.73%，表明城市公共服务水平区域差异来源依次为超变密度、区域间差异和区域内差异，其中超变密度是导致城市公共服务水平总体差异的主要来源。从演变趋势看，区域间差异总体上呈现微弱上升趋势，而区域内差异和超变密度均呈现微弱下降趋势。综合来看，超变密度是中国城市公共服务水平总体差异的主要来源，且其贡献程度呈现微弱下降态势，而区域间差异对总体差异的影响作用持续增强。

表 2 - 4　　　2003 ~ 2019 年城市公共服务水平区域差异来源及贡献

年份	区域内		区域间		超变密度	
	差异	贡献率（%）	差异	贡献率（%）	差异	贡献率（%）
2003	0.1052	26.73	0.1383	35.15	0.1500	38.12
2004	0.1061	26.69	0.1437	36.14	0.1478	37.17
2005	0.1056	26.55	0.1478	37.16	0.1443	36.28
2006	0.1052	26.49	0.1442	36.31	0.1477	37.19
2007	0.1040	26.48	0.1428	36.36	0.1459	37.15
2008	0.1045	26.51	0.1406	35.67	0.1491	37.82
2009	0.1044	26.39	0.1469	37.13	0.1443	36.48
2010	0.1026	26.31	0.1474	37.80	0.1399	35.88
2011	0.1020	26.32	0.1420	36.65	0.1435	37.03
2012	0.1024	26.38	0.1405	36.19	0.1453	37.43
2013	0.1015	26.24	0.1413	36.53	0.1440	37.23
2014	0.1012	26.17	0.1422	36.77	0.1433	37.06
2015	0.1020	26.15	0.1442	36.96	0.1439	36.89
2016	0.1026	26.05	0.1454	36.92	0.1458	37.02
2017	0.1014	25.85	0.1456	37.11	0.1453	37.04
2018	0.1016	25.80	0.1468	37.28	0.1454	36.92
2019	0.1016	25.88	0.1471	37.47	0.1439	36.65

（二）城市一般性公共服务的空间差异

1. 总体差异

为了刻画城市一般性公共服务水平的总体空间差异程度，运用 Dagum 基尼系数测算 2003～2019 年城市一般性公共服务水平总体差异，如图 2－17 所示。结果显示，中国城市一般性公共服务水平的总体差异程度较高，基尼系数值在 0.38～0.43 之间；从演变趋势看，城市一般性公共服务水平总体差异呈现波动下降趋势，其基尼系数值由 2003 年 0.4216 逐渐下降至 2019 年 0.3842，降幅为 8.87%，年均下降率为 0.58%。综合来看，中国城市一般性公共服务水平存在明显的空间非均衡特征，且非均衡性会随着时间推移逐渐减弱。

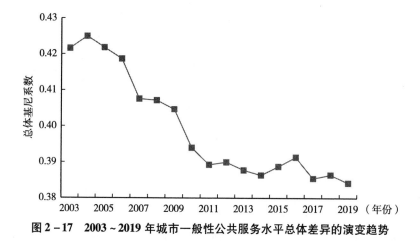

图 2－17　2003～2019 年城市一般性公共服务水平总体差异的演变趋势

2. 规模层面差异

（1）规模内差异。

图 2－18 报告了 2003～2019 年城市一般性公共服务水平规模内差异的演变趋势。从差异程度看，考察期内相同规模城市一般性公共服务水平的内部差异程度较小，其中大城市的内部差异程度最大，其基尼系数均值为 0.2211；其次是超大城市，其基尼系数均值为 0.1950；再次是特大城市，其基尼系数均值为 0.1581；最后是中等城市和小城

市，其基尼系数均值分别为 0.1330 和 0.1266。从演变趋势看，大城市一般性公共服务水平的内部差异程度呈现微弱上升趋势，增幅为 0.23%，年均增长率为 0.01%；其他规模城市一般性公共服务水平的内部差异程度均呈现下降趋势，其中超大城市的下降速度最快，降幅为 44.53%，年均下降率为 3.62%；特大城市和小城市的下降速度次之，降幅分别为 42.92% 和 40.91%，年均下降率分别为 3.44% 和 3.23%；中等城市的下降速度最慢，降幅为 20.85%，年均下降率为 1.45%。综合来看，相同规模城市一般性公共服务水平的空间非均衡特征不明显，且其会随着时间推移呈现持续减弱态势。

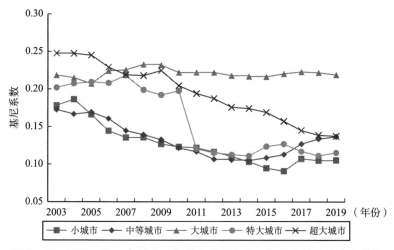

图 2-18　2003~2019 年城市一般性公共服务水平规模内差异的演变趋势

（2）规模间差异。

图 2-19 报告了 2003~2019 年城市一般性公共服务水平规模间差异的演变趋势。从差异程度看，考察期内不同规模城市间差异程度较大，其中小城市与超大城市、中等城市与超大城市、小城市与特大城市、大城市与超大城市、中等城市与特大城市的规模间差异程度最大，其基尼系数均值分别为 0.8773、0.8287、0.7411、0.7117 和 0.6486；其次是大城市与特大城市、小城市与大城市、特大城市与超大城市，其基尼系数均值分别为 0.4476、0.4429 和 0.4015；再次是中等城市与

大城市，其基尼系数均值为 0.3043；最后是小城市与中等城市，其基尼系数均值为 0.1988。从演变趋势看，各规模城市间差异程度均呈现微弱下降趋势，其中特大城市与超大城市的差异程度下降速度最快，降幅为 19.61%，年均下降率为 1.35%，而小城市与特大城市的差异程度下降速度最慢，降幅仅为 1.96%，年均下降率仅为 0.12%。综合来看，不同规模城市间一般性公共服务水平存在空间非均衡特征，且城市间一般性公共服务水平差异的总体变化趋势呈现微弱下降态势。

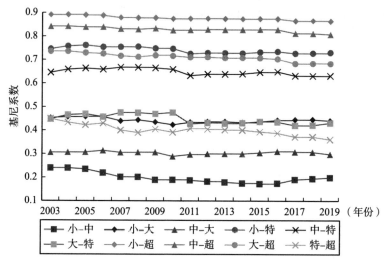

图 2 - 19   2003 ~ 2019 年城市一般性公共服务水平规模间差异的演变趋势

（3）规模差异来源及贡献。

表 2 - 5 报告了 2003 ~ 2019 年城市一般性公共服务水平规模差异来源及贡献。从差异程度看，考察期内规模间差异贡献率远远高于规模内差异和超变密度贡献率，其中，规模间差异贡献率均在 86% 以上，规模内差异贡献率的浮动范围在 9.08% ~ 10.69%，超变密度的贡献率均在 2.82% 以下，表明城市一般性公共服务水平差异来源依次为规模间差异、规模内差异和超变密度，其中规模间差异是导致城市一般性公共服务差异的主要来源。从演变趋势看，规模内差异、规模间差异和超变密度均呈现微弱下降趋势，但规模间差异的贡献率却呈现上升

趋势。综合来看，规模间差异是中国城市一般性公共服务总体差异的主要来源，且其贡献程度呈现微弱增强态势，且规模内差异和超变密度对总体差异的影响作用也持续减弱。

表2－5　　　2003～2019年城市一般性公共服务水平规模差异来源及贡献

年份	规模内		规模间		超变密度	
	差异	贡献率（%）	差异	贡献率（%）	差异	贡献率（%）
2003	0.0451	10.69	0.3647	86.48	0.0119	2.82
2004	0.0443	10.42	0.3692	86.87	0.0115	2.71
2005	0.0431	10.22	0.3684	87.36	0.0102	2.42
2006	0.0431	10.29	0.3668	87.58	0.0089	2.13
2007	0.0414	10.16	0.3578	87.80	0.0083	2.04
2008	0.0416	10.22	0.3580	87.92	0.0076	1.87
2009	0.0403	9.96	0.3568	88.19	0.0075	1.85
2010	0.0383	9.72	0.3487	88.50	0.0070	1.78
2011	0.0379	9.74	0.3459	88.85	0.0055	1.41
2012	0.0365	9.36	0.3487	89.43	0.0047	1.21
2013	0.0359	9.25	0.3482	89.77	0.0038	0.98
2014	0.0354	9.16	0.3473	89.88	0.0037	0.96
2015	0.0353	9.08	0.3500	90.04	0.0034	0.87
2016	0.0360	9.20	0.3519	89.91	0.0035	0.89
2017	0.0388	10.07	0.3410	88.48	0.0056	1.45
2018	0.0393	10.17	0.3412	88.28	0.0060	1.55
2019	0.0393	10.23	0.3388	88.16	0.0062	1.61

3. 等级层面差异

（1）等级内差异。

图2－20报告了2003～2019年城市一般性公共服务水平等级内差异的演变趋势。从差异程度看，考察期内不同等级城市的内部差异程度较小，其中副省级城市一般性公共服务水平的内部差异程度最大，

其基尼系数均值为 0.2524；其次是地级市，其基尼系数均值为 0.2375；再次是直辖市，其基尼系数均值为 0.2177；最后是省会城市，其基尼系数均值为 0.1450。从演变趋势看，省会城市一般性公共服务水平的内部差异程度总体呈现上升趋势，增幅为 22.87%，年均增长率为 1.30%；其他等级城市一般性公共服务水平的内部差异程度均总体呈现下降趋势，其中直辖市的下降速度最快，降幅为 44.61%，年均下降率为 3.63%；地级市的下降速度最慢，降幅为 6.58%，年均下降率为 0.42%。综合来看，各等级城市一般性公共服务水平的空间非均衡性较低，随着时间推移，省会城市呈现明显上升趋势，而其他等级城市均呈现下降趋势。

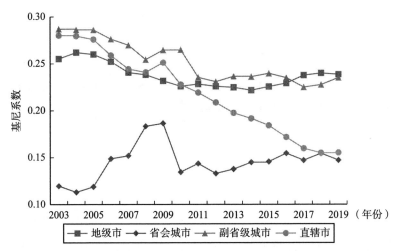

图 2 - 20　2003～2019 年城市一般性公共服务水平等级内差异的演变趋势

（2）等级间差异。

图 2 - 21 报告了 2003～2019 年城市一般性公共服务水平等级间差异的演变趋势。从差异程度看，考察期内不同等级城市间差异程度较大，其中地级市与直辖市的等级间差异程度最大，其基尼系数均值为 0.8278；其次是省会城市与直辖市、地级市与副省级城市，其基尼系数均值分别为 0.6565 和 0.6477；最后是副省级城市与直辖市、地级市与省会城市、省会城市与副省级城市，其基尼系数均值分别为 0.4275、

0.3977 和 0.3637。从演变趋势看，各等级城市间差异程度均呈现下降趋势，其中副省级城市与直辖市的差异程度下降速度最快，降幅为17.00%，年均下降率为1.16%，而地级市与省会城市的差异程度下降速度最慢，降幅仅为2.11%，年均下降率仅为0.13%。综合来看，不同等级城市间一般性公共服务水平存在明显的空间非均衡特征，且所有等级城市一般性公共服务水平等级间差异会随着时间推移呈现微弱下降态势。

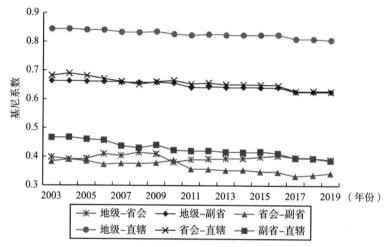

图 2 - 21　2003～2019 年城市一般性公共服务水平等级间差异的演变趋势

（3）等级差异来源及贡献。

表 2 - 6 报告了 2003～2019 年城市一般性公共服务水平等级差异来源及贡献。从差异程度看，考察期内等级间差异贡献率高于等级内差异和超变密度贡献率，其中，等级间差异贡献率的浮动范围在63.01%～67.16%，等级内差异贡献率的浮动范围在32.00%～35.97%，超变密度的贡献率均在1.06%以下，表明城市一般性公共服务水平等级差异来源依次为等级间差异、等级内差异和超变密度，其中等级间差异是导致城市一般性公共服务水平总体差异的主要来源。从演变趋势看，等级内差异和等级间差异总体上呈现微弱下降趋势，而超变密度呈现微弱上升趋势。综合来看，等级间差异是中国城市一般性公共服务水

平总体差异的主要来源，且其贡献程度呈现微弱下降态势；而等级内差异和超变密度对总体差异的影响作用持续增强。

表2-6　　2003～2019年城市一般性公共服务水平等级差异来源及贡献

年份	等级内		等级间		超变密度	
	差异	贡献率（%）	差异	贡献率（%）	差异	贡献率（%）
2003	0.1411	33.46	0.2780	65.92	0.0026	0.62
2004	0.1451	34.14	0.2767	65.11	0.0032	0.75
2005	0.1444	34.23	0.2744	65.04	0.0031	0.73
2006	0.1399	33.41	0.2756	65.82	0.0032	0.76
2007	0.1346	33.02	0.2695	66.12	0.0035	0.86
2008	0.1331	32.69	0.2706	66.45	0.0035	0.86
2009	0.1295	32.00	0.2718	67.16	0.0034	0.84
2010	0.1278	32.44	0.2629	66.74	0.0032	0.81
2011	0.1300	33.39	0.2560	65.76	0.0033	0.85
2012	0.1281	32.85	0.2586	66.32	0.0032	0.82
2013	0.1279	32.98	0.2566	66.17	0.0033	0.85
2014	0.1262	32.66	0.2569	66.49	0.0033	0.85
2015	0.1284	33.02	0.2566	66.00	0.0038	0.98
2016	0.1302	33.26	0.2575	65.77	0.0038	0.97
2017	0.1371	35.57	0.2444	63.41	0.0039	1.01
2018	0.1386	35.86	0.2438	63.08	0.0041	1.06
2019	0.1382	35.97	0.2421	63.01	0.0039	1.02

4. 区域层面差异

（1）区域内差异。

图2-22报告了2003～2019年城市一般性公共服务水平区域内差异的演变趋势。从差异程度看，考察期内不同区域城市的内部差异程度存在差异，其中东部城市一般性公共服务水平的内部差异程度最大，其基尼系数均值为0.4478；西部和东北城市一般性公共服务水平的内

部差异程度较大，其基尼系数均值分别为 0.3473 和 0.3217；中部城市
一般性公共服务水平的内部差异程度最小，其基尼系数均值为 0.2372。
从演变趋势看，各区域城市一般性公共服务水平的内部差异程度均呈
现微弱下降趋势，其中中部城市的下降速度最快，降幅为 17.55%，年
均下降率为 1.20%；而西部城市的下降速度最慢，降幅为 4.15%，年
均下降率为 0.26%。综合来看，各区域城市一般性公共服务水平的空
间非均衡特征明显，且随着时间推移，各区域均呈现下降态势。

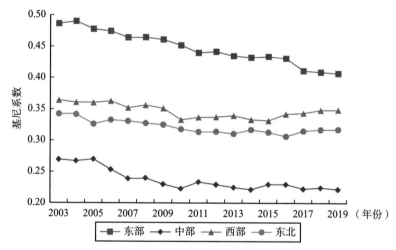

图 2-22　2003~2019 年城市一般性公共服务水平区域内差异的演变趋势

（2）区域间差异。

图 2-23 报告了 2003~2019 年城市一般性公共服务水平区域间差
异的演变趋势。从差异程度看，考察期内不同区域城市间差异程度较
大，其中东部与西部城市的区域间差异程度最大，其基尼系数均值为
0.4853；其次是东部与东北城市、东部与中部城市，其基尼系数均值
分别为 0.4432 和 0.4334；再次是西部与东北城市，其基尼系数均值为
0.3483；最后是中部与西部城市、中部与东北城市，其基尼系数均值
分别为 0.3046 和 0.2916。从演变趋势看，东部与东北城市间一般性公
共服务水平差异程度呈现微弱上升趋势，增幅为 3.10%，年均增长率
为 0.19%；其他区域城市间一般性公共服务水平差异程度均呈现下降

趋势，其中西部与东北城市的差异程度下降速度最快，而东部与中部城市的差异程度下降速度最慢，降幅为6.39%，年均下降率为0.41%。综合来看，不同区域城市间一般性公共服务水平存在明显的空间非均衡特征，且大多数城市一般性公共服务水平区域间差异会随着时间推移呈现微弱下降态势。

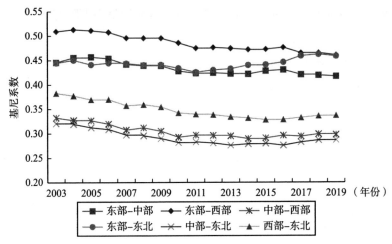

图2-23 2003~2019年城市一般性公共服务水平区域间差异的演变趋势

（3）区域差异来源及贡献。

表2-7报告了2003~2019年城市一般性公共服务水平区域差异来源及贡献。从差异程度看，考察期内超变密度贡献率高于区域间差异和区域内差异贡献率，其中，区域间差异贡献率的浮动范围在42.63%~45.15%，超变密度贡献率的浮动范围在28.81%~31.57%，区域内差异贡献率的浮动范围在25.47%~26.35%，表明城市一般性公共服务水平区域差异来源依次为区域间差异、超变密度和区域内差异，其中区域间差异是导致城市一般性公共服务水平总体差异的主要来源。从演变趋势看，区域内差异、区域间差异和超变密度均呈现微弱下降趋势。综合来看，区域间差异是中国城市一般性公共服务水平总体差异的主要来源，且其贡献程度呈现微弱下降态势，且超变密度对总体差异的影响作用也持续增强。

表 2 – 7   2003 ~ 2019 年城市一般性公共服务水平区域差异来源及贡献

年份	区域内		区域间		超变密度	
	差异	贡献率（%）	差异	贡献率（%）	差异	贡献率（%）
2003	0.1111	26.35	0.1826	43.31	0.1279	30.34
2004	0.1119	26.33	0.1874	44.09	0.1257	29.58
2005	0.1105	26.20	0.1898	45.00	0.1215	28.81
2006	0.1094	26.13	0.1864	44.53	0.1228	29.34
2007	0.1064	26.10	0.1789	43.89	0.1223	30.00
2008	0.1065	26.15	0.1736	42.63	0.1271	31.21
2009	0.1054	26.04	0.1781	44.01	0.1212	29.95
2010	0.1023	25.96	0.1779	45.15	0.1138	28.88
2011	0.1011	25.98	0.1702	43.73	0.1179	30.29
2012	0.1013	25.98	0.1691	43.37	0.1195	30.65
2013	0.1004	25.89	0.1669	43.04	0.1205	31.07
2014	0.0997	25.86	0.1668	43.17	0.1199	31.03
2015	0.1005	25.86	0.1677	43.14	0.1205	31.00
2016	0.1010	25.80	0.1679	42.90	0.1225	31.30
2017	0.0983	25.50	0.1659	43.04	0.1213	31.47
2018	0.0984	25.47	0.1660	42.96	0.1220	31.57
2019	0.0980	25.51	0.1656	43.10	0.1206	31.39

（三）城市特殊性公共服务的空间差异

1. 总体差异

为了刻画城市特殊性公共服务水平的总体空间差异程度，运用 Dagum 基尼系数测算 2003 ~ 2019 年城市特殊性公共服务水平总体差异，如图 2 – 24 所示。结果显示，中国城市特殊性公共服务水平的总体差异程度较高，基尼系数值在 0.38 ~ 0.44 之间；从演变趋势看，城市特殊性公共服务水平总体差异呈现上升趋势，其基尼系数值由 2003 年 0.3885 缓慢上升至 2019 年 0.4304，增幅为 10.79%，年均增长率为

0.64%。综合来看，中国城市特殊性公共服务水平存在明显的空间非均衡特征，且非均衡性会随着时间推移缓慢增强。

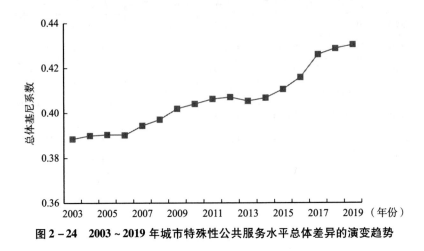

图 2-24 2003~2019 年城市特殊性公共服务水平总体差异的演变趋势

2. 规模层面差异

（1）规模内差异。

图 2-25 报告了 2003~2019 年城市特殊性公共服务水平规模内差异的演变趋势。从差异程度看，考察期内相同规模城市特殊性公共服务水平的内部差异程度较小，其中大城市的内部差异程度最大，其基尼系数均值为 0.2690；其次是超大城市，其基尼系数均值为 0.1929；再次是特大城市，其基尼系数均值为 0.1612；最后是小城市和中等城市，其基尼系数均值分别为 0.1449 和 0.1310。从演变趋势看，大城市特殊性公共服务水平的内部差异程度呈现缓慢上升趋势，增幅为4.80%，年均增长率为 0.29%；其他规模城市特殊性公共服务水平的内部差异程度均呈现下降趋势，其中特大城市的下降速度最快，降幅为34.66%，年均下降率为 2.62%；中等城市的下降速度最慢，降幅为19.78%，年均下降率为 1.37%。综合来看，相同规模城市特殊性公共服务水平的空间非均衡特征不明显，且其会随着时间推移呈现持续减弱态势。

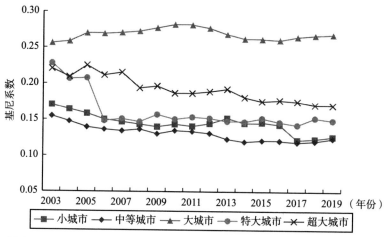

图 2 - 25 2003 ~ 2019 年城市特殊性公共服务水平规模内差异的演变趋势

（2）规模间差异。

图 2 - 26 报告了 2003 ~ 2019 年城市特殊性公共服务水平规模间差异的演变趋势。从差异程度看，考察期内不同规模城市间差异程度较大，其中小城市与超大城市、中等城市与超大城市、小城市与特大城市、中等城市与特大城市、大城市与超大城市的规模间差异程度最大，其基尼系数均值分别为 0.8510、0.8036、0.7573、0.6853 和 0.6448；其次是大城市与特大城市、小城市与大城市，其基尼系数均值分别为 0.4678 和 0.4663；再次是中等城市与大城市、特大城市与超大城市，其基尼系数均值分别为 0.3494 和 0.3124；最后是小城市与中等城市，其基尼系数均值为 0.1887。从演变趋势看，特大城市与超大城市间差异程度呈现微弱下降趋势，降幅为 12.86%，年均下降率为 0.86%；其他规模城市间差异程度均呈现上升趋势，其中小城市与大城市的差异程度上升速度最快，增幅为 24.37%，年均增长率为 1.37%；大城市与超大城市的差异程度上升速度最慢，增幅仅为 0.85%，年均增长率仅为 0.05%。综合来看，不同规模城市间特殊性公共服务水平存在空间非均衡特征，且城市间特殊性公共服务水平差异的总体变化趋势不明显，保持相对稳定态势。

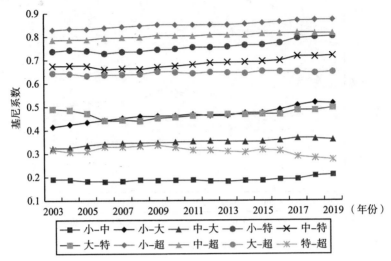

图 2 – 26　2003～2019 年城市特殊性公共服务水平规模间差异的演变趋势

（3）规模差异来源及贡献。

表 2 – 8 报告了 2003～2019 年城市特殊性公共服务水平规模差异来源及贡献。从差异程度看，考察期内规模间差异贡献率远远高于规模内差异和超变密度贡献率，其中，规模间差异贡献率均在 83% 以上，规模内差异贡献率的浮动范围在 10.05%～12.41%，超变密度的贡献率均在4.53% 以下，表明城市特殊性公共服务水平差异来源依次为规模间差异、规模内差异和超变密度，其中规模间差异是导致城市特殊性公共服务差异的主要来源。从演变趋势看，规模间差异总体上呈现微弱上升趋势，而规模内差异和超变密度均呈现微弱下降趋势。综合来看，规模间差异是中国城市特殊性公共服务总体差异的主要来源，且其贡献程度呈现微弱增强态势，而规模内差异和超变密度对总体差异的影响作用持续减弱。

表 2 – 8　　2003～2019 年城市特殊性公共服务水平规模差异来源及贡献

年份	规模内		规模间		超变密度	
	差异	贡献率（%）	差异	贡献率（%）	差异	贡献率（%）
2003	0.0482	12.41	0.3227	83.06	0.0176	4.53
2004	0.0474	12.15	0.3281	84.13	0.0145	3.72

年份	规模内		规模间		超变密度	
	差异	贡献率（%）	差异	贡献率（%）	差异	贡献率（%）
2005	0.0478	12.24	0.3294	84.35	0.0133	3.41
2006	0.0470	12.05	0.3314	84.93	0.0118	3.02
2007	0.0468	11.87	0.3368	85.40	0.0108	2.74
2008	0.0470	11.84	0.3395	85.49	0.0106	2.67
2009	0.0464	11.55	0.3456	85.99	0.0099	2.46
2010	0.0474	11.73	0.3462	85.67	0.0105	2.60
2011	0.0471	11.60	0.3493	85.99	0.0098	2.41
2012	0.0464	11.40	0.3504	86.07	0.0103	2.53
2013	0.0452	11.15	0.3514	86.68	0.0088	2.17
2014	0.0439	10.79	0.3562	87.58	0.0066	1.62
2015	0.0439	10.69	0.3600	87.68	0.0067	1.63
2016	0.0436	10.48	0.3666	88.15	0.0057	1.37
2017	0.0428	10.05	0.3795	89.08	0.0037	0.87
2018	0.0433	10.10	0.3822	89.15	0.0032	0.75
2019	0.0437	10.16	0.3830	89.01	0.0036	0.84

3. 等级层面差异

（1）等级内差异。

图 2－27 报告了 2003～2019 年城市特殊性公共服务水平等级内差异的演变趋势。从差异程度看，考察期内不同等级城市的内部差异程度较小，其中地级市和副省级城市特殊性公共服务水平的内部差异程度较大，其基尼系数均值分别为 0.2119 和 0.2107；省会城市和直辖市的内部差异程度较小，其基尼系数均值分别为 0.1835 和 0.1103。从演变趋势看，省会城市和地级市特殊性公共服务水平的内部差异程度均总体呈现上升趋势，增幅分别为 68.01% 和 9.31%，年均增长率分别为 3.30% 和 0.56%；直辖市和副省级城市特殊性公共服务水平的内部差异程度均总体呈现下降趋势，降幅分别为 16.74% 和 15.20%，年均下

降率分别为 1.14% 和 1.02%。综合来看,各等级城市特殊性公共服务水平的空间非均衡性较低,随着时间推移,省会城市呈现明显上升趋势,而直辖市和副省级城市呈现明显下降趋势。

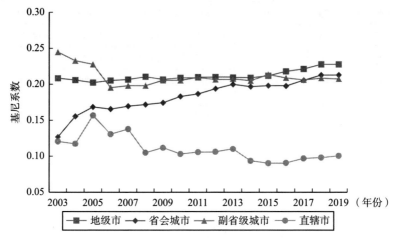

图 2-27　2003~2019 年城市特殊性公共服务水平等级内差异的演变趋势

(2) 等级间差异。

图 2-28 报告了 2003~2019 年城市特殊性公共服务水平等级间差异的演变趋势。从差异程度看,考察期内不同等级城市间差异程度较大,其中地级市与直辖市的等级间差异程度最大,其基尼系数均值为 0.8234;其次是地级市与副省级城市,其基尼系数均值为 0.6623;再次是地级市与省会城市、省会城市与直辖市,其基尼系数均值分别为 0.5386 和 0.5146;最后是副省级城市与直辖市、省会城市与副省级城市,其基尼系数均值分别 0.3590 和 0.2592。从演变趋势看,地级市与其他等级城市的差异程度均呈现微弱上升趋势,其中地级市与省会城市的上升速度较快,而地级市与直辖市的上升速度最慢;其他等级城市间差异程度均呈现微弱下降趋势,其中副省级城市与直辖市的差异程度下降速度最快,而省会城市与副省级城市的差异程度下降速度最慢。综合来看,不同等级城市间特殊性公共服务水平存在明显的空间非均衡特征,且不同等级城市间差异会随着时间推移保持相对稳定态势。

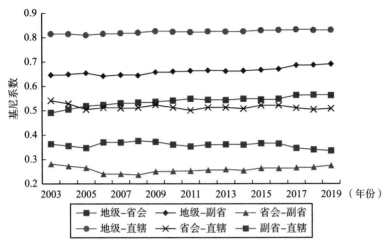

图 2 - 28　2003 ~ 2019 年城市特殊性公共服务水平等级间差异的演变趋势

（3）等级差异来源及贡献。

表 2 - 9 报告了 2003 ~ 2019 年城市特殊性公共服务水平等级差异来源及贡献。从差异程度看，考察期内等级间差异贡献率高于等级内差异和超变密度贡献率，其中，等级间差异贡献率的浮动范围在 69.94% ~ 72.37%，等级内差异贡献率的浮动范围在 27.25% ~ 29.75%，超变密度的贡献率均在 0.42% 以下，表明城市特殊性公共服务水平等级差异来源依次为等级间差异、等级内差异和超变密度，其中等级间差异是导致城市特殊性公共服务水平总体差异的主要来源。从演变趋势看，等级内差异、等级间差异和超变密度均呈现微弱上升趋势。综合来看，等级间差异是中国城市特殊性公共服务水平总体差异的主要来源，且其贡献程度呈现微弱上升态势，而等级内差异对总体差异的影响作用持续减弱。

表 2 - 9　　2003 ~ 2019 年城市特殊性公共服务水平等级差异来源及贡献

年份	等级内		等级间		超变密度	
	差异	贡献率（%）	差异	贡献率（%）	差异	贡献率（%）
2003	0.1156	29.75	0.2718	69.94	0.0012	0.31
2004	0.1138	29.19	0.2749	70.51	0.0012	0.31

续表

年份	等级内		等级间		超变密度	
	差异	贡献率（%）	差异	贡献率（%）	差异	贡献率（%）
2005	0.1114	28.53	0.2776	71.11	0.0014	0.36
2006	0.1129	28.93	0.2759	70.71	0.0014	0.36
2007	0.1130	28.65	0.2800	70.99	0.0014	0.35
2008	0.1150	28.96	0.2806	70.66	0.0015	0.38
2009	0.1117	27.79	0.2888	71.84	0.0015	0.37
2010	0.1128	27.91	0.2898	71.71	0.0015	0.37
2011	0.1130	27.81	0.2917	71.79	0.0016	0.39
2012	0.1130	27.75	0.2926	71.86	0.0016	0.39
2013	0.1131	27.90	0.2906	71.68	0.0017	0.42
2014	0.1124	27.63	0.2928	71.98	0.0016	0.39
2015	0.1135	27.64	0.2954	71.94	0.0017	0.41
2016	0.1162	27.94	0.2980	71.65	0.0017	0.41
2017	0.1161	27.25	0.3083	72.37	0.0016	0.38
2018	0.1195	27.87	0.3074	71.71	0.0018	0.42
2019	0.1192	27.70	0.3095	71.91	0.0017	0.39

4. 区域层面差异

（1）区域内差异。

图 2 - 29 报告了 2003～2019 年城市特殊性公共服务水平区域内差异的演变趋势。从差异程度看，考察期内不同区域城市的内部差异程度存在差异，其中东部城市特殊性公共服务水平的内部差异程度最大，其基尼系数均值为 0.4387；其次是西部城市，其基尼系数均值为 0.4005；再次是东北城市，其基尼系数均值为 0.3699；最后是中部城市，其基尼系数均值为 0.3291。从演变趋势看，东部城市特殊性公共服务水平的内部差异程度呈现微弱下降趋势，降幅为 5.03%，年均下降率为 0.32%；其他区域城市特殊性公共服务水平的内部差异程度均呈现微弱上升趋势，其中西部和中部城市的上升速度较快，

增幅分别为 17.93% 和 17.87%，年均增长率分别为 1.04% 和
1.03%，而东北城市的上升速度较慢，增幅为 16.43%，年均增长率
为 0.96%。综合来看，各区域城市特殊性公共服务水平的空间非均
衡特征明显，且随着时间推移，东部地区呈现微弱下降态势，而其他
区域呈现上升态势。

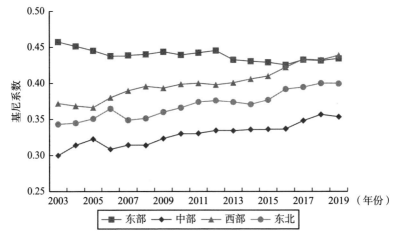

图 2-29　2003~2019 年城市特殊性公共服务水平区域内差异的演变趋势

（2）区域间差异。

图 2-30 报告了 2003~2019 年城市特殊性公共服务水平区域间差
异的演变趋势。从差异程度看，考察期内不同区域城市间差异程度较
大，其中东部与西部城市的区域间差异程度最大，其基尼系数均值为
0.4488；其次是东部与东北城市、东部与中部城市，其基尼系数均值
分别为 0.4278 和 0.4141；再次是西部与东北城市，其基尼系数均值为
0.3896；最后是中部与西部城市、中部与东北城市，其基尼系数均值
分别为 0.3698 和 0.3537。从演变趋势看，各区域城市间特殊性公共服
务水平差异程度均呈现上升趋势，其中中部与西部城市的差异程度上
升速度最快，增幅为 18.37%，年均增长率为 1.06%，而东部与中部城
市的差异程度上升速度最慢，增幅为 7.52%，年均增长率为 0.45%。
综合来看，不同区域城市间特殊性公共服务水平存在明显的空间非均

衡特征，且所有区域城市特殊性公共服务水平区域间差异会随着时间推移呈现微弱上升态势。

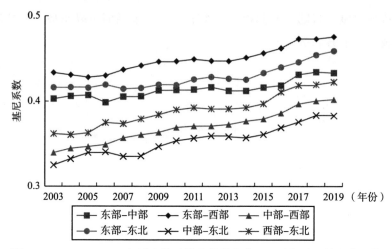

图 2-30　2003～2019 年城市特殊性公共服务水平区域间差异的演变趋势

（3）区域差异来源及贡献。

表 2-10 报告了 2003～2019 年城市特殊性公共服务水平区域差异来源及贡献。从差异程度看，考察期内超变密度贡献率高于区域间差异和区域内差异贡献率，其中，超变密度贡献率的浮动范围在 49.52%～52.96%，区域内差异贡献率的浮动范围在 26.62%～27.36%，区域间差异贡献率的浮动范围在 19.74%～24.11%，表明城市特殊性公共服务水平区域差异来源依次为超变密度、区域内差异和区域间差异，其中超变密度是导致城市特殊性公共服务水平总体差异的主要来源。从演变趋势看，区域内差异、区域间差异和超变密度总体上呈现微弱下降趋势。综合来看，超变密度是中国城市特殊性公共服务水平总体差异的主要来源，且其贡献程度呈现微弱下降态势，而区域间差异对总体差异的影响作用持续增强。

表 2 – 10　2003～2019 年城市特殊性公共服务水平区域差异来源及贡献

年份	区域内		区域间		超变密度	
	差异	贡献率（%）	差异	贡献率（%）	差异	贡献率（%）
2003	0.1063	27.36	0.0767	19.74	0.2055	52.90
2004	0.1066	27.34	0.0787	20.18	0.2046	52.47
2005	0.1064	27.25	0.0822	21.06	0.2018	51.69
2006	0.1060	27.17	0.0775	19.87	0.2066	52.96
2007	0.1072	27.19	0.0845	21.43	0.2026	51.38
2008	0.1078	27.15	0.0844	21.25	0.2049	51.60
2009	0.1086	27.02	0.0892	22.19	0.2041	50.78
2010	0.1089	26.96	0.0883	21.86	0.2068	51.19
2011	0.1096	26.98	0.0854	21.02	0.2113	52.01
2012	0.1102	27.06	0.0825	20.26	0.2145	52.68
2013	0.1092	26.94	0.0881	21.73	0.2081	51.33
2014	0.1094	26.90	0.0906	22.28	0.2067	50.82
2015	0.1100	26.79	0.0947	23.06	0.2059	50.15
2016	0.1109	26.67	0.0978	23.52	0.2072	49.82
2017	0.1135	26.64	0.1027	24.11	0.2098	49.25
2018	0.1141	26.62	0.1033	24.10	0.2113	49.29
2019	0.1149	26.70	0.1024	23.79	0.2131	49.51

三、城市公共服务的分布动态

上述 Dagum 基尼系数全面分析了中国城市公共服务供给的相对空间差异，但无法分析其绝对差异的动态演进特征，因此，利用核密度估计方法分析全国整体及规模、等级、区域层面城市公共服务供给的分布位置、形态、延展性和极化趋势等分布动态特征。核密度估计方式是研究空间分布非均衡的一种重要的非参数方法，能够用连续的密度曲线对随机变量的分布形态进行可视化描述。在此设定城市公共服务供给的密度函数为：

$$f(PS) = \frac{1}{nh} \sum_{i=1}^{n} K\left(\frac{PS_i - \overline{PS}}{h}\right) \qquad (2-16)$$

其中，*PS* 代表城市公共服务供给，*n* 代表城市总数，*h* 代表带宽，$\bar{p}$ 代表城市公共服务供给的算术平均值，*K* 代表核密度函数，是一种加权函数或平滑转换函数，需要满足以下条件：

$$\begin{cases} \lim_{x \to 0} K(x) \cdot x = 0 \\ K(x) \geq 0, \int_{-\infty}^{+\infty} K(x)\,\mathrm{d}x = 1 \\ \sup K(x) < +\infty, \int_{-\infty}^{+\infty} K^2(x)\,\mathrm{d}x < +\infty \end{cases} \quad (2-17)$$

本书使用高斯核函数对中国城市公共服务供给的分布动态进行估计，具体公式为：

$$K(x) = \frac{1}{\sqrt{2\pi}} \exp\left(-\frac{x^2}{2}\right) \quad (2-18)$$

由于核密度的估计结果对带宽 *h* 比较敏感，且带宽越小，估计精度越高，因此选择较小的带宽。核密度估计结果可以反映城市公共服务供给的分布位置、形态和延展性等信息（Quah，1993）。分布位置反映城市公共服务供给的高低；分布形态反映城市公共服务供给的空间差异大小和极化程度，其中波峰的高度和宽度反映差异大小，波峰数量反映极化程度；分布延展性用来刻画公共服务供给最高的城市与其他城市空间差异的大小，若拖尾越长，则差异越大。

（一）城市总体公共服务的分布动态

1. 全国层面

根据图 2-31 报告的 2003～2019 年全国层面城市公共服务的分布动态，考察期内全国城市分布曲线的中心缓慢右移，表明城市公共服务呈现缓慢上升趋势；主峰高度经历了"上升—下降"，主峰宽度经历了"变窄—变宽"，但总体上主峰呈现高度上升、宽度微弱变窄趋势，表明城市公共服务的绝对差异有微弱缩小趋势；呈现明显的右拖尾现象，且分布延展性呈微弱的"拓宽—收敛—拓宽"趋势，但总体上呈现拓宽趋势，表明公共服务较高城市与其他城市的绝对差异存在微弱扩大趋势；存在微弱的多极分化现象，且主峰峰值远高于侧峰峰值，表明全国城市间公共服务差异程度较大。

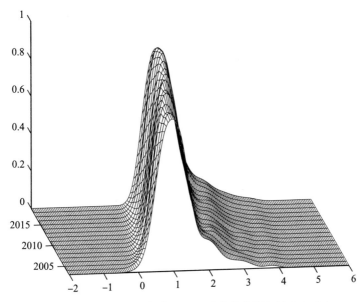

图 2 - 31　2003 ～ 2019 年全国层面城市公共服务的分布动态

2. 规模层面

　　根据图 2 - 32 报告的 2003 ～ 2019 年规模层面城市公共服务的分布动态，考察期内各规模城市分布曲线的中心均呈现缓慢右移态势，表明各规模城市公共服务均呈现缓慢上升趋势。分布形态上，小城市和特大城市分布曲线的主峰高度呈现持续上升态势，而主峰宽度则呈现持续变窄态势；中等城市分布曲线的主峰高度经历了"上升—下降"，主峰宽度经历了"变窄—变宽"；大城市分布曲线的主峰高度呈现波动下降态势、主峰宽度呈现波动变宽态势；特大城市分布曲线的主峰高度呈现波动上升态势、主峰宽度呈现波动变窄态势。总体来看，大城市内部公共服务的绝对差异有微弱扩大趋势，而其他规模城市内部公共服务的绝对差异有微弱缩小趋势。各规模市的分布曲线均存在微弱的右拖尾现象，且分布延展性总体上呈现微弱拓宽趋势，表明各规模城市内部差异程度存在微弱扩大趋势。小城市和中等城市仅存在一个主峰，即不存在极化现象，表明这些规模城市内部的公共服务分布比较集中，差异程度较小；而大城市、特大城市和超大城市存在微弱的两极分化现象，表明其内部城市公共服务存在一定的差异。

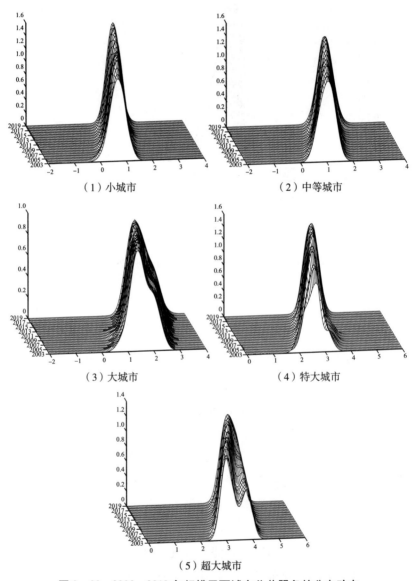

图 2 - 32　2003~2019 年规模层面城市公共服务的分布动态

3. 等级层面

根据图 2 - 33 报告的 2003 ~ 2019 年等级层面城市公共服务的分布动态，考察期内副省级城市分布曲线的中心经历了"右移—左移"的演变过程，总体上表现为右移趋势；其他等级城市分布曲线的中心均呈现缓慢右移态势，表明各等级城市公共服务均呈现缓慢上升趋势。分布形态上，地级市和副省级城市分布曲线的主峰高度经历了"上升—下降"，主峰宽度经历了"变窄—变宽"；省会城市分布曲线的主峰高度经历了"下降—上升"，主峰宽度经历了"变宽—变窄"；直辖市分布曲线的主峰高度呈现持续上升态势，主峰宽度呈现持续变窄态势。总体来看，副省级城市总体呈现主峰高度下降、宽度微弱变宽趋势，表明其城市内部公共服务的绝对差异有微弱扩大趋势；而其他等级城市均呈现主峰高度上升、宽度微弱变窄趋势，表明其城市内部公共服务的绝对差异有微弱缩小趋势。除直辖市外，其他等级城市的分布曲线均存在微弱的右拖尾现象，且分布延展性总体上呈现微弱拓宽趋势，表明这些等级城市内部差异程度存在微弱扩大趋势。小城市的分化现象不明显；直辖市从明显的两极分化转变为单极，表明其内部差异存在缩小态势；其他等级城市均存在微弱的两极分化现象，且主峰峰值明显高于侧峰峰值，表明其内部城市公共服务存在一定的差异。

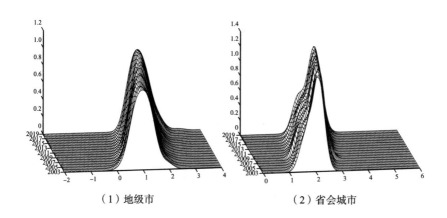

（1）地级市　　　　　　　　　　（2）省会城市

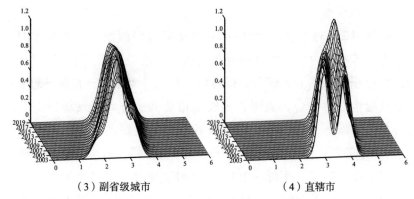

（3）副省级城市 　　　　　　（4）直辖市

图 2 - 33　2003～2019 年等级层面城市公共服务的分布动态

4. 区域层面

根据图 2 - 34 报告的 2003～2019 年区域层面城市公共服务的分布动态，考察期内中部城市分布曲线的中心经历了"左移—右移"的演变过程，总体上表现为右移趋势；其他区域城市分布曲线的中心均呈现缓慢右移态势，表明所有区域城市公共服务均呈现上升趋势。分布形态上，各区域城市分布曲线的主峰高度呈现波动上升态势，而主峰宽度则呈现波动变窄态势，表明其城市内部公共服务的绝对差异有微弱缩小趋势。各区域城市的分布曲线均存在明显的右拖尾现象，且分布延展性总体上呈现微弱拓宽趋势，表明这些区域城市内部差异程度存在微弱扩大趋势。各区域城市均存在两极或多极分化现象，且主峰

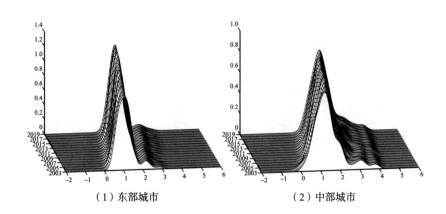

（1）东部城市 　　　　　　　（2）中部城市

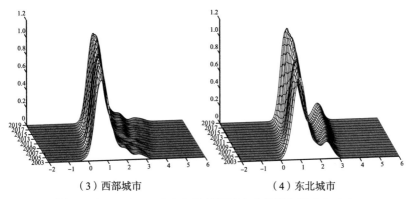

（3）西部城市　　　　　　　　　　（4）东北城市

图 2 – 34　2003～2019 年区域层面城市公共服务的分布动态

峰值明显高于侧峰峰值，表明各区域均存在几个公共服务集聚规模较高的城市，其公共服务远高于其他城市水平。

（二）城市一般性公共服务的分布动态

1. 全国层面

根据图 2 – 35 报告的 2003～2019 年全国层面城市一般性公共服务的分布动态，考察期内全国城市分布曲线的中心缓慢右移，表明城市一般性公共服务呈现缓慢上升趋势；主峰高度经历了"上升—下降"，主峰宽度经历了"变窄—变宽"，但总体上主峰呈现高度上升、宽度微弱变窄趋势，表明城市一般性公共服务的绝对差异有微弱缩小趋势；呈现明显的右拖尾现象，且分布延展性呈微弱的"拓宽—收敛—拓宽"趋势，但总体上呈现拓宽趋势，表明一般性公共服务较高城市与其他城市的绝对差异存在微弱扩大趋势；存在微弱的多极分化现象，且主峰峰值远高于侧峰峰值，表明全国城市间一般性公共服务差异程度较大。

2. 规模层面

根据图 2 – 36 报告的 2003～2019 年规模层面城市一般性公共服务的分布动态，考察期内各规模城市分布曲线的中心均呈现缓慢右移态势，表明各规模城市一般性公共服务均呈现缓慢上升趋势。分布形态

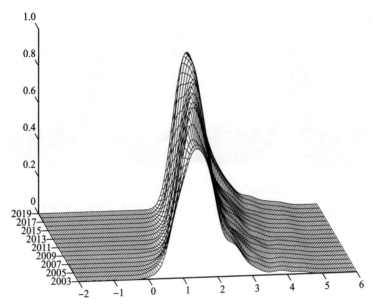

图 2-35　2003~2019 年全国层面城市一般性公共服务的分布动态

上，小城市和中等城市分布曲线的主峰高度经历了"上升—下降"，主峰宽度经历了"变窄—变宽"，总体呈现主峰高度上升态势、主峰宽度变窄态势；大城市分布曲线的主峰高度呈现波动下降态势、主峰宽度呈现波动变宽态势；特大城市和超大城市分布曲线的主峰高度呈现波动上升态势、主峰宽度呈现波动变窄态势。总体来看，大城市内部一般性公共服务的绝对差异有微弱扩大趋势，而其他规模城市内部一般性公共服务的绝对差异有微弱缩小趋势。各规模城市的分布曲线均存在微弱的右拖尾现象，且分布延展性总体上呈现微弱拓宽趋势，表明各规模城市内部差异程度存在微弱扩大趋势。小城市、中等城市和大城市仅存在一个主峰，即不存在极化现象，表明这些规模城市内部的一般性公共服务分布比较集中，差异程度较小；而特大城市和超大城市存在微弱的两极分化现象，表明其内部城市一般性公共服务存在一定的差异。

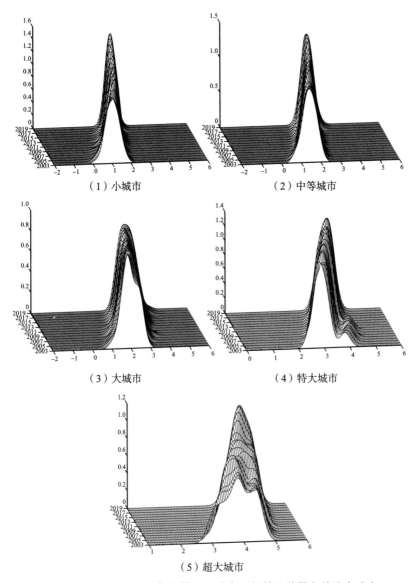

（1）小城市

（2）中等城市

（3）大城市

（4）特大城市

（5）超大城市

图 2-36　2003~2019 年规模层面城市一般性公共服务的分布动态

3. 等级层面

根据图 2-37 报告的 2003~2019 年等级层面城市一般性公共服务的分布动态，考察期各等级城市分布曲线的中心均呈现缓慢右移态势，表明各等级城市一般性公共服务均呈现缓慢上升趋势。分布形态上，地级市和副省级城市分布曲线的主峰高度经历了"上升—下降",主峰宽度经历了"变窄—变宽",总体呈现主峰高度上升态势、主峰宽度变窄态势;省会城市分布曲线的主峰高度经历了"下降—上升",主峰宽度经历了"变宽—变窄",总体呈现主峰高度下降态势、主峰宽度变宽态势;直辖市分布曲线的主峰高度波动上升态势,主峰宽度波动变窄态势。总体来看,省会城市内部一般性公共服务的绝对差异有微弱扩大趋势;而其他等级城市内部一般性公共服务的绝对差异有微弱缩小趋势。除直辖市外,其他等级城市的分布曲线均存在微弱的右拖尾现象,且分布延展性总体上呈现微弱拓宽趋势,表明这些等级城市内部差异程度存在微弱扩大趋势。地级市和省会城市的分化现象不明显,而副省级城市和直辖市存在明显的两极分化现象,且主峰峰值明显高于侧峰峰值,表明其内部城市一般性公共服务存在一定的差异。

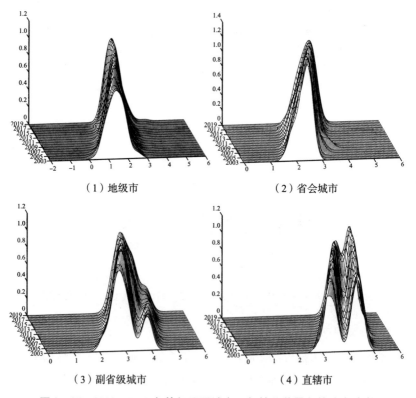

（1）地级市　　　　　　　　　　（2）省会城市

（3）副省级城市　　　　　　　　　（4）直辖市

图 2 - 37　2003 ~ 2019 年等级层面城市一般性公共服务的分布动态

4. 区域层面

根据图 2 – 38 报告的 2003～2019 年区域层面城市一般性公共服务的分布动态，考察期内中部城市分布曲线的中心经历了"右移—左移—右移"的演变过程，总体上表现为右移趋势；其他区域城市分布曲线的中心均呈现缓慢右移态势，表明所有区域城市一般性公共服务均呈现上升趋势。分布形态上，各区域城市分布曲线的主峰高度呈现波动上升态势，而主峰宽度则呈现波动变窄态势，表明其城市内部一般性公共服务的绝对差异有微弱缩小趋势。各区域城市的分布曲线均存在明显的右拖尾现象，且分布延展性总体上呈现微弱拓宽趋势，表明这些区域城市内部差异程度存在微弱扩大趋势。各区域城市均存在

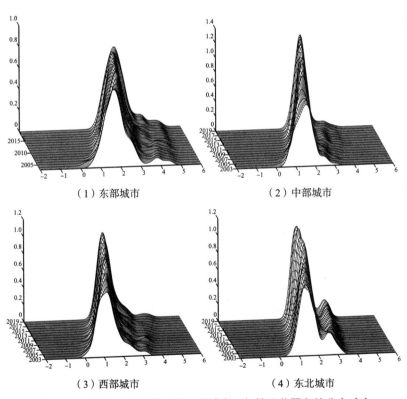

（1）东部城市　　　　　　　　（2）中部城市

（3）西部城市　　　　　　　　（4）东北城市

图 2 – 38　2003～2019 年区域层面城市一般性公共服务的分布动态

两极或多极分化现象，且主峰峰值明显高于侧峰峰值，表明各区域均存在几个一般性公共服务集聚规模较高的城市，其一般性公共服务远高于其他城市水平。

（三）城市特殊性公共服务的分布动态

1. 全国层面

根据图 2 - 39 报告的 2003 ~ 2019 年全国层面城市特殊性公共服务的分布动态，考察期内全国城市分布曲线的中心经历了"左移—右移"的演变过程，总体上表现为右移趋势，表明城市特殊性公共服务呈现上升趋势；主峰高度呈现波动上升、宽度波动变窄趋势，表明城市特殊性公共服务的绝对差异有微弱缩小趋势；呈现明显的右拖尾现象，且分布延展性总体上呈现微弱拓宽趋势，表明特殊性公共服务较高城市与其他城市的绝对差异存在微弱扩大趋势；存在微弱的多极分化现象，且主峰峰值远高于侧峰峰值，表明全国城市间特殊性公共服务差异程度较大。

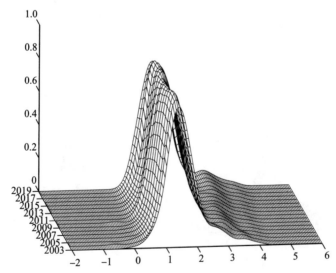

图 2 - 39　2003 ~ 2019 年全国层面城市特殊性公共服务的分布动态

2. 规模层面

根据图 2 - 40 报告的 2003 ～ 2019 年规模层面城市特殊性公共服务的分布动态，考察期内小城市分布曲线的中心经历了"左移—右移—左移"的演变过程，总体上表现为右移趋势；中等城市和超大城市分布曲线的中心经历了"左移—右移"的演变过程，总体上表现为右移趋势；大城市和超大城市分布曲线的中心均呈现缓慢右移态势。由此可见，各规模城市特殊性公共服务均呈现上升趋势。分布形态上，各规模城市分布曲线的主峰高度呈现波动上升态势、主峰宽度呈现波动变窄态势，表明各规模城市内部特殊性公共服务的绝对差异有微弱缩小趋势。各规模城市分布延展性总体上呈现微弱拓宽趋势，表明各规模城市内部差异程度存在微弱扩大趋势。小城市、中等城市和大城市

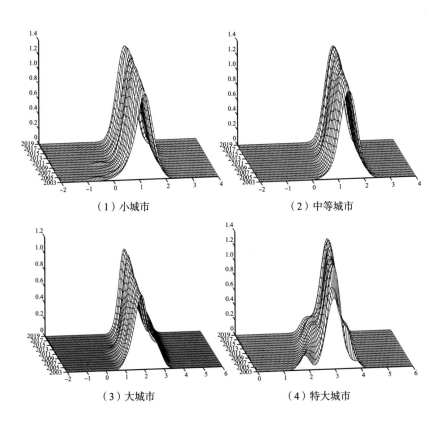

（1）小城市　　　　　　　　　　（2）中等城市

（3）大城市　　　　　　　　　　（4）特大城市

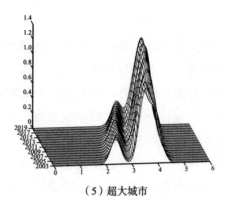

（5）超大城市

图 2 - 40　2003～2019 年规模层面城市特殊性公共服务的分布动态

的极化现象不明显，表明这些规模城市内部的特殊性公共服务分布比较集中，差异程度较小；而特大城市和超大城市存在微弱的两极分化现象，表明其内部城市特殊性公共服务存在一定的差异。

3. 等级层面

根据图 2 - 41 报告的 2003～2019 年等级层面城市特殊性公共服务的分布动态，考察期内地级市分布曲线的中心经历了"左移—右移—左移—右移"的演变过程，总体上表现为右移趋势；省会城市分布曲线的中心呈现缓慢右移态势；副省级城市和直辖市分布曲线的中心经历了"右移—左移—右移"的演变过程，总体上表现为右移趋势。由此可见，各等级城市特殊性公共服务均呈现上升趋势。分布形态上，地级市和省会城市分布曲线的主峰高度呈现波动下降态势，主峰宽度波动变宽态势；副省级城市和直辖市分布曲线的主峰高度呈现波动上升态势，主峰宽度呈现波动变窄态势。由此可见，地级市和省会城市内部特殊性公共服务的绝对差异有微弱扩大趋势；副省级城市和直辖市内部特殊性公共服务的绝对差异有微弱缩小趋势。各等级城市的分布延展性总体上呈现微弱拓宽趋势，表明这些等级城市内部差异程度存在微弱扩大趋势。地级市的分化现象不明显，表明其内部差异较小，而其他等级城市均存在微弱的两极分化现象，且主峰峰值明显高于侧峰峰值，表明其内部城市特殊性公共服务存在一定的差异。

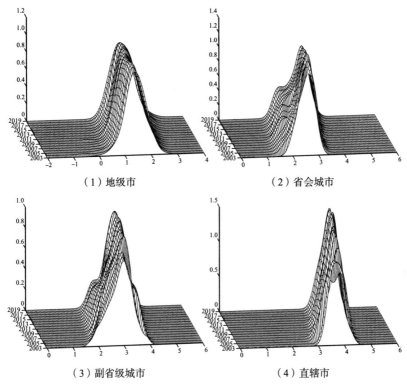

（1）地级市　　　　　　　　　（2）省会城市

（3）副省级城市　　　　　　　（4）直辖市

图 2 - 41　2003～2019 年等级层面城市特殊性公共服务的分布动态

4. 区域层面

根据图 2 - 42 报告的 2003～2019 年区域层面城市特殊性公共服务的分布动态，考察期内东部和西部城市分布曲线的中心经历了"左移—右移"的演变过程，总体上表现为右移趋势；中部城市分布曲线的中心经历了"右移—左移—右移"的演变过程，总体上表现为右移趋势；东北城市分布曲线的中心经历了"左移—右移—左移—右移"的演变过程，总体上表现为右移趋势。由此可见，各区域城市特殊性公共服务均呈现上升趋势。分布形态上，东部和东北城市分布曲线的主峰高度呈现波动上升态势，而主峰宽度则呈现波动变窄态势；中部城市主峰高度经历了"下降—上升"，主峰宽度经历了"变宽—变窄"，但总体上主峰呈现高度下降、宽度微弱变宽趋势；西部城市主峰高度经历了"上升—下降"，主峰宽度经历了"变窄—变宽"，但总体上主峰呈现高度上升、宽度微弱变窄趋势。由此可见，中部城市内部特殊性公共服务的绝对差异有微弱扩大趋势，而其他区域城市内部特殊性公共服务的绝对差异有微弱缩小趋势。各区域城市的分布曲线均存在明显的右拖尾现象，且分布延展性总体上呈现微弱拓宽趋势，表明这些区域城市内部差异程度存在微弱扩大趋势。各区域城市均存在两极或多极分化现象，且主峰峰值明显高于侧峰峰值，表明各区域均存在几个特殊性公共服务集聚规模较高的城市，其特殊性公共服务远高于其他城市水平。

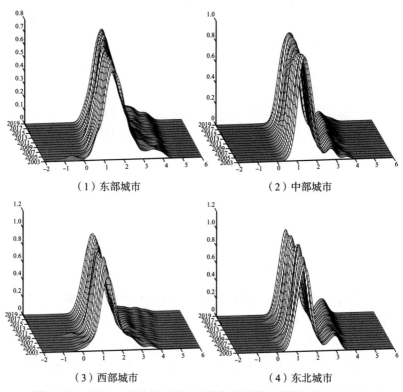

（1）东部城市　　　　　　　　　　（2）中部城市

（3）西部城市　　　　　　　　　　（4）东北城市

图 2-42　2003～2019 年区域层面城市特殊性公共服务的分布动态

第二节 中国城市人口空间集聚的
特征及演变趋势

人口空间集聚既可以通过人口集聚规模反映其集聚结果，也可以通过人口迁移和流动反映其集聚过程。基于此，根据 2006~2019 年中国地级及以上城市人口集聚面板数据，采用 Dagum 基尼系数基于城市规模、行政等级和地理位置层面测算其空间差异及其来源，并运用核密度估计方法测度其分布动态演进。

一、城市人口集聚特征

(一) 变量与数据

如何衡量城市人口集聚？现有研究主要采用人口规模来衡量。人口规模指标通常采用《中国城市统计年鉴》中的市辖区户籍人口指标（高鸿鹰、武康平，2007；魏守华等，2015；肖挺，2021）、《中国城市建设统计年鉴》中的城区常住人口指标（张车伟、蔡翼飞，2012；苏红键、魏后凯，2020；焦利民等，2020；龚健雅等，2021）、全国人口普查数据的城镇常住人口指标（陆铭等，2012；梁琦等，2013；唐为，2016；魏守华等，2018）和联合国经济与社会事务部人口司编撰的《世界城市化展望》中的城镇人口指标（邓智团、樊豪斌，2016；孙斌栋等，2019；魏守华等，2020）等衡量。基于上述研究成果，为了更好衡量城市人口集聚水平，采用城市人口规模来衡量城市人口集聚的结果。经过对比上述指标和确保数据的科学性、有效性和长期性，最终选择城区常住人口指标衡量城市人口规模（单位：万人），原因在于：城市城区范围更能准确反映城市实体地域的统计范围；现有城市规模划分也采用城区常住人口衡量；其数据能反映城市户籍人口和流动人口，为后续研究提供基础数据保障。此外，迁移人口数据采用当年城市城区户籍人口的净迁移量衡量，具体公式为：（当年年末城区户

籍人口规模 - 上年年末城区户籍人口规模) × (1 - 当年人口自然增长率); 流动人口数据采用城市城区流动人口规模衡量。

（二）城市人口规模现状

为了揭示考察期内城市人口规模的演变趋势，本书对全国及各规模、等级和区域层面城市人口规模进行均值处理，具体如图 2-43、图 2-44 和图 2-45 所示。从全国层面看，全国城市人口平均规模呈现上升趋势，由 2006 年的 103.39 万人增加至 2019 年的 153.32 万人，增幅为 48.49%，年均增长率为 3.09%。从规模层面看，不同规模城市人口均呈现上升趋势，但在增长数量和速度方面均存在差异。在增长数量方面，超大城市人口平均规模的增长数量最高，年均增长量为 43.78 万人；其次是特大城市，年均增长量为 22.21 万人；再次是大城市，年均增长量为 5.39 万人；最后是中等城市和小城市，年均增长量分别为 1.36 万人和 0.58 万人。在增长速度方面，特大城市人口平均规模的增长速度最快，年均增长率为 4.13%；其次是超大城市和大城市，年均增长率分别为 3.34% 和 3.21%；再次是中等城市，年均增长率为 2.19%；最后是小城市，年均增长率仅为 1.89%。在差异程度方面，考察期内不同规模城市的人口平均规模绝对差异明显，极差呈现不断扩大趋势，从 2006 年的 1042.34 万人扩大至 2019 年的 1603.90 万人。具体来看，超大城市人口平均规模一直处于最高水平，远高于全国平均水平；特大城市人口平均规模也处于较高水平，高于全国平均水平；大城市人口平均规模略高于全国平均水平；中小城市人口平均规模均低于全国平均水平。从等级层面看，不同等级城市人口规模均呈现上升趋势，但在增长数量和速度方面均存在差异。在增长数量方面，直辖市人口平均规模的增长数量最高，年均增长量为 49.80 万人；其次是副省级城市，年均增长量为 19.85 万人；再次是省会城市，年均增长量为 9.11 万人；最后是地级市，年均增长量为 1.82 万人。在增长速度方面，副省级城市人口平均规模的增长速度最快，年均增长率为 3.74%；其次是直辖市和省会城市，年均增长率均为 3.53%；最后是地级市，年均增长率为 2.55%。在差异程度方面，考察期内不同等级城市的人口平均规模绝对差异明显，极差呈现不断扩大趋势，从 2006年的 1076.11 万人增加至 2019 年的 1699.93 万人。具体来看，直辖市人口平均规模一直处于最高水平，远高于全国平均水平；副省级城市人口平均规模也处于较高水平，高于全国平均水平；省会城市人口平均规模略高于全国平均水平；地级市人口平均规模低于全国平均水平。从区域层面看，不同区域城市人口规模均呈现上升趋势，但在增长数量和速度方面均存在差异。在增长数量方面，东部人口平均规模的增长数量最高，年均增长量为 6.53 万人；其次是西部城市，年均增长量为 3.29 万人；再次是中部城市，年均增长量为 2.73 万人；最后是东北城市，年均增长量仅为 1.13 万人。在增长速度方面，西部城市人口平均规模的增长速度最快，年均增长率为 3.80%；其次是东部和中部城市，年均增长率分别为 3.21% 和 3.15%；最后是东北城市，年均增长率为 1.02%。在差异程度方面，考察期内不同区域城市的人口平均规模绝对差异明显，极差呈现不断扩大趋势，从 2006 年的 98.32 万人增加至 2019 年的 144.85 万人。具体来看，东部城市人口平均规模一直处

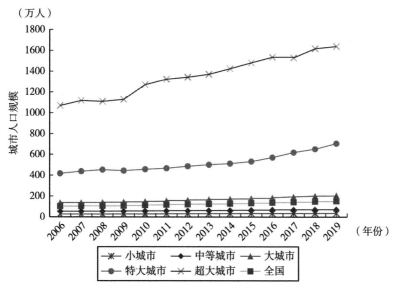

图 2-43 2006~2019 年规模层面城市人口规模的演变趋势

于最高水平，远高于全国平均水平；东北城市人口平均规模略低于全国平均水平；而中西部城市人口平均规模均低于全国平均水平，且差异不明显。

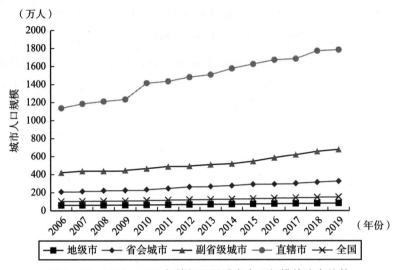

图 2 - 44　2006～2019 年等级层面城市人口规模的演变趋势

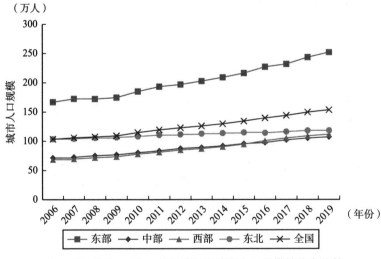

图 2 - 45　2006～2019 年区域层面城市人口规模的演变趋势

（三）城市迁移人口现状

为了揭示考察期内城市迁移人口的演变趋势，本书对全国及各规模、等级和区域层面城市迁移人口进行均值处理，具体如图 2-46、图 2-47 和图 2-48 所示。从全国层面看，全国城市迁移人口平均规模呈现上升趋势，由 2006 年的 0.40 万人增加至 2019 年的 1.90 万人，增幅为 374.67%，年均增长率为 12.73%。从规模层面看，小城市迁移人口呈现先上升后下降态势，迁移人口平均规模由 2006 年的 -0.27 万人增加至 2011 年的 0.78 万人，随后逐渐下降至 2019 年的 -0.29 万人；中等城市迁移人口呈现波动下降态势，由 2006 年的 0.65 万人下降至 2019 年的 -0.88 万人；其他规模城市迁移人口均呈现上升趋势，但在增长数量和速度方面均存在差异。在增长数量方面，超大城市迁移人口平均规模的增长数量最高，年均增长量为 1.47 万人；其次是特大城市，年均增长量为 1.16 万人；最后是大城市，年均增长量为 0.33 万人。在增长速度方面，大城市迁移人口平均规模的增长速度最快，年均增长率为 21.37%；其次是超大城市，年均增长率为 18.57%；最后是特大城市，年均增长率为 11.35%。在差异程度方面，考察期内不同规模城市的迁移人口平均规模绝对差异明显，极差呈现不断扩大趋势，从 2006 年的 7.04 万人扩大至 2019 年的 20.96 万人。具体来看，超大城市和特大城市迁移人口平均规模一直处于最高水平，高于全国平均水平；大城市迁移人口平均规模略高于全国平均水平；中小城市迁移人口平均规模均低于全国平均水平。从等级层面看，地级市迁移人口规模总体呈现下降态势，而其他等级城市迁移人口均呈现上升趋势，但在增长数量和速度方面存在差异。在增长数量方面，直辖市迁移人口平均规模的增长数量最高，年均增长量为 1.69 万人；其次是副省级城市，年均增长量为 1.52 万人；最后是省会城市，年均增长量为 0.41 万人。在增长速度方面，省会城市迁移人口平均规模的增长速度最快，年均增长率为 30.99%；其次是副省级城市和直辖市，年均增长率分别为 29.05% 和 8.03%。在差异程度方面，考察期内不同等级城市的迁移人口平均规模绝对差异明显，极差呈现不断扩大趋势，从 2006

年的 8.67 万人增加至 2019 年的 18.56 万人。具体来看,直辖市和副省级城市迁移人口平均规模一直处于最高水平,高于全国平均水平;省会城市迁移人口平均规模略高于全国平均水平;地级市迁移人口平均规模低于全国平均水平。从区域层面看,不同区域城市迁移人口均呈现波动上升趋势,但在增长数量和速度方面均存在差异。在增长数量方面,中部迁移人口平均规模的增长数量最高,年均增长量为 0.23 万人;其次是西部城市,年均增长量为 0.13 万人;最后是东部城市和东北城市,年均增长量均为 0.03 万人。在增长速度方面,西部城市迁移人口平均规模的增长速度最快,年均增长率为 23.99%;其次是东北部和中部城市,年均增长率分别为 3.19% 和 2.31%;最后是东部城市,年均增长率仅为 0.77%。在差异程度方面,考察期内不同区域城市的迁移人口平均规模绝对差异明显,极差呈现不断扩大趋势,从 2006 年的 6.11 万人下降至 2019 年的 5.09 万人。具体来看,东部城市迁移人口平均规模一直处于最高水平,高于全国平均水平;中部城市迁移人口基本与全国平均水平一致;西部和东北城市迁移人口平均规模均低于全国平均水平,且东北城市常年保持负增长。

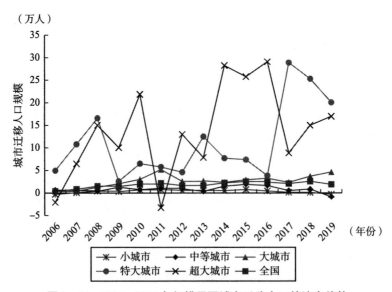

图 2-46 2006~2019 年规模层面城市迁移人口的演变趋势

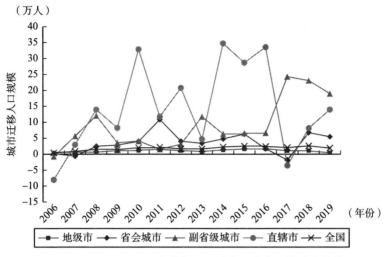

图 2-47　2006~2019 年等级层面城市迁移人口的演变趋势

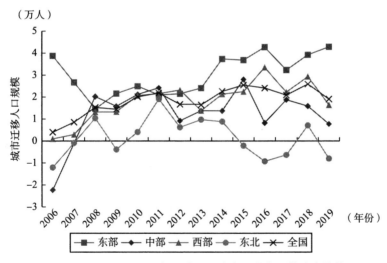

图 2-48　2006~2019 年区域层面城市迁移人口的演变趋势

（四）城市流动人口现状

为了揭示考察期内城市流动人口规模的演变趋势，本书对全国及各规模、等级和区域层面城市流动人口规模进行均值处理，具体如图 2-49、图 2-50 和图 2-51 所示。从全国层面看，全国城市流动人口平均规模呈现上升趋势，由 2006 年的 16.69 万人增加至 2019 年的 37.58 万人，增幅为 125.12%，年均增长率为 6.44%。从规模层面看，不同规模城市流动人口均呈现上升趋势，但在增长数量和速度方面均存在差异。在增长数量方面，超大城市流动人口平均规模的增长数量最高，年均增长量为 20.77 万人；其次是特大城市，年均增长量为 9.24 万人；再次是大城市，年均增长量为 2.27 万人；最后是中等城市和小城市，年均增长量分别为 0.47 万人和 0.16 万人。在增长速度方面，大城市流动人口平均规模的增长速度最快，年均增长率为 8.85%；其次是中等城市和特大城市，年均增长率分别为 7.64% 和 6.85%；最后是小城市和超大城市，年均增长率分别为 5.29% 和 4.44%。在差异程度方面，考察期内不同规模城市的流动人口平均规模绝对差异明显，极差呈现不断扩大趋势，从 2006 年的 353.80 万人扩大至 2019 年的 621.73 万人。具体来看，超大城市流动人口平均规模一直处于最高水平，远高于全国平均水平；特大城市流动人口平均规模也处于较高水平，高于全国平均水平；大城市流动人口平均规模与全国平均水平基本一致；中小城市流动人口平均规模均低于全国平均水平。从等级层面看，不同等级城市流动人口规模均呈现上升趋势，但在增长数量和速度方面均存在差异。在增长数量方面，直辖市流动人口平均规模的增长数量最高，年均增长量为 21.69 万人；其次是副省级城市，年均增长量为 8.85 万人；再次是省会城市，年均增长量为 4.31 万人；最后是地级市，年均增长量仅为 0.67 万人。在增长速度方面，省会城市流动人口平均规模的增长速度最快，年均增长率为 8.56%；其次是副省级城市和地级市，年均增长率分别为 6.57% 和 6.27%；最后是直辖市，年均增长率为 5.51%。在差异程度方面，考察期内不同等级城市的流动人口平均规模绝对差异明显，极差呈现不断扩大趋势，从 2006 年的 272.08 万人增加至 2019 年的 545.22 万人。具体来看，直辖市流动人口平均规模一直处于最高水平，远高于全国平均水平；副省级城市流动人口平均规模也处于较高水平，高于全国平均水平；省会城市流动人口平均规模略高于全国平均水平；地级市流动人口平均规模低于全国平均水平。从区域层面看，不同区域城市流动人口规模均呈现上升趋势，但在增长数量和速度方面均存在差异。在增长数量方面，东部流动人口平均规模的增长数量最高，年均增长量为2.88万人；其次是中部城市，年均增长量为1.21万人；再次是西部城市，年均增长量为1.02万人；最后是东北城市，年均增长量为0.78万人。在增长速度方面，中部城市流动人口平均规模的增长速度最快，年均增长率为10.80%；其次是东北和西部城市，年均增长率分别为10.22%和8.05%；最后是东部城市，年均增长率为0.26%。在差异程度方面，考察期内不同区域城市的流动人口平均规模绝对差异明显，极差呈现不断扩大趋势，从2006年的74.58万人增加至2019年的87.59万人。具体来看，东部城市流动人口平均规模一直处于最高水平，远高于全国平均水平；其他区域城市流动人口平均规模均低于全国平均水平，且中西部城市差异不大，而东北城市的流动人口平均规模最低。

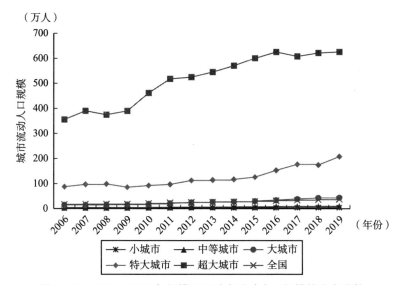

图2-49 2006～2019年规模层面城市流动人口规模的演变趋势

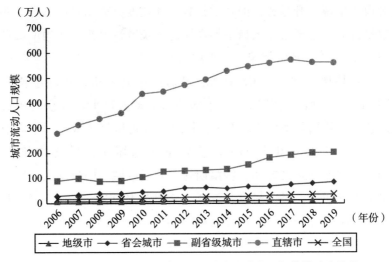

图 2 - 50   2006～2019 年等级层面城市流动人口规模的演变趋势

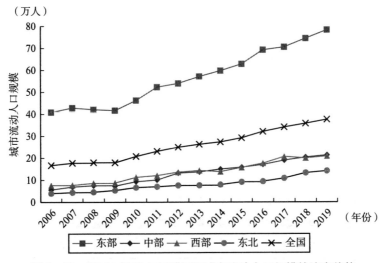

图 2 - 51   2006～2019 年区域层面城市流动人口规模的演变趋势

二、城市人口集聚的空间差异

本书采用 Dagum 基尼系数分解方法（Dagum，1997）分析城市人口集聚的空间差异。在此设定衡量城市人口集聚的基尼系数公式为：

$$G = \sum_{j=1}^{k} \sum_{h=1}^{k} \sum_{i=1}^{n_j} \sum_{r=1}^{n_h} |P_{ji} - P_{hr}|/2n^2\overline{P} \qquad (2-19)$$

其中，G 代表基尼系数，$P_{ji}(P_{hr})$ 代表第 $j(h)$ 组内城市 $i(r)$ 的人口集聚指标。将基尼系数 G 分解为组内差异贡献（G_w）、组间净差异贡献（G_{nb}）和超变密度贡献（G_t）三个部分，且满足 $G = G_w + G_{nb} + G_t$。具体计算公式为：

$$G_{jj} = \frac{1}{2\overline{P_j}} \sum_{i=1}^{n_j} \sum_{r=1}^{n_h} |P_{ji} - P_{hr}|/n_j^2 \qquad (2-20)$$

$$G_w = \sum_{j=1}^{k} G_{jj}p_j s_j = \sum_{j=1}^{k} G_{jj} \frac{n_j}{n} \frac{n_j\overline{P_j}}{n\overline{P}} \qquad (2-21)$$

$$G_{jh} = \sum_{i=1}^{n_j} \sum_{r=1}^{n_h} \frac{|P_{ji} - P_{hr}|}{n_j n_h (\overline{P_j} + \overline{P_h})} \qquad (2-22)$$

$$G_{nb} = \sum_{j=2}^{k} \sum_{h=1}^{j-1} G_{jh}(p_j s_h + p_h s_j)D_{jh} \qquad (2-23)$$

$$G_t = \sum_{j=2}^{k} \sum_{h=1}^{j-1} G_{jh}(p_j s_h + p_h s_j)(1 - D_{jh}) \qquad (2-24)$$

其中，G_{jj} 代表群组 j 的基尼系数，G_{jh} 代表群组 j 和 h 间的基尼系数，D_{jh} 代表组 j 和 h 间公共服务的相对影响。

（一）城市人口规模的空间差异

1. 总体差异

为了刻画城市人口规模的总体空间差异程度，运用 Dagum 基尼系数测算 2006~2019 年城市人口规模总体差异，如图 2-52 所示。结果显示，中国城市人口规模的总体差异程度较高，基尼系数值在 0.55~0.59 之间；从演变趋势看，城市人口规模总体差异呈现波动上升趋势，其基尼系数值由 2006 年的 0.5587 缓慢增加至 2019 年的 0.5807，增幅为 3.94%，年均增长率为 0.30%。综合来看，中国城市人口规模存在明显的空间非均衡特征，且非均衡性会随着时间推移缓慢加强。

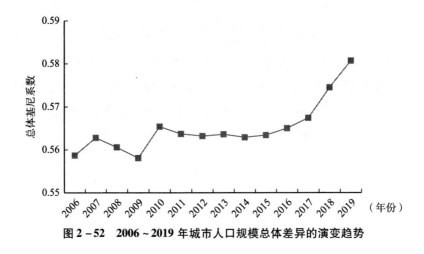

图 2－52　2006～2019 年城市人口规模总体差异的演变趋势

2. 规模层面差异

（1）规模内差异。

图 2－53 报告了 2006～2019 年城市人口规模内差异的演变趋势。
从差异程度看，考察期内相同规模城市的内部差异程度较小，其中大
城市人口的内部差异程度最大，其基尼系数均值为 0.2705；其次是特
大城市和小城市，其基尼系数均值分别为 0.1941 和 0.1887；再次是中
等城市，其基尼系数均值为 0.1501；最后是特大城市，其基尼系数均
值为 0.1153。从演变趋势看，相同规模城市人口的内部差异程度均呈
现下降趋势，其中超大城市和中等城市的下降速度较快，降幅分别为
39.20% 和 38.76%，年均下降率分别为 3.76% 和 3.70%；小城市的下
降速度次之，降幅为 30.05%，年均下降率为 2.71%；特大城市和大城
市的下降速度较慢，降幅分别为 14.55% 和 7.95%，年均下降率分别为
1.20% 和 0.64%。综合来看，相同规模城市人口的空间非均衡特征不
明显，且其会随着时间推移呈现持续减弱态势。

（2）规模间差异。

图 2－54 报告了 2006～2019 年城市人口规模间差异的演变趋势。
从差异程度看，考察期内不同规模城市间差异程度较大，其中小城市
与超大城市、中等城市与超大城市、小城市与特大城市的规模间差异
程度最大，其基尼系数均值分别为 0.9539、0.9104 和 0.8835；其次是

中等城市与特大城市、大城市与超大城市、小城市与大城市，其基尼系数均值分别为 0.7810、0.7795 和 0.6806；再次是大城市与特大城市、中等城市与大城市、特大城市与超大城市，其基尼系数均值分别为 0.5109、0.4564 和 0.4476；最后是小城市与中等城市，其基尼系数均值为 0.3406。从演变趋势看，特大城市与超大城市、小城市与中等城市间差异程度呈现微弱下降趋势，降幅分别为 9.82% 和 1.37%，年均下降率分别为 0.79% 和 0.11%；其他规模城市间差异程度均呈现上升趋势，其中小城市与特大城市的差异程度上升速度最快，增幅为8.78%，年均增长率为 0.65%，而大城市与超大城市的差异程度上升速度最慢，增幅仅为 0.40%，年均增长率仅为 0.03%。综合来看，不同规模城市间人口存在明显的空间非均衡特征，且大多数城市人口规模间差异会随着时间推移呈现微弱上升态势。

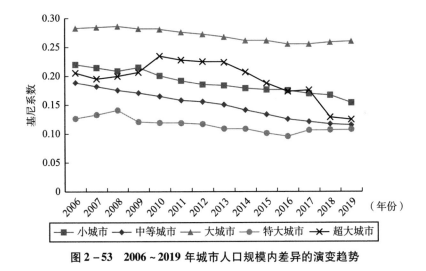

图 2-53 2006～2019 年城市人口规模内差异的演变趋势

（3）规模差异来源及贡献。

表 2-11 报告了 2006～2019 年城市人口规模差异来源及贡献。从差异程度看，考察期内规模间差异贡献率远远高于规模内差异和超变密度贡献率，其中，规模间差异贡献率均在 90% 以上，规模内差异贡献率的浮动范围在 6.54%～8.70%，超变密度的贡献率均在 0.81% 以

下，表明城市人口规模差异来源依次为规模间差异、规模内差异和超变密度，其中规模间差异是导致城市人口差异的主要来源。从演变趋势看，规模间差异总体上呈现微弱上升趋势，而规模内差异和超变密度均呈现微弱下降趋势。综合来看，规模间差异是中国城市人口总体差异的主要来源，且其贡献程度呈现微弱增强态势，而规模内差异和超变密度对总体差异的影响作用持续减弱。

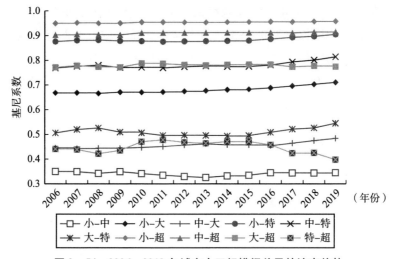

图 2-54　2006~2019 年城市人口规模间差异的演变趋势

表 2-11　　　　　2006~2019 年城市人口规模差异来源及贡献

年份	规模内		规模间		超变密度	
	差异	贡献率（%）	差异	贡献率（%）	差异	贡献率（%）
2006	0.0486	8.70	0.5056	90.50	0.0045	0.81
2007	0.0476	8.46	0.5112	90.85	0.0039	0.69
2008	0.0473	8.44	0.5096	90.90	0.0037	0.66
2009	0.0470	8.42	0.5075	90.92	0.0037	0.66
2010	0.0455	8.05	0.5168	91.40	0.0031	0.55
2011	0.0444	7.88	0.5170	91.72	0.0023	0.41
2012	0.0439	7.79	0.5174	91.87	0.0019	0.34

年份	规模内		规模间		超变密度	
	差异	贡献率（%）	差异	贡献率（%）	差异	贡献率（%）
2013	0.0430	7.63	0.5190	92.10	0.0015	0.27
2014	0.0415	7.37	0.5205	92.45	0.0010	0.18
2015	0.0406	7.21	0.5219	92.63	0.0009	0.16
2016	0.0391	6.92	0.5252	92.97	0.0006	0.11
2017	0.0389	6.86	0.5282	93.11	0.0002	0.04
2018	0.0384	6.68	0.5359	93.28	0.0002	0.03
2019	0.0380	6.54	0.5427	93.46	0.0000	0.01

3. 等级层面差异

（1）等级内差异。

图 2 - 55 报告了 2006～2019 年城市人口规模等级内差异的演变趋势。从差异程度看，考察期内不同等级城市的内部差异程度存在差异，其中地级市人口规模的内部差异程度最大，其基尼系数均值为0.3613；其次是副省级城市，其基尼系数均值为0.2462；最后是省会城市和直辖市，其基尼系数均值分别为0.2138和0.2101。从演变趋势看，不同等级城市人口规模的内部差异程度均总体呈现下降趋势，其中直辖市的下降速度最快，降幅为44.49%，年均下降率为4.43%；副省级城市和省会城市的下降速度次之，降幅分别为9.48%和6.23%，年均下降率分别为0.76%和0.49%；地级市呈现先上升后下降趋势，总体降幅仅为0.08%，年均下降率仅为0.01%。综合来看，地级市人口规模的空间非均衡特征明显，在考察期内总体变化不大；而其他等级城市空间非均衡性较弱，且其会随着时间推移呈现持续减弱态势。

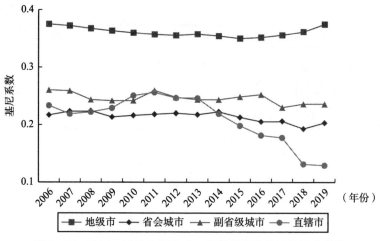

图 2 – 55　2006～2019 年城市人口规模等级内差异的演变趋势

（2）等级间差异。

图 2 – 56 报告了 2006～2019 年城市人口规模等级间差异的演变趋势。从差异程度看，考察期内不同等级城市间差异程度较大，其中地级市与直辖市的等级间差异程度最大，其基尼系数均值为 0.9079；其次是地级市与副省级城市、省会城市与直辖市，其基尼系数均值分别为 0.7624 和 0.6976；再次是地级市与省会城市、副省级城市与直辖市，其基尼系数均值分别为 0.5912 和 0.4900；最后是省会城市与副省级城市，其基尼系数均值为 0.3406。从演变趋势看，副省级城市与直辖市差异程度呈现微弱下降趋势，降幅为 6.20%，年均下降率为 0.49%；其他等级城市间差异程度均呈现上升趋势，其中地级市与省会城市的差异程度上升速度最快，增幅为 5.97%，年均增长率为 0.45%，而省会城市与直辖市的差异程度在考察期内基本保持不变。综合来看，不同等级城市间人口规模存在明显的空间非均衡特征，且大多数城市人口规模等级间差异会随着时间推移呈现微弱上升态势。

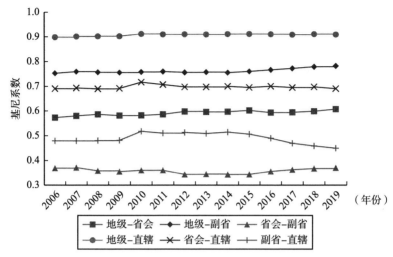

图 2 – 56 2006～2019 年城市人口规模等级间差异的演变趋势

（3）等级差异来源及贡献。

表 2 – 12 报告了 2006～2019 年城市人口规模等级差异来源及贡献。从差异程度看，考察期内等级间差异贡献率高于等级内差异和超变密度贡献率，其中，等级间差异贡献率的浮动范围在 67.77%～72.20%，等级内差异贡献率的浮动范围在 27.40%～31.28%，超变密度的贡献率均在 0.95% 以下，表明城市人口规模等级差异来源依次为等级间差异、等级内差异和超变密度，其中等级间差异是导致城市人口规模差异的主要来源。从演变趋势看，等级间差异总体上呈现微弱上升趋势，而等级内差异和超变密度均呈现微弱下降趋势。综合来看，等级间差异是中国城市人口规模总体差异的主要来源，且其贡献程度呈现微弱增强态势，而等级内差异和超变密度对总体差异的影响作用持续减弱。

表 2 – 12 2006～2019 年城市人口规模等级差异来源及贡献

年份	等级内		等级间		超变密度	
	差异	贡献率（%）	差异	贡献率（%）	差异	贡献率（%）
2006	0.1748	31.28	0.3787	67.77	0.0053	0.95
2007	0.1712	30.42	0.3863	68.65	0.0052	0.92

年份	等级内		等级间		超变密度	
	差异	贡献率（%）	差异	贡献率（%）	差异	贡献率（%）
2008	0.1686	30.07	0.3871	69.04	0.0050	0.89
2009	0.1665	29.83	0.3877	69.47	0.0039	0.70
2010	0.1616	28.59	0.4001	70.78	0.0036	0.64
2011	0.1608	28.53	0.3993	70.84	0.0036	0.64
2012	0.1595	28.32	0.4003	71.08	0.0034	0.60
2013	0.1605	28.48	0.3996	70.91	0.0034	0.60
2014	0.1587	28.19	0.4010	71.24	0.0032	0.57
2015	0.1556	27.62	0.4050	71.88	0.0028	0.50
2016	0.1561	27.63	0.4062	71.91	0.0026	0.46
2017	0.1571	27.69	0.4078	71.87	0.0025	0.44
2018	0.1574	27.40	0.4148	72.20	0.0023	0.40
2019	0.1633	28.12	0.4137	71.24	0.0037	0.64

4. 区域层面差异

（1）区域内差异。

图 2-57 报告了 2006~2019 年城市人口规模区域内差异的演变趋势。从差异程度看，考察期内不同区域城市的内部差异程度存在差异，其中东部和中部城市人口规模的内部差异程度较大，其基尼系数均值分别为 0.5855 和 0.5649；中部和东北城市的内部差异程度较小，其基尼系数均值分别为 0.4353 和 0.4540。从演变趋势看，不同区域城市人口规模的内部差异程度均呈现上升趋势，其中东北城市的上升速度最快，增幅为 12.34%，年均增长率为 0.90%；东部城市的上升速度最慢，增幅仅为 0.60%，年均增长率仅为 0.05%；中部和西部城市的上升速度介于两者之间。综合来看，各区域城市人口规模的空间非均衡特征明显，且其会随着时间推移呈现持续增强态势。

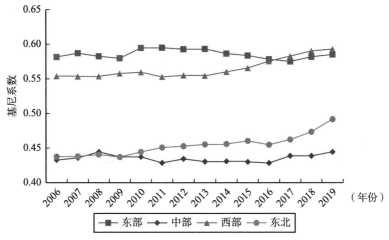

图 2 - 57　2006 ~ 2019 年城市人口规模区域内差异的演变趋势

（2）区域间差异。

图 2 - 58 报告了 2006 ~ 2019 年城市人口规模区域间差异的演变趋势。从差异程度看，考察期内不同区域城市间差异程度较大，其中东部与西部城市的区域间差异程度最大，其基尼系数均值为 0.6382；其次是东部与中部城市、东部与东北城市、西部与东北城市、中部与西

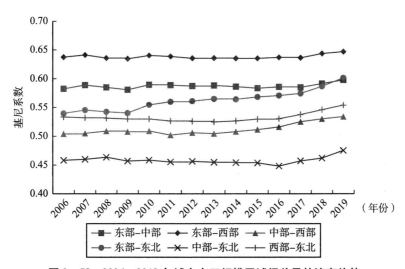

图 2 - 58　2006 ~ 2019 年城市人口规模区域间差异的演变趋势

部城市，其基尼系数均值分别为 0.5873、0.5625、0.5327 和 0.5124；最后是中部与东北城市，其基尼系数均值为 0.4583。从演变趋势看，各区域城市间人口规模差异程度均呈现上升趋势，其中东部与东北城市的差异程度上升速度最快，增幅为 11.45%，年均增长率为 0.84%，而东部与西部的差异程度上升速度最慢，增幅仅为 1.46%，年均增长率为 0.11%。综合来看，不同区域城市间人口规模存在明显的空间非均衡特征，且其差异程度会随着时间推移呈现微弱上升态势。

（3）区域差异来源及贡献。

表 2-13 报告了 2006~2019 年城市人口规模区域差异来源及贡献。从差异程度看，考察期内超变密度贡献率高于区域间差异和区域内差异贡献率，其中，超变密度贡献率的浮动范围在 35.21%~39.25%，区域间差异贡献率的浮动范围在 33.93%~38.21%，区域内差异贡献率的浮动范围在 26.54%~26.86%，表明城市人口规模区域差异来源依次为超变密度、区域间差异和区域内差异，其中超变密度是导致城市人口规模差异的主要来源。从演变趋势看，区域间差异总体上呈现微弱下降趋势，而区域内差异和超变密度均呈现微弱上升趋势。综合来看，超变密度是中国城市人口规模总体差异的主要来源，且其贡献程度呈现微弱增强态势，而区域间差异对总体差异的影响作用持续减弱。

表 2-13　　　　2006~2019 年城市人口规模区域差异来源及贡献

年份	区域内		区域间		超变密度	
	差异	贡献率（%）	差异	贡献率（%）	差异	贡献率（%）
2006	0.1483	26.54	0.2109	37.74	0.1996	35.72
2007	0.1496	26.59	0.2150	38.21	0.1981	35.21
2008	0.1492	26.61	0.2069	36.91	0.2045	36.48
2009	0.1487	26.64	0.2049	36.71	0.2046	36.65
2010	0.1516	26.81	0.2049	36.24	0.2089	36.95
2011	0.1511	26.81	0.2058	36.52	0.2067	36.67
2012	0.1513	26.86	0.1989	35.32	0.2130	37.82

续表

年份	区域内		区域间		超变密度	
	差异	贡献率（%）	差异	贡献率（%）	差异	贡献率（%）
2013	0.1514	26.86	0.1999	35.47	0.2123	37.67
2014	0.1510	26.83	0.1987	35.30	0.2132	37.88
2015	0.1512	26.84	0.1960	34.79	0.2162	38.37
2016	0.1516	26.83	0.1987	35.17	0.2147	38.00
2017	0.1522	26.82	0.1925	33.93	0.2227	39.25
2018	0.1542	26.84	0.1968	34.26	0.2235	38.90
2019	0.1557	26.81	0.2004	34.51	0.2246	38.68

（二）城市迁移人口的空间差异

1. 总体差异

为了刻画城市迁移人口的总体空间差异程度，运用 Dagum 基尼系数测算 2006～2019 年城市迁移人口总体差异，如图 2-59 所示。结果显示，中国城市迁移人口的总体差异程度较高，基尼系数值在 0.51～0.54 之间；从演变趋势看，城市迁移人口总体差异呈现先下降后上升趋势，其基尼系数值由 2006 年的 0.5363 逐渐下降至 2016 年的 0.5177，

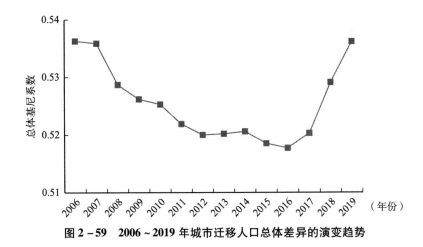

图 2-59　2006～2019 年城市迁移人口总体差异的演变趋势

随后快速上升至 2019 年的 0.5362。综合来看，中国城市迁移人口存在明显的空间非均衡特征，且非均衡性会随着时间推移呈现先下降后上升的 U 型趋势。

2. 规模层面差异

（1）规模内差异。

图 2-60 报告了 2006～2019 年城市迁移人口规模内差异的演变趋势。从差异程度看，考察期内相同规模城市的内部差异程度较小，其中大城市迁移人口的内部差异程度最大，其基尼系数均值为 0.2628；其次是超大城市和小城市，其基尼系数均值分别为 0.2394 和 0.2060；再次是中等城市，其基尼系数均值为 0.1668；最后是特大城市，其基尼系数均值为 0.1481。从演变趋势看，特大城市迁移人口的内部差异呈现先下降后上升趋势，总体呈现微弱上升趋势，而其他规模城市迁移人口的内部差异程度均呈现下降趋势，其中超大城市的下降速度最快，降幅为 32.24%，年均下降率为 2.95%；小城市和中等城市的下降速度次之，降幅分别为 27.45% 和 27.13%，年均下降率分别为 2.44% 和 2.41%；大城市的下降速度最慢，降幅为 13.39%，年均下降率为 1.10%。综合来看，相同规模城市迁移人口的空间非均衡特征不明显，且其会随着时间推移呈现持续减弱态势。

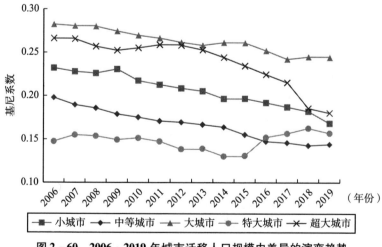

图 2-60　2006～2019 年城市迁移人口规模内差异的演变趋势

（2）规模间差异。

图 2–61 报告了 2006~2019 年城市迁移人口规模间差异的演变趋势。从差异程度看，考察期内不同规模城市间差异程度较大，其中小城市与超大城市、中等城市与超大城市、小城市与特大城市的规模间差异程度最大，其基尼系数均值分别为 0.9348、0.8743 和 0.8688；其次是中等城市与特大城市、大城市与超大城市、小城市与大城市，其基尼系数均值分别为 0.7548、0.7145 和 0.6650；再次是大城市与特大城市、中等城市与大城市、特大城市与超大城市，其基尼系数均值分别为 0.4896、0.4332 和 0.3817；最后是小城市与中等城市，其基尼系数均值为 0.3462。从演变趋势看，特大城市与超大城市、小城市与中等城市、大城市和特大城市间差异程度呈现微弱下降趋势，降幅分别为 5.33%、5.10% 和 2.37%，年均下降率分别为 0.42%、0.40% 和 0.18%；其他规模城市间差异程度均呈现上升趋势，其中中等城市与大城市的差异程度上升速度最快，增幅为 3.87%，年均增长率为 0.29%，而大城市与超大城市的差异程度上升速度最慢，增幅仅为 0.38%，年均增长率仅为 0.03%。综合来看，不同规模城市间迁移人口存在明显的空间非均衡特征，且大多数城市迁移人口规模间差异会随着时间推移呈现微弱上升态势。

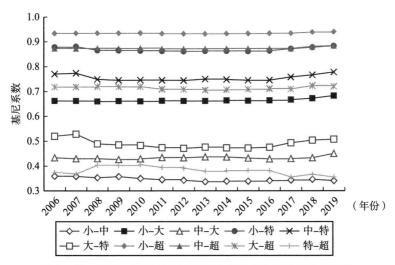

图 2–61　2006~2019 年城市迁移人口规模间差异的演变趋势

（3）规模差异来源及贡献。

表2－14报告了2006～2019年城市迁移人口规模差异来源及贡献。从差异程度看，考察期内规模间差异贡献率远远高于规模内差异和超变密度贡献率，其中，规模间差异贡献率均在89%以上，规模内差异贡献率的浮动范围在7.81%～9.73%，超变密度的贡献率均在1.12%以下，表明城市迁移人口规模差异来源依次为规模间差异、规模内差异和超变密度，其中规模间差异是导致城市迁移人口规模差异的主要来源。从演变趋势看，规模间差异总体上呈现微弱上升趋势，而规模内差异和超变密度均呈现微弱下降趋势。综合来看，规模间差异是中国城市迁移人口规模总体差异的主要来源，且其贡献程度呈现微弱增强态势，而规模内差异和超变密度对总体差异的影响作用持续减弱。

表2－14　　　2006～2019年城市迁移人口规模差异来源及贡献

年份	规模内		规模间		超变密度	
	差异	贡献率（%）	差异	贡献率（%）	差异	贡献率（%）
2006	0.0522	9.73	0.4781	89.15	0.0060	1.12
2007	0.0511	9.53	0.4795	89.46	0.0054	1.01
2008	0.0513	9.70	0.4721	89.31	0.0052	0.98
2009	0.0504	9.58	0.4708	89.47	0.0050	0.95
2010	0.0493	9.39	0.4715	89.76	0.0045	0.86
2011	0.0489	9.37	0.4692	89.90	0.0038	0.73
2012	0.0481	9.25	0.4685	90.11	0.0033	0.63
2013	0.0474	9.11	0.4698	90.33	0.0029	0.56
2014	0.0472	9.07	0.4708	90.45	0.0025	0.48
2015	0.0464	8.95	0.4697	90.59	0.0024	0.46
2016	0.0447	8.63	0.4712	91.02	0.0018	0.35
2017	0.0431	8.29	0.4757	91.45	0.0014	0.27
2018	0.0424	8.01	0.4856	91.78	0.0011	0.21
2019	0.0419	7.81	0.4936	92.06	0.0007	0.13

3. 等级层面差异

（1）等级内差异。

图 2 – 62 报告了 2006～2019 年城市迁移人口等级内差异的演变趋势。从差异程度看，考察期内不同等级城市的内部差异程度存在差异，其中地级市迁移人口的内部差异程度最大，其基尼系数均值为 0.3442；其次是省会城市和副省级城市，其基尼系数均值分别为 0.1949 和 0.1900；最后是直辖市，其基尼系数均值为 0.1496。从演变趋势看，省会城市迁移人口的内部差异程度呈现上升趋势，增幅为 17.90%，年均增长率为 1.27%，其他等级城市迁移人口的内部差异程度均呈现下降趋势，其中直辖市的下降速度最快，降幅为 61.43%，年均下降率为 7.07%；副省级城市的下降速度次之，降幅为 14.36%，年均下降率为 1.19%；地级市的下降速度最慢，降幅仅为 8.90%，年均下降率仅为 0.71%。综合来看，地级市迁移人口的空间非均衡特征明显，其他等级城市空间非均衡性较弱，且除省会城市外其他等级城市迁移人口差异会随着时间推移呈现持续减弱态势。

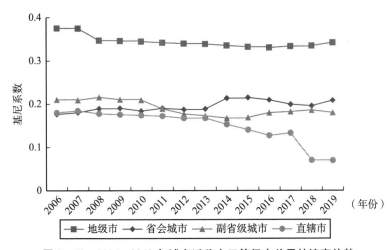

图 2 – 62　2006～2019 年城市迁移人口等级内差异的演变趋势

（2）等级间差异。

图 2 – 63 报告了 2006～2019 年城市迁移人口等级间差异的演变趋

势。从差异程度看，考察期内不同等级城市间差异程度较大，其中地级市与直辖市的等级间差异程度最大，其基尼系数均值为 0.8875；其次是地级市与副省级城市、省会城市与直辖市，其基尼系数均值分别为 0.7278 和 0.6643；再次是地级市与省会城市、副省级城市与直辖市，其基尼系数均值分别为 0.5564 和 0.4448；最后是省会城市与副省级城市，其基尼系数均值为 0.3289。从演变趋势看，副省级城市与直辖市差异程度呈现微弱下降趋势，降幅为 4.85%，年均下降率为 0.38%；其他等级城市间差异程度均呈现上升趋势，其中地级市与副省级城市的差异程度上升速度最快，增幅为 3.40%，年均增长率为 0.26%，而省会城市与直辖市的差异程度上升速度最慢，增幅仅为 0.07%，年均增长率仅为 0.01%。综合来看，不同等级城市间迁移人口存在明显的空间非均衡特征，且大多数城市迁移人口等级间差异会随着时间推移呈现微弱上升态势。

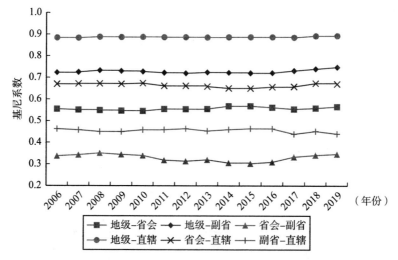

图 2-63 2006~2019 年城市迁移人口等级间差异的演变趋势

（3）等级差异来源及贡献。

表 2-15 报告了 2006~2019 年城市迁移人口等级差异来源及贡献。从差异程度看，考察期内等级间差异贡献率高于等级内差异和超变密

度贡献率，其中，等级间差异贡献率的浮动范围在 64.53% ~ 70.02%，等级内差异贡献率的浮动范围在 29.68% ~ 34.28%，超变密度的贡献率均在 1.19% 以下，表明城市迁移人口等级差异来源依次为等级间差异、等级内差异和超变密度，其中等级间差异是导致城市迁移人口差异的主要来源。从演变趋势看，等级间差异总体上呈现微弱上升趋势，而等级内差异和超变密度均呈现下降趋势。综合来看，等级间差异是中国城市迁移人口总体差异的主要来源，且其贡献程度呈现微弱增强态势，而等级内差异和超变密度对总体差异的影响作用持续减弱。

表 2 - 15　　　2006 ~ 2019 年城市迁移人口等级差异来源及贡献

年份	等级内		等级间		超变密度	
	差异	贡献率（%）	差异	贡献率（%）	差异	贡献率（%）
2006	0.1835	34.22	0.3467	64.65	0.0061	1.14
2007	0.1837	34.28	0.3458	64.53	0.0064	1.19
2008	0.1665	31.50	0.3596	68.03	0.0025	0.47
2009	0.1667	31.68	0.3572	67.88	0.0023	0.44
2010	0.1661	31.62	0.3571	67.98	0.0021	0.40
2011	0.1650	31.62	0.3549	68.00	0.0020	0.38
2012	0.1641	31.56	0.3540	68.09	0.0018	0.35
2013	0.1632	31.37	0.3552	68.28	0.0018	0.35
2014	0.1608	30.89	0.3579	68.75	0.0019	0.36
2015	0.1595	30.76	0.3571	68.87	0.0019	0.37
2016	0.1589	30.69	0.3571	68.96	0.0018	0.35
2017	0.1599	30.73	0.3588	68.95	0.0017	0.33
2018	0.1574	29.74	0.3702	69.95	0.0016	0.30
2019	0.1592	29.68	0.3755	70.02	0.0016	0.30

4. 区域层面差异

（1）区域内差异。

图 2 - 64 报告了 2006 ~ 2019 年城市迁移人口区域内差异的演变趋

势。从差异程度看，考察期内不同区域城市的内部差异程度存在差异，其中西部和东部城市迁移人口的内部差异程度较大，其基尼系数均值分别为 0.5563 和 0.5331；东北和中部城市的内部差异程度较小，其基尼系数均值分别为 0.4425 和 0.4068。从演变趋势看，东部和中部迁移人口的内部差异程度呈现下降趋势，降幅分别为 4.32% 和 4.16%，年均下降率分别为 0.34% 和 0.33%；西部和东北城市迁移人口的内部差异程度呈现上升趋势，增幅分别为 6.39% 和 6.61%，年均增长率分别为 0.48% 和 0.49%。综合来看，各区域城市迁移人口的空间非均衡特征明显，且东中部城市差异会随着时间推移呈现持续减弱，而西部和东北城市差异会逐渐增强。

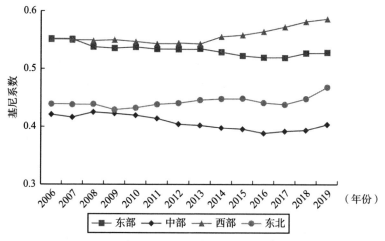

图 2 - 64   2006 ~ 2019 年城市迁移人口区域内差异的演变趋势

（2）区域间差异。

图 2 - 65 报告了 2006 ~ 2019 年城市迁移人口区域间差异的演变趋势。从差异程度看，考察期内不同区域城市间差异程度较大，其中东部与西部城市的区域间差异程度最大，其基尼系数均值为 0.5978；其次是西部与东北城市、东部与中部城市、东部与东北城市、中部与西部城市，其基尼系数均值分别为 0.5295、0.5291、0.5090 和 0.4963；最后是中部与东北城市，其基尼系数均值为 0.4431。从演变趋势看，

东部与中部和西部、中部与东北城市间迁移人口差异程度呈现下降趋势，而其他区域城市间迁移人口差异程度均呈现上升趋势，其上升或下降的幅度均较小。综合来看，不同区域城市间迁移人口存在明显的空间非均衡特征，且其差异程度会随着时间推移呈现微弱上升或下降态势。

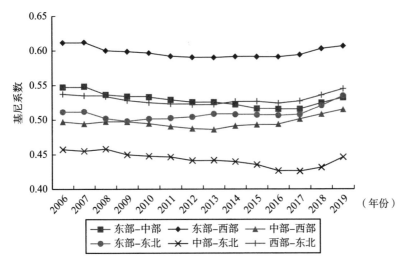

图 2 - 65　2006 ~ 2019 年城市迁移人口区域间差异的演变趋势

（3）区域差异来源及贡献。

表 2 - 16 报告了 2006 ~ 2019 年城市迁移人口区域差异来源及贡献。从差异程度看，考察期内超变密度贡献率高于区域间差异和区域内差异贡献率，其中，超变密度贡献率的浮动范围在 38.35% ~ 43.95%，区域间差异贡献率的浮动范围在 29.50% ~ 35.34%，区域内差异贡献率的浮动范围在 26.29% ~ 26.57%，表明城市迁移人口区域差异来源依次为超变密度、区域间差异和区域内差异，其中超变密度是导致城市迁移人口差异的主要来源。从演变趋势看，区域间差异总体上呈现微弱下降趋势，而区域内差异和超变密度均呈现微弱上升趋势。综合来看，超变密度是中国城市迁移人口总体差异的主要来源，且其贡献程度呈现微弱增强态势，而区域间差异对总体差异的影响作用持续减弱。

表 2 – 16　　2006 ~ 2019 年城市迁移人口区域差异来源及贡献

年份	区域内		区域间		超变密度	
	差异	贡献率（%）	差异	贡献率（%）	差异	贡献率（%）
2006	0.1412	26.32	0.1857	34.62	0.2095	39.06
2007	0.1410	26.31	0.1894	35.34	0.2055	38.35
2008	0.1390	26.29	0.1748	33.06	0.2149	40.65
2009	0.1387	26.36	0.1732	32.92	0.2143	40.73
2010	0.1388	26.42	0.1699	32.34	0.2166	41.23
2011	0.1378	26.40	0.1657	31.75	0.2184	41.85
2012	0.1375	26.44	0.1625	31.25	0.2200	42.31
2013	0.1376	26.45	0.1618	31.10	0.2208	42.45
2014	0.1377	26.45	0.1575	30.25	0.2254	43.30
2015	0.1371	26.45	0.1556	30.02	0.2257	43.54
2016	0.1372	26.50	0.1546	29.86	0.2259	43.64
2017	0.1382	26.56	0.1535	29.50	0.2287	43.95
2018	0.1406	26.57	0.1596	30.16	0.2289	43.26
2019	0.1423	26.54	0.1626	30.32	0.2313	43.14

（三）城市流动人口的空间差异

1. 总体差异

为了刻画城市流动人口的总体空间差异程度，运用 Dagum 基尼系数测算 2006 ~ 2019 年城市流动人口总体差异，如图 2 – 66 所示。结果显示，中国城市流动人口的总体差异程度较高，基尼系数值在 0.78 ~ 0.85 之间；从演变趋势看，城市流动人口总体差异呈现微弱下降趋势，其基尼系数值由 2006 年的 0.8375 逐渐下降至 2019 年的 0.7824，降幅为 6.58%，年均下降率为 0.52%。综合来看，中国城市流动人口存在明显的空间非均衡特征，且非均衡性会随着时间推移逐渐减弱。

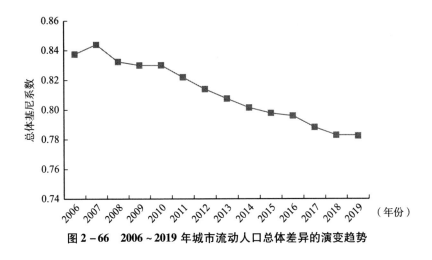

图 2 - 66 2006 ~ 2019 年城市流动人口总体差异的演变趋势

2. 规模层面差异

（1）规模内差异。

图 2 - 67 报告了 2006 ~ 2019 年城市流动人口规模内差异的演变趋势。从差异程度看，考察期内相同规模城市的内部差异程度较大，其中特大城市和大城市的内部差异程度最大，其基尼系数均值分别为 0. 5508 和 0. 5387；其次是中等城市和小城市，其基尼系数均值分别为

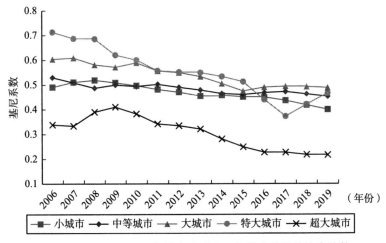

图 2 - 67 2006 ~ 2019 年城市流动人口规模内差异的演变趋势

0.4840 和 0.4676；最后是超大城市，其基尼系数均值为 0.3052。从演变趋势看，相同规模城市流动人口的内部差异程度均呈现下降趋势，其中超大城市和特大城市的下降速度最快，降幅分别为 36.07% 和 34.66%，年均下降率分别为 3.38% 和 3.22%；大城市和小城市的下降速度次之，降幅分别为 19.11% 和 18.59%，年均下降率分别为 1.62% 和 1.57%；中等城市的下降速度最慢，降幅为 14.60%，年均下降率为 1.21%。综合来看，相同规模城市流动人口存在明显的空间非均衡特征，但其会随着时间推移呈现持续减弱态势。

（2）规模间差异。

图 2-68 报告了 2006~2019 年城市流动人口规模间差异的演变趋势。从差异程度看，考察期内不同规模城市间差异程度较大，其中小城市与超大城市、中等城市与超大城市、小城市与特大城市的规模间差异程度最大，其基尼系数均值分别为 0.9879、0.9759 和 0.9509；其次是中等城市与特大城市、大城市与超大城市，其基尼系数均值分别为 0.9079 和 0.9067；再次是小城市与大城市、大城市与特大城市、中等城市与大城市、特大城市与超大城市，其基尼系数均值分别为 0.8091、0.7324、0.6967 和 0.6671；最后是小城市与中等城市，其基

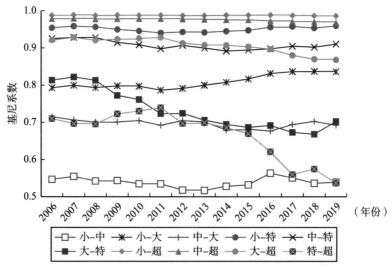

图 2-68　2006~2019 年城市流动人口规模间差异的演变趋势

尼系数均值为 0.5388。从演变趋势看，小城市与大城市、小城市与特大城市的差异程度呈现上升趋势，增幅分别为 5.45% 和 1.59%，年均增长率分别为 0.41% 和 0.05%；其他规模城市间差异均呈现下降趋势，其中特大城市与超大城市的下降速度最快，降幅为 24.42%，年均下降率为 2.31%，而小城市与超大城市的下降速度最慢，降幅仅为 0.13%，年均下降率仅为 0.01%。综合来看，不同规模城市间人口存在明显的空间非均衡特征，且大多数城市流动人口规模间差异会随着时间推移呈现微弱下降态势。

（3）规模差异来源及贡献。

表 2-17 报告了 2006～2019 年城市流动人口规模差异来源及贡献。从差异程度看，考察期内规模间差异贡献率远远高于规模内差异和超变密度贡献率，其中，规模间差异贡献率均在 87% 以上，规模内差异贡献率的浮动范围在 7.87%～8.89%，超变密度的贡献率均在 4.63% 以下，表明城市流动人口规模差异来源依次为规模间差异、规模内差异和超变密度，其中规模间差异是导致城市流动人口规模差异的主要来源。从演变趋势看，三种差异来源均在总体上呈现微弱下降态势，但规模间差异和规模内差异的贡献率总体上呈现微弱上升趋势。综合来看，规模间差异是中国城市流动人口规模总体差异的主要来源，且其贡献程度呈现微弱增强态势，而超变密度对总体差异的影响作用持续减弱。

表 2-17　　　2006～2019 年城市流动人口规模差异来源及贡献

年份	规模内		规模间		超变密度	
	差异	贡献率（%）	差异	贡献率（%）	差异	贡献率（%）
2006	0.0700	8.36	0.7288	87.01	0.0388	4.63
2007	0.0664	7.87	0.7406	87.75	0.0370	4.38
2008	0.0681	8.18	0.7267	87.30	0.0376	4.52
2009	0.0681	8.20	0.7266	87.54	0.0353	4.25
2010	0.0687	8.28	0.7258	87.44	0.0356	4.29
2011	0.0667	8.12	0.7219	87.83	0.0333	4.05

续表

年份	规模内		规模间		超变密度	
	差异	贡献率（%）	差异	贡献率（%）	差异	贡献率（%）
2012	0.0683	8.39	0.7151	87.85	0.0306	3.76
2013	0.0681	8.43	0.7109	88.03	0.0286	3.54
2014	0.0652	8.14	0.7112	88.74	0.0250	3.12
2015	0.0629	7.88	0.7123	89.27	0.0227	2.84
2016	0.0650	8.16	0.7097	89.15	0.0214	2.69
2017	0.0675	8.56	0.7012	88.97	0.0194	2.46
2018	0.0696	8.89	0.6930	88.52	0.0203	2.59
2019	0.0683	8.73	0.6936	88.66	0.0204	2.61

3. 等级层面差异

（1）等级内差异。

图 2 - 69 报告了 2006～2019 年城市流动人口等级内差异的演变趋势。从差异程度看，考察期内不同等级城市的内部差异程度存在明显差异，其中地级市流动人口的内部差异程度最大，其基尼系数均值为 0.6739；其次是副省级城市，其基尼系数均值为 0.6284；最后是省会

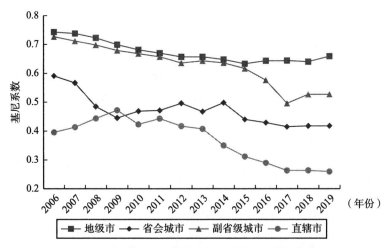

图 2 - 69 2006～2019 年城市流动人口等级内差异的演变趋势

城市和直辖市，其基尼系数均值分别为 0.4720 和 0.3680。从演变趋势看，不同等级城市流动人口的内部差异程度均总体呈现下降趋势，其中直辖市的下降速度最快，降幅为 34.37%，年均下降率为 3.19%；省会城市和副省级城市的下降速度次之，降幅分别为 29.33% 和 27.42%，年均下降率分别为 2.64% 和 2.43%；地级市的下降速度最慢，总体降幅为 11.23%，年均下降率为 0.91%。综合来看，不同等级城市流动人口的空间非均衡特征明显，但其会随着时间推移呈现持续减弱态势。

（2）等级间差异。

图 2-70 报告了 2006~2019 年城市流动人口等级间差异的演变趋势。从差异程度看，考察期内不同等级城市间差异程度较大，其中地级市与直辖市的等级间差异程度最大，其基尼系数均值为 0.9610；其次是地级市与副省级城市，其基尼系数均值为 0.8971；再次是省会城市与直辖市、地级市与省会城市，其基尼系数均值分别为 0.7988 和 0.7913；最后是副省级城市与直辖市、省会城市与副省级城市，其基尼系数均值分别为 0.6634 和 0.6386。从演变趋势看，各等级城市间差异程度均呈现下降趋势，其中省会城市与副省级城市的差异程度下降速度最快，降幅为 24.46%，年均下降率为 2.13%，而地级市与直辖市

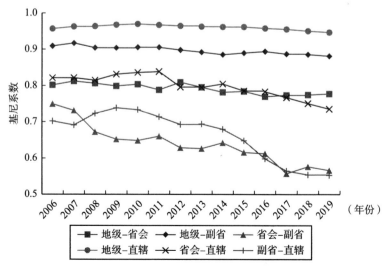

图 2-70　2006~2019 年城市流动人口等级间差异的演变趋势

的差异程度下降速度最慢，降幅仅为1.03%，年均下降率仅为0.08%。综合来看，不同等级城市间流动人口存在明显的空间非均衡特征，且各等级间差异会随着时间推移呈现微弱下降态势。

（3）等级差异来源及贡献。

表2-18报告了2006~2019年城市流动人口等级差异来源及贡献。从差异程度看，考察期内等级间差异贡献率高于等级内差异和超变密度贡献率，其中，等级间差异贡献率的浮动范围在62.74%~72.97%，等级内差异贡献率的浮动范围在24.13%~31.57%，超变密度的贡献率均在5.69%以下，表明城市流动人口等级差异来源依次为等级间差异、等级内差异和超变密度，其中等级间差异是导致城市流动人口差异的主要来源。从演变趋势看，等级间差异总体上呈现微弱上升趋势，而等级内差异和超变密度均呈现微弱下降趋势。综合来看，等级间差异是中国城市流动人口总体差异的主要来源，且其贡献程度呈现微弱增强态势，而等级内差异和超变密度对总体差异的影响作用持续减弱。

表2-18　　　　2006~2019年城市流动人口等级差异来源及贡献

年份	等级内		等级间		超变密度	
	差异	贡献率（%）	差异	贡献率（%）	差异	贡献率（%）
2006	0.2644	31.57	0.5255	62.74	0.0477	5.69
2007	0.2406	28.51	0.5618	66.57	0.0415	4.92
2008	0.2391	28.72	0.5538	66.53	0.0395	4.75
2009	0.2163	26.06	0.5815	70.06	0.0322	3.88
2010	0.2003	24.13	0.6013	72.44	0.0285	3.43
2011	0.2017	24.54	0.5930	72.14	0.0273	3.32
2012	0.1977	24.29	0.5905	72.54	0.0258	3.17
2013	0.2051	25.40	0.5765	71.38	0.0260	3.22
2014	0.2070	25.83	0.5690	70.99	0.0255	3.18
2015	0.1948	24.41	0.5822	72.97	0.0209	2.62
2016	0.2009	25.24	0.5753	72.27	0.0198	2.49

续表

年份	等级内		等级间		超变密度	
	差异	贡献率（%）	差异	贡献率（%）	差异	贡献率（%）
2017	0.2035	25.82	0.5671	71.95	0.0176	2.23
2018	0.2105	26.89	0.5516	70.46	0.0207	2.64
2019	0.2281	29.15	0.5290	67.61	0.0253	3.23

4. 区域层面差异

（1）区域内差异。

图2-71报告了2006~2019年城市流动人口区域内差异的演变趋势。从差异程度看，考察期内不同区域城市的内部差异程度存在差异，其中东部城市流动人口的内部差异程度最大，其基尼系数均值为0.8075；中部、西部和东北城市的内部差异程度也较大，其基尼系数均值分别为0.7299、0.7136和0.7058。从演变趋势看，东部和西部城市流动人口的内部差异程度呈现下降趋势，降幅分别为6.34%和5.49%，年均下降率分别为0.50%和0.43%，而中部和东北城市流动人口的内部差异程度呈现上升趋势，增幅分别为0.78%和11.77%，年

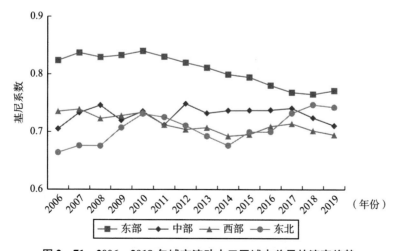

图2-71　2006~2019年城市流动人口区域内差异的演变趋势

均增长率分别为0.06%和0.86%。综合来看,各区域城市流动人口的空间非均衡特征明显,且东部和西部城市会随着时间推移呈现持续减弱态势,而中部和东北城市会随着时间推移呈现持续增强态势。

(2)区域间差异。

图2-72报告了2006~2019年城市流动人口区域间差异的演变趋势。从差异程度看,考察期内不同区域城市间差异程度较大,其中东部与中部城市、东部与西部城市、东部与东北城市的区域间差异程度较大,其基尼系数均值分别为0.8488、0.8359和0.8731;中部与西部城市、中部与东北城市、西部与东北城市的区域间差异程度较小,其基尼系数均值分别为0.7272、0.7358和0.7309。从演变趋势看,中部与东北、西部与东北城市流动人口差异程度均呈现上升趋势,增幅分别为6.23%和0.12%,年均增长率分别为0.47%和0.01%;其他区域城市间的差异程度均呈现下降趋势,其中东部与中部城市的下降速度最快,降幅为7.72%,年均下降率为0.62%,而中部和西部城市的下降速度最慢,降幅为3.19%,年均下降率为0.25%。综合来看,不同区域城市间流动人口存在明显的空间非均衡特征,且多数区域城市间的差异程度会随着时间推移呈现微弱下降态势。

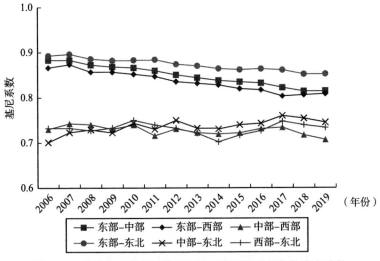

图2-72 2006~2019年城市流动人口区域间差异的演变趋势

（3）区域差异来源及贡献。

表 2-19 报告了 2006~2019 年城市流动人口区域差异来源及贡献。从差异程度看，考察期内区域间差异贡献率高于区域内差异和超变密度贡献率，其中，区域间差异贡献率的浮动范围在 43.62%~54.85%，区域内差异贡献率的浮动范围在 27.72%~28.43%，超变密度贡献率的浮动范围在 17.04%~28.66%，表明城市流动人口区域差异来源依次为区域间差异、区域内差异和超变密度，其中区域间差异是导致城市流动人口差异的主要来源。从演变趋势看，区域间差异和区域内差异总体上呈现微弱下降趋势，而超变密度呈现微弱上升趋势。综合来看，区域间差异是中国城市流动人口总体差异的主要来源，但其贡献程度呈现微弱减弱态势，而超变密度对总体差异的影响作用持续增强。

表 2-19　　　　2006~2019 年城市流动人口区域差异来源及贡献

年份	区域内		区域间		超变密度	
	差异	贡献率（%）	差异	贡献率（%）	差异	贡献率（%）
2006	0.2354	28.11	0.4594	54.85	0.1427	17.04
2007	0.2386	28.27	0.4436	52.57	0.1617	19.16
2008	0.2358	28.33	0.4252	51.08	0.1714	20.59
2009	0.2352	28.34	0.4184	50.41	0.1764	21.25
2010	0.2360	28.43	0.3919	47.21	0.2022	24.36
2011	0.2328	28.32	0.4024	48.96	0.1867	22.72
2012	0.2304	28.30	0.3687	45.29	0.2149	26.40
2013	0.2283	28.27	0.3735	46.25	0.2058	25.48
2014	0.2256	28.15	0.3784	47.21	0.1975	24.64
2015	0.2241	28.09	0.3641	45.64	0.2096	26.27
2016	0.2225	27.95	0.3688	46.33	0.2047	25.72
2017	0.2196	27.86	0.3455	43.83	0.2232	28.31
2018	0.2170	27.72	0.3415	43.62	0.2244	28.66
2019	0.2171	27.75	0.3417	43.68	0.2235	28.57

三、城市人口集聚的分布动态

上述 Dagum 基尼系数全面分析了中国城市人口集聚的相对空间差异，但无法分析其绝对差异的动态演进特征，因此，利用核密度估计方法分析全国整体及规模、等级、区域层面城市人口集聚的分布位置、形态、延展性和极化趋势等分布动态特征。

（一）城市人口规模的分布动态

1. 全国层面

根据图 2-73 报告的 2006~2019 年全国层面城市人口规模的分布动态，考察期内全国城市分布曲线的中心缓慢右移，表明城市人口规模呈现缓慢上升趋势；主峰呈现高度上升、宽度微弱变窄趋势，表明城市人口规模的绝对差异有微弱缩小趋势；呈现明显的右拖尾现象，且分布延展性呈微弱的"拓宽—收敛—拓宽"趋势，但总体上呈现拓宽趋势，表明人口规模较高城市与其他城市的绝对差异存在微弱扩大趋势；存在微弱的多极分化现象，且主峰峰值远高于侧峰峰值，表明全国城市间人口规模差异程度较大，且存在几个人口规模较高的城市，如上海、北京和广州等。

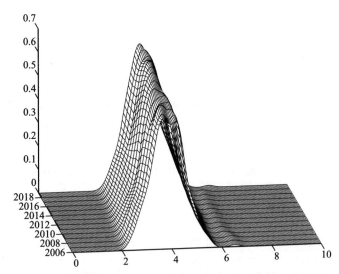

图 2-73　2006~2019 年全国层面城市人口规模的分布动态

2. 规模层面

根据图 2 –74 报告的 2006 ~ 2019 年规模层面城市人口规模的分布动态，考察期内各规模城市分布曲线的中心均呈现缓慢右移态势，表明各规模城市人口均呈现缓慢上升趋势。分布形态上，小城市、大城市和超大城市分布曲线的主峰高度经历了"上升—下降—上升"，主峰宽度经历了"变窄—变宽—变窄"；中等城市分布曲线的主峰高度呈现持续上升态势，而主峰宽度则呈现持续变窄态势；特大城市分布曲线的主峰高度经历了"下降—上升"，主峰宽度经历了"变宽—变窄"。总体来看，各规模城市均呈现主峰高度上升、宽度微弱变窄趋势，表明各规模城市内部人口的绝对差异有微弱缩小趋势。各规模城市的分布曲线均存在微弱的右拖尾现象，且分布延展性总体上呈现微弱拓宽趋势，表明各规模城市内部差异程度存在微弱扩大趋势。小城市、中

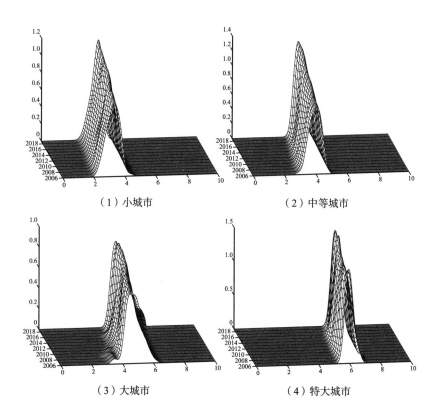

（1）小城市　　　　　　　　　　（2）中等城市

（3）大城市　　　　　　　　　　（4）特大城市

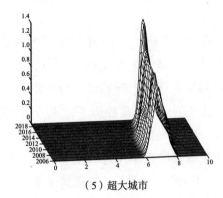

（5）超大城市

图 2 -74 2006～2019 年规模层面城市人口规模的分布动态

等城市和特大城市的分化现象不明显，表明这些规模城市内部的人口分布比较集中，差异程度较小；而大城市和超大城市存在微弱的两极分化现象，表明其内部城市人口存在一定的差异。

3. 等级层面

根据图 2 -75 报告的 2006～2019 年等级层面城市人口规模的分布动态，考察期内地级市分布曲线的中心经历了"右移—左移—右移"的演变过程，总体上表现为右移趋势；其他等级城市分布曲线的中心均呈现缓慢右移态势，表明各等级城市人口规模均呈现缓慢上升趋势。分布形态上，地级市、副省级城市和直辖市分布曲线的主峰高度经历了"上升—下降—上升"，主峰宽度经历了"变窄—变宽—变窄"；省会城市分布曲线的主峰高度经历了"下降—上升"，主峰宽度经历了"变宽—变窄"。总体来看，各等级城市均呈现主峰高度上升、宽度微弱变窄趋势，表明各等级城市内部人口规模的绝对差异有微弱缩小趋势。除直辖市外，其他等级城市的分布曲线均存在微弱的右拖尾现象，且分布延展性总体上呈现微弱拓宽趋势，表明这些等级城市内部差异程度存在微弱扩大趋势。各等级城市均存在微弱的两极或多级分化现象，且主峰峰值明显高于侧峰峰值，表明其内部城市人口规模存在一定的差异。

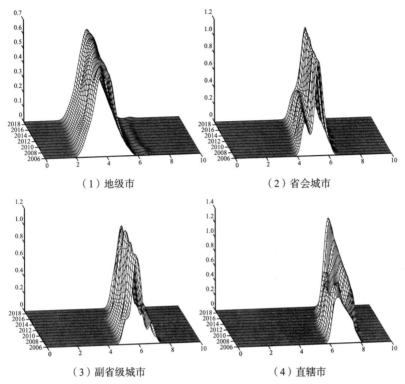

（1）地级市　　　　　　　　（2）省会城市

（3）副省级城市　　　　　　　（4）直辖市

图2-75　2006～2019年等级层面城市人口规模的分布动态

4. 区域层面

根据图2-76报告的2006～2019年区域层面城市人口规模的分布动态，考察期内东部城市分布曲线的中心经历了"左移—右移"的演变过程，总体上表现为右移趋势；东北城市分布曲线的中心经历了"右移—左移"的演变过程，总体上呈现微弱左移趋势；中部和西部城市分布曲线的中心呈现缓慢右移态势。表明东北城市人口规模呈现先上升后下降趋势，而其他区域城市人口规模均呈现缓慢上升趋势。分布形态上，东部城市分布曲线的主峰高度经历了"下降—上升"，主峰宽度经历了"变宽—变窄"；中部城市分布曲线的主峰高度呈现持续上升态势，而主峰宽度则呈现持续变窄态势；西部城市分布曲线的主峰高度呈现波动下降态势，而主峰宽度则呈现波动变宽态势；东北城市分布曲线的主峰高度呈现波动上升态势，而主峰宽度则呈现波动变窄态势。总体来看，东部、中部和东北城市均呈现主峰高度上升、宽度微弱变窄趋势，表明这些区域城市内部人口规模的绝对差异有微弱缩小趋势；而西部城市内部人口规模的绝对差异有微弱扩大趋势。各区域城市的分布曲线均存在明显的右拖尾现象，且分布延展性总体上呈现微弱拓宽趋势，表明这些区域城市内部差异程度存在微弱扩大趋势。各区域城市均存在多极分化现象，且主峰峰值明显高于侧峰峰值，表明各区域均存在几个人口集聚规模较高的城市，其人口规模远高于其他城市水平。

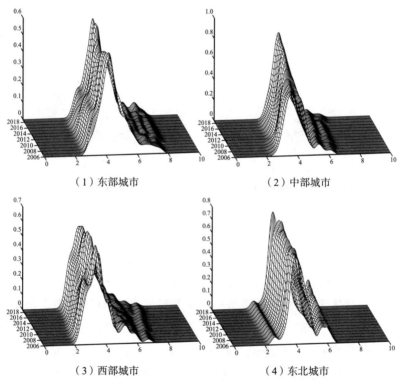

（1）东部城市　　　　　　　　　　　（2）中部城市

（3）西部城市　　　　　　　　　　　（4）东北城市

图 2 - 76　2006 ~ 2019 年区域层面城市人口规模的分布动态

（二）城市迁移人口的分布动态

1. 全国层面

根据图 2 - 77 报告的 2006 ~ 2019 年全国层面城市迁移人口的分布

动态，考察期内全国城市分布曲线的中心经历"左移—右移"，但总体上呈现右移趋势，表明城市迁移人口呈现上升趋势；主峰高度经历了"上升—下降"，主峰宽度经历了"变窄—变宽"，但总体上主峰呈现高度下降、宽度微弱变宽趋势，表明城市迁移人口的绝对差异有微弱扩大趋势；分布延展性呈现拓宽趋势，表明迁移人口较高城市与其他城市的绝对差异存在微弱扩大趋势；存在微弱的多极分化现象，且主峰峰值远高于侧峰峰值，表明全国城市间迁移人口差异程度较大。

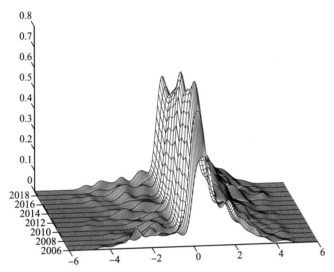

图 2 - 77　2006～2019 年全国层面城市迁移人口的分布动态

2. 规模层面

根据图 2 - 78 报告的 2006～2019 年规模层面城市迁移人口的分布动态，考察期内小城市分布曲线的中心经历"左移—右移"，但总体上呈现左移趋势；中等城市分布曲线的中心经历"左移—右移—左移"，但总体上呈现左移趋势；大城市分布曲线的中心经历"左移—右移"，但总体上呈现右移趋势；特大城市和超大城市分布曲线的中心均呈现缓慢右移态势。由此可见，小城市和中等城市迁移人口均呈现下降趋势，而其他等级城市迁移人口均呈现上升趋势。分布形态上，小城市、中等城市、大城市和特大城市分布曲线的主峰高度呈现波动上升态势，而主峰宽度则呈现波动变窄态势；超大城市分布曲线的特大城市分布曲线的主峰高度经历了"下降—上升"，主峰宽度经历了"变宽—变窄"，但总体呈现高度上升、宽度变窄趋势。总体来看，各规模城市内

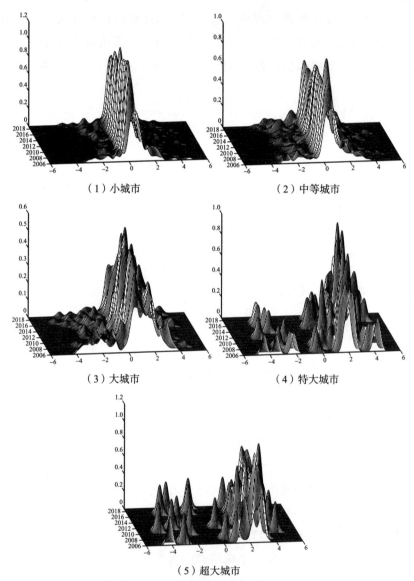

（1）小城市　　　　　　　　　　　（2）中等城市

（3）大城市　　　　　　　　　　　（4）特大城市

（5）超大城市

图 2－78　2006～2019 年规模层面城市迁移人口的分布动态

部迁移人口的绝对差异有微弱缩小趋势。各规模城市分布延展性总体上呈现微弱拓宽趋势，表明其城市内部差异程度存在微弱扩大趋势。各规模城市存在多极分化现象，表明其内部迁移人口存在一定的差异。

3. 等级层面

根据图 2 - 79 报告的 2006 ~ 2019 年等级层面城市迁移人口的分布动态，考察期内地级市分布曲线的中心经历"左移—右移"，但总体上呈现左移趋势，而其他等级城市分布曲线的中心呈现较强的波动性，但总体上呈现右移趋势，表明地级市迁移人口呈现下降趋势，而其他等级城市迁移人口均呈现上升趋势。分布形态上，地级市分布曲线的主峰高度经历了"上升—下降—上升"，主峰宽度经历了"变窄—变宽—变窄"；其他等级城市分布曲线的主峰高度与宽度均呈现较强波动性。

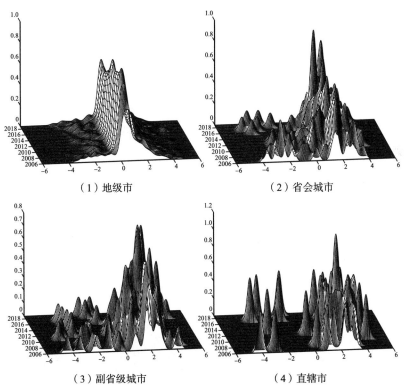

（1）地级市　　　　　　　　（2）省会城市

（3）副省级城市　　　　　　（4）直辖市

图 2 - 79　2006 ~ 2019 年等级层面城市迁移人口的分布动态

总体来看，各等级城市均呈现主峰高度上升、宽度微弱变窄趋势，表明其迁移人口的绝对差异存在缩小趋势。各等级城市分布曲线存在左拖尾现象，且分布延展性总体上呈现微弱拓宽趋势，表明各等级城市内部差异程度存在微弱扩大趋势。各等级城市均存在多极分化现象，且主峰峰值明显高于侧峰峰值，表明其内部城市迁移人口存在一定的差异。

4. 区域层面

根据图 2 - 80 报告的 2006 ~ 2019 年区域层面城市迁移人口的分布动态，考察期内东部、中部和东北城市分布曲线的中心经历了"左移—右移"的演变过程，总体上呈现微弱右移趋势，西部城市分布曲线的中心呈现缓慢右移态势。总体来看，各区域城市迁移人口均呈现上升趋势。分布形态上，东部城市分布曲线的主峰高度经历了"上升—下降"，主峰宽度经历了"变宽—变窄"，总体呈现高度上升、宽度变窄趋势；中部城市分布曲线的主峰高度经历了"上升—下降—上升—下降"，主峰宽度经历了"变窄—变宽—变窄—变宽"，总体呈现高度上升、宽度变窄趋势；西部城市分布曲线的主峰高度经历了"上升—下降—上升"，主峰宽度经历了"变窄—变宽—变窄"，总体呈现高度上升、宽度变窄趋势；东北城市分布曲线的主峰高度呈现波动上升态势，而主峰宽度则呈现波动变窄态势。总体来看，各区域城市均呈现主峰高度上升、宽度微弱变窄趋势，表明其内部迁移人口的绝对

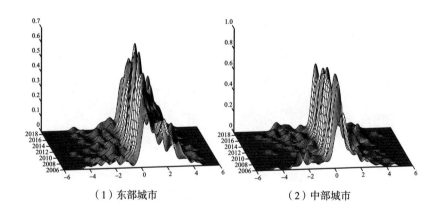

（1）东部城市　　　　　　　　　　（2）中部城市

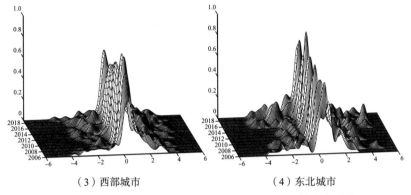

（3）西部城市　　　　　　　　（4）东北城市

图 2 − 80　2006 ～ 2019 年区域层面城市迁移人口的分布动态

差异有微弱缩小趋势。各区域城市的分布延展性总体上呈现微弱拓宽趋势，表明这些区域城市内部差异程度存在微弱扩大趋势。各区域城市均存在多极分化现象，且主峰峰值明显高于侧峰峰值，表明各区域均存在几个人口集聚规模较高的城市，其迁移人口远高于其他城市水平。

（三）城市流动人口的分布动态

1. 全国层面

根据图 2 − 81 报告的 2006 ～ 2019 年全国层面城市流动人口的分布动态，考察期内全国城市分布曲线的中心经历"右移—左移"，但总体上呈现右移趋势，表明城市流动人口呈现上升趋势；主峰呈现高度波动下降、宽度微弱变宽趋势，表明城市流动人口的绝对差异有扩大趋势；呈现明显的右拖尾现象，且分布延展性呈现拓宽趋势，表明流动人口较高城市与其他城市的绝对差异存在微弱扩大趋势；存在多极分化现象，且主峰峰值远高于侧峰峰值，表明全国城市间流动人口差异程度较大。

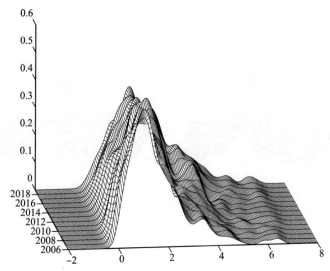

图 2 – 81 2006 ~ 2019 年全国层面城市流动人口的分布动态

2. 规模层面

根据图 2 – 82 报告的 2006 ~ 2019 年规模层面城市流动人口的分布动态，考察期内各规模城市分布曲线的中心均总体上呈现右移态势，表明各规模城市人口均呈现上升趋势。分布形态上，小城市和中等城市分布曲线的主峰高度呈现持续下降态势，而主峰宽度则呈现持续变宽态势，而其他城市分布曲线的主峰高度呈现持续上升态势，而主峰宽度则呈现持续变窄态势。总体来看，中小城市内部流动人口的绝对差异有扩大趋势，而其他规模城市内部流动人口的绝对差异有缩小趋势。中小城市的分布曲线均存在微弱的右拖尾现象，且分布延展性总体上呈现微弱拓宽趋势，表明其内部差异程度存在微弱扩大趋势。各规模城市均存在两极或多极分化现象，表明其内部城市人口存在一定的差异。

3. 等级层面

根据图 2 – 83 报告的 2006 ~ 2019 年等级层面城市流动人口的分布动态，考察期内各等级城市分布曲线的中心均呈现缓慢右移态势，表明各等级城市流动人口均呈现缓慢上升趋势。分布形态上，地级市分

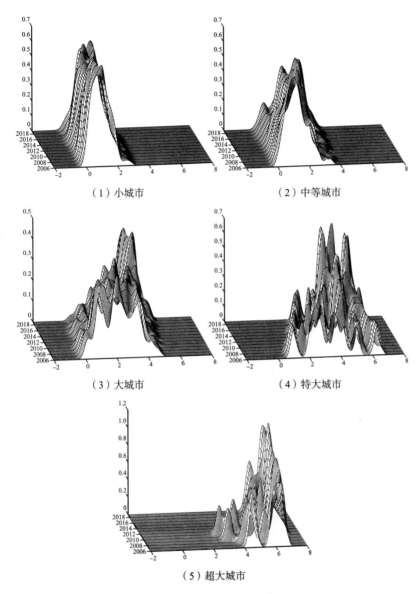

（1）小城市　　　　　　　　　　（2）中等城市

（3）大城市　　　　　　　　　　（4）特大城市

（5）超大城市

图 2 – 82　2006 ～ 2019 年规模层面城市流动人口的分布动态

布曲线的主峰高度持续下降，主峰宽度持续变宽；省会城市分布曲线
的主峰高度经历了"上升—下降—上升"，主峰宽度经历了"变窄—变
宽—变窄"；副省级城市的主峰高度经历了"下降—上升—下降—上

升"，主峰宽度经历了"变宽—变窄—变宽—变窄"；直辖市分布曲线的主峰高度经历了"下降—上升"，主峰宽度经历了"变宽—变窄"。总体来看，地级市和直辖市呈现主峰高度下降、宽度变宽趋势，表明其内部流动人口差异有扩大趋势；省会和副省级城市呈现主峰高度上升、宽度微弱变窄趋势，表明其内部流动人口的绝对差异有缩小趋势。地级市的分布曲线均存在微弱的右拖尾现象，且分布延展性总体上呈现微弱拓宽趋势，表明其内部差异程度存在微弱扩大趋势。各等级城市均存在多极分化现象，且主峰峰值明显高于侧峰峰值，表明其内部城市流动人口存在一定的差异。

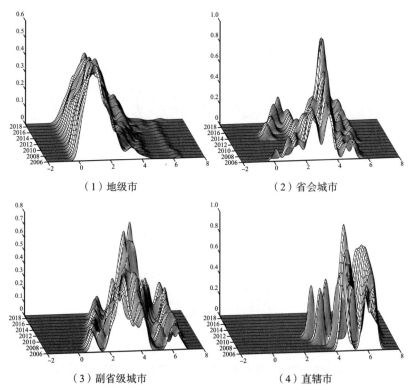

图 2-83　2006~2019 年等级层面城市流动人口的分布动态

4. 区域层面

根据图 2-84 报告的 2006~2019 年区域层面城市流动人口的分布

动态，考察期内各区域城市分布曲线的中心均呈现缓慢右移态势，表明其流动人口均呈现缓慢上升趋势。分布形态上，东部、中部和东北城市分布曲线的主峰高度呈现波动下降态势，而主峰宽度则呈现波动变宽态势；西部城市分布曲线的主峰高度经历了"下降—上升"，主峰宽度经历了"变宽—变窄"。总体来看，各区域城市均呈现主峰高度下降、宽度变宽趋势，表明其内部流动人口的绝对差异有微弱扩大趋势。各区域城市的分布曲线均存在明显的右拖尾现象，且分布延展性总体上呈现微弱拓宽趋势，表明这些区域城市内部差异程度存在微弱扩大趋势。各区域城市均存在多极分化现象，且主峰峰值明显高于侧峰峰值，表明各区域均存在几个人口集聚规模较高的城市，其流动人口远高于其他城市水平。

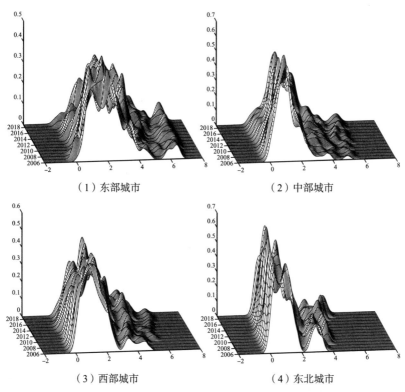

（1）东部城市　　　　　　　　　（2）中部城市

（3）西部城市　　　　　　　　　（4）东北城市

图2-84　2006~2019年区域层面城市流动人口的分布动态

第三章

户籍制度下城市差异化公共服务供给与人口空间集聚的理论分析框架

本章基于户籍制度、公共服务供给和人口集聚等相关理论，分析户籍制度、公共服务供给和人口空间集聚的相互影响，主要内容包括户籍制度对公共服务的影响、户籍制度对人口集聚的影响、公共服务供给对人口集聚的影响，以及户籍制度下公共服务供给对人口集聚的影响等。通过构建该理论分析框架，将户籍制度、公共服务和人口集聚纳入一个统一体系，探讨户籍制度下差异化公共服务供给对人口空间集聚的作用机理。

第一节　户籍制度对公共服务的影响

户籍管理制度作为中国一项基本的国家行政管理制度，本意是依法收集、确认、登记公民出生、死亡、亲属关系、法定地址等公民人口基本信息的法律制度，但后来逐渐发展成为限制人口自由流动和城市偏向性的社会福利制度，如就业安置制度、公费医疗制度、工伤保险制度、最低生活保障制度、养老保险制度、福利住房分配制度等。因此，户籍管理制度是造成流动人口在城市所面临的基础教育、医疗卫生、社会保障等方面的差别与歧视的制度基础。随着经济体制改革的推进和国家经济发展的需要，国家开始逐步推进户籍制度改革，以适应人口、产业和经济发展的需要，城市开始向外来人口开放部分公共服务，使得地方政府对本地户籍人口和外来人口提供差异化公共服务。

一、户籍制度下公共服务供给的城乡差异

1958 年，我国第一次明确将城乡居民分为"农业户口"和"非农业户口"。"非农业户口"，即城镇人口，只有城镇居民才享有在城市就业、居住、教育、社会保障、福利待遇等多方面的权益待遇；"农业户口"，即乡村人口，不享有城镇居民所拥有的各种权益待遇，而且在向城镇流动中存在一定的障碍。在城乡分割的二元经济体系下，城乡居民公共服务供给与其户籍所在地密切相关，公民的教育、医疗、住房、社保等社会福利均以户籍为依据。具体来看，城市的公共服务主要由政府财政供给，政府财政支出几乎囊括了城市地区所有教育、医疗、科技、文化等社会公共事业，此时城市的公共服务供给虽然处于较低水平，但是平均程度却很高，是一种自上而下的政府直接供给方式，体现了社会主义制度的优越性；而农村公共服务供给的主体是集体，如最初的农业合作社和人民公社等，其资金来源于集体经济经营的提留，用于农村教育、医疗、科技等农村公用事业的发展，此时农村的公共服务供给处于低水平状态。总体来看，城乡二元分割户籍管理制度时期，由于城乡居民拥有两种不同的社会身份，不同户籍人口享受着两种完全不同的社会福利待遇，使得城乡公共服务供给存在较大差异，城市居民所享受的公共服务供给水平和范围明显高于农村居民。

随着经济发展和改革开放的不断深入，人口流动成为市场经济体制的重要因素，对此国家开始改革原有的户籍管理制度。由于考虑社会秩序的稳定，国家并没有对原有的户籍管理制度进行彻底改革，只是根据经济发展需要进行了一些初步的调整，如自理口粮户口制度、暂住证制度、居民身份证制度和"农转非"政策的控制等，开始有条件地放宽进入城镇的户口，以适应人口流动和动态管理的需要。随着我国东南沿海地区经济高速发展，就业机会增多，农村劳动力跨地区流动的规模不断扩大，异地就业已成为解决农村剩余劳动力就业问题

的重要渠道。随着农业剩余劳动力转移和城市化速度加快，农村劳动力跨地区流动的规模还有进一步扩大的趋势。因此，在坚持就地转移的同时，完善劳动力市场机制，健全市场规则、秩序和相应的管理、服务、调控手段，使劳动力跨地区的流动有序化，从而消除"民工潮"的消极影响，与户籍相联系的一系列户籍权益逐渐调整而呈现出弱化的趋势，主要表现为：国务院宣布自 1993 年 1 月 1 日起在全国放开粮油价格，停止粮票流通，商品粮供应制度解体；城市非正规部门的劳动就业制度改革；农村家庭联产承包责任制实行，解除了土地对农民的行政性束缚。此时，城市政府为进一步为外来人口进城创造条件，还推出了一系列措施，如广东、浙江、山东、山西、河南等十多省先后实行的"当地有效城镇居民户口"政策，由于其户口簿印鉴为蓝色，故也称作"蓝印户口"。它是属于"当地需要、当地受益、当地负担、当地有效"的城镇居民户口。虽然拥有蓝印户口的人基本上可以享受当地正式城镇户口的利益，但要经过若干年后才能够转变为正式城镇户口。此时，大中城市也实行条件准入制度，在城市投资、兴办实业、购买商品房的公民，在城市有合法住所、合法稳定的职业或者生活来源，在符合一定条件下可以直接落户，城市开始进入以住房和职业（收入）为基本落户条件的条件准入制度阶段，其落户条件和门槛会随着户籍制度改革步伐逐渐降低。在此背景下，城市公共服务供给仍然以国家财政为主，且供给水平不断提升；而农村公共服务供给由集体逐渐转变为居民个人，尤其是在教育、医疗等方面，使得农村公共服务供给不足，且处于较低水平。此时的城乡公共服务供给存在较大差距，城乡不平衡成为公共服务供给的主要特征之一。

进入 21 世纪以后，户籍制度改革进入新的发展时期，政府开始逐渐消除户籍制度所带来的城乡差异，在户籍制度改革方面又采取了新的措施，如居住证制度、积分落户制度、城乡统一户口登记制度等。2014 年 7 月，国务院印发《关于进一步推进户籍制度改革的意见》（以下简称《意见》），明确了进一步推进户籍制度改革的指导思想、基本原则、发展目标、政策措施和实现路径，标志着进一步推进户籍制度改革开始进入全面实施阶段。该《意见》就进一步推进户籍制度改革提出 3 方面 11 条具体政策措施：一是进一步调整户口迁移政策，包括全面放开建制镇和小城市落户限制，有序放开中等城市落户限制，合理确定大城市落户条件，严格控制特大城市人口规模，有效解决户口迁移中的重点问题；二是创新人口管理，包括建立城乡统一的户口登记制度，建立居住证制度，健全人口信息管理制度；三是切实保障农业转移人口及其他常住人口合法权益，包括完善农村产权制度，扩大义务教育、就业服务、基本养老、基本医疗卫生、住房保障等城镇基本公共服务覆盖面，加强基本公共服务财力保障。这意味着户籍管理制度开始逐渐回归到人口登记管理职能，并要求稳步推进城镇基本公共服务常住人口全覆盖。随后 2016 年 1 月 1 日开始实施的《居住证暂行条例》明确指出"居住证是持证人在居住地居住、作为常住人口享受基本公共服务和便利、申请登记常住户口的证明；县级以上人民政府应当建立健全为居住证持有人提供基本公共服务和便利的机制。"这就意味着城市外来人口虽然不具有本地户籍，但却同样可以享受城市基本公共服务供给。

此外，中国开始逐渐由追求 GDP 增速转向更加重视民生事业发展，以满足人民日益增长的美好生活需要，其中基本公共服务就是保障民生的重要举措。随着居民对教育、医疗等基本公共服务需求的不断增长，城乡间供给不均等化现象逐渐显现。对此，党和政府高度重视，党的十七大报告中明确指出"缩小区域发展差距，必须注重实现基本公共服务均等化，引导生产要素跨区域合理流动……围绕推进基本公共服务均等化和主体功能区建设，完善公共财政体系"；党的十八大报告中明确指出"加快形成政府主导、覆盖城乡、可持续的基本公共服务体系……加快改革户籍制度，有序推进农业转移人口市民化，努力实现城镇基本公共服务常住人口全覆盖……加快完善城乡发展一体化体制机制，着力在城乡规划、基础设施、公共服务等方面推进一体化"；党的十九大报告中明确指出"完善公共服务体系，保障群众基本生活……加快推进基本公共服务均等化，缩小收入分配差距"。同时，国家"十一五"规划纲要明确指出"完善中央和省级政府的财政转移支付制度……逐步推进基本公共服务均等化……健全扶持机制，按照公共服务均等化原则，加大国家对欠发达地区的支持力度"；国家"十二五"规划纲要明确指出"推进基本公共服务均等化。把基本公共服务制度作为公共产品向全民提供，完善公共财政制度，提高政府保障能力，建立健全符合国情、比较完整、覆盖城乡、可持续的基本公共服务体系，逐步缩小城乡区域间人民生活水平和公共服务差距"；国家"十三五"规划纲要明确指出"统筹推进户籍制度改革和基本公共服务均等化……促进基本公共服务均等化：围绕标准化、均等化、法制化，加快健全国家基本公共服务制度，完善基本公共服务体系。建立国家基本公共服务清单，动态调整服务项目和标准，促进城乡区域间服务项目和标准有机衔接。合理增加中央和省级政府基本公共服务事权和支出责任。健全基层服务网络，加强资源整合，提高管理效率，推动服务项目、服务流程、审核监管公开透明"；国家"十四五"规划纲要明确指出"统筹推进户籍制度改革和城镇基本公共服务常住人口全覆盖……提高基本公共服务均等化水平……健全以居住证为载体、与居住年限等条件相挂钩的基本公共服务提供机制……推动城乡区域基本公共服务制度统一、质量水平有效衔接。围绕公共教育、就业创业、社会保险、医疗卫生、社会服务、住房保障、公共文化体育、优抚安置、残疾人服务等领域，建立健全基本公共服务标准体系，明确国家标准并建立动态调整机制，推动标准水平城乡区域间衔接平衡。按照常住人口规模和服务半径统筹基本公共服务设施布局和共建共享，促进基本公共服务资源向基层延伸、向农村覆盖、向边远地区和生活困难群众倾斜"。此外，《国家基本公共服务体系"十二五"规划》和《"十三五"推进基本公共服务均等化规划》等一系列会议精神和规划报告中均提出"推进城乡基本公共服务均等化"，其目的在于让城乡居民能够享受同等水平的基本公共服务，即让农村居民能够享受到与城镇居民同等待遇的公共服务。在中国城乡二元公共服务提供机制下，城市和农村在教育、医疗等基本公共服务供给方面存在较大差异，政府如何有效满足农村居民对基本公共服务的需求，优化配置城乡公共服务资源，着力解决基本公共服务的城乡非均衡发展问题，既是实现社会公平正义的基本要求，也是实现城乡统筹发展的重要路径，更是全面建成小康社会的必然要求。在此背景下，城乡公共服务供给的主体选择开始多样化趋势，城市政府在某些社会公共事业领域开始与社会资本共同合作；政府对农村公共服务供给的力度和水平也逐渐加强，使得城市基本公共服务供给差异开始呈现缩小趋势，但也依然不能否认现有城乡公共服务供给依然存在较大差异的现状。由此可见，在城乡二元户籍制度下，城乡公共服务供给存在较大差异，这就需要鼓励和引导城市优质公共服务资源向农村延伸，促进农村共享城市优质公共服务资源，真正实现城乡公共服务均等化。

二、户籍制度下城市差异化公共服务供给

改革开放前，由于城市公共服务供给主要由政府统一提供和配套，其内部公共服务供给比较平均，且户籍制度将城市居民与农村居民严格区分，公民城乡流动受到很大阻碍，使得城市内部公共服务供给差异较小。改革开放后，随着城市和农村经济体制逐步向市场经济转型，城市对外来人口的需求不断上升，使得农村人口不断向城市流动，但由于受到户籍管理制度的限制，外来流动人口一直被排斥在城市公共服务供给范围之外，不能真正享受城市户籍人口的社会福利。因此，在现有户籍管理制度下，地方政府的很多公共服务都是以户籍作为准入条件和财政分配依据，将非户籍常住人口排除在外，导致户籍人口和非户籍人口享受不同的公共服务，城市流动人口难以享受城市人口同等水平的公共服务水平。

在户籍制度改革初期，城市流动人口只能享受部分城市公共服务供给，如交通、环境等难以区分城市户籍特征的公共服务，而不能享受城市教育、医疗等只提供给户籍人口的公共服务。具体来看，在义务教育方面，其在城市的收益范围被限制在固定的区、街道甚至社区，使得城市"学区房"成为特殊的高价资产，而流动人口子女没有真正纳入城市义务教育范围，即使能够享受城市义务教育的部分流动人口子女，其就读学校的教学设备、师资水平等都相对较差；同时，许多城市的公办义务教育学校并未向外来流动人口开放，使得流动人口子女只能就读民办义务教育学校，得不到政府的扶持，也未纳入政府财

政预算,而民办学校只能靠收取学费维持,不仅会影响教学质量,也在一定程度上增加了流动人口负担。在公共卫生服务方面,流动人口难以平等享受城市公共卫生服务,如外来人口子女的计划免疫接种率普遍较低,外来人口疾病预防监测未完全覆盖,也未完全纳入城市计划生育服务体系,且在养老、医疗等社保方面的参与率较低,直接影响其未来健康水平。综合来看,流动人口游离于城市公共服务体系之外,只能部分享受公共服务供给,难以享受城市居民的各种福利待遇,使其难以真正融入城市中,不利于城市经济长期发展。

随着户籍制度改革进程加快,政府出台一系列措施保护城市流动人口的合法权益,如《国家基本公共服务体系"十二五"规划》中明确指出"加强流动人口计划生育服务管理,建立流动人口现居住地计划生育技术服务保障机制……以输入地政府管理为主,加快建立农民工等流动人口基本公共服务制度,逐步实现基本公共服务由户籍人口向常住人口扩展。结合户籍管理制度改革和完善农村土地管理制度,逐步将基本公共服务领域各项法律法规和政策与户口性质相脱离,保障符合条件的外来人口与本地居民平等享有基本公共服务。积极探索多种有效方式,对符合条件的农民工及其子女,分阶段、有重点地纳入居住地基本公共服务保障范围。"《"十三五"推进基本公共服务均等化规划》中明确指出"推动基本公共服务全覆盖……推进居住证制度覆盖全部未落户城镇常住人口,加大对农业转移人口市民化的财政支持力度并建立动态调整机制,保障居住证持有人在居住地享有教育、就业、卫生等领域的基本公共服务"。最终使得城市流动人口公共服务水平有很大提升,使其能够有机会平等地享受城市居民的公共服务。在此背景下,流动人口能够享受到文化、交通、环境、资源和通信等一般性公共服务,而难以真正享受教育、医疗等特殊性公共服务。具体来看,交通、文化、通信等一般性公共服务属于通常所说的"市政公共服务",与民生、经济和社会发展息息相关,其供给主体包括政府、事业单位、企业等多元化市场主体,在获得和享用方面基本不存在户籍限制,主要采取个人购买和直接付费等方式获得;环境、资源等一般性公共服务供给既是城市政府的重要职责也是没有显著性差别的公共服务，其供给主体主要是城市政府，其提供这些公共服务是其基本职能，是一种非常纯粹的公共服务产品；教育、医疗等特殊性公共服务也是涉及民生领域，与人民群众生活、生存和发展等方面息息相关，其供给主体主要是城市政府，但受益范围却主要是城市户籍人口，具有典型的地方性受益特征。在国家大力推进基本公共服务均等化过程中，部分特殊性公共服务也开始逐步向非户籍人口开放，如义务教育对流动人口全覆盖，根据2018年修订的《中华人民共和国义务教育法》，父母或者其他法定监护人在非户籍所在地工作或者居住的适龄儿童、少年，在其父母或者其他法定监护人工作或者居住地接受义务教育的，当地人民政府应当为其提供平等接受义务教育的条件；公共卫生也向流动人口开放，根据2009年中共中央、国务院发布的《关于深化医药卫生体制改革的意见》，建设覆盖城乡居民的基本医疗卫生制度，随后政府逐渐将居民健康档案管理、健康教育、预防接种、0～6岁儿童健康管理、孕产妇健康管理、老年人健康管理、慢性病患者健康管理、严重精神障碍患者管理、肺结核患者健康管理、中医药健康管理、传染病及突发公共卫生事件报告和处理、卫生计生监督协管、免费提供避孕药具、健康素养促进14项国家基本公共卫生服务项目向全体公民开放，包括城市或农村、户籍或非户籍的常住人口。但是不可否认的是，教育、医疗等特殊性公共服务依然具有明显的地方性受益特征，如流动人口子女在中考高考中会存在某些限制、流动人口在城市医疗救助等方面也存在限制，存在自我医疗比重偏高等问题。

综合来看，在户籍管理制度约束下，城市居民和流动人口享受的公共服务存在差异，城市居民能够完全享受城市政府提供的公共服务，而流动人口能够享受城市的一般性公共服务和部分特殊性公共服务。

第二节 户籍制度对人口集聚的影响

户籍是影响外来人口向城市集聚的重要因素，对人口迁移产生了直接的控制性影响，但户籍制度较高的城市往往也是经济发达、就业机会较多的城市，对人口流动也具有很强的促进作用。城市户籍门槛的设置将大量的外来人口排斥在城市公共服务范围外，使得外来人口在城市难以享有与城市居民相同的公共服务，进而阻碍人口向城市集聚。而城市户籍制度改革通过破除居民特殊身份状态和降低落户门槛，打破原有的城乡户籍壁垒和行政干预资源配置机制，促进外来人口向城市集聚，而城市准入门槛和落户条件的设置又反映出城市政府部门对户籍改革取向和进程的控制，仍然发挥着限制人口向城市集聚的作用。由此可见，户籍制度对人口集聚具有双向影响，既存在促进人口向城市集聚的正向影响，也存在阻碍人口向城市集聚的负向影响，其综合作用取决于人口向城市的转移方式（迁移或流动）和两者作用力的比较。

一、户籍制度限制人口向城市迁移

户籍制度是限制人口迁入城市的重要制度障碍和约束。改革开放前，城乡分割的二元户籍制度直接限制了人口向城市迁移。该时期国家根据经济建设发展需要采取计划迁移方式，如三线建设移民，国家为了进行内地和边疆经济建设的需要，从东部沿海各城市抽调大批城镇员工、技术管理人员和农村等前往内地和边疆地区，这是政府组织的计划支边人口引起的人口有规律的迁移，主要包括工业建设移民和垦荒移民，其中工业建设移民以城市间流动为主，流向上呈现由东向西、向北的趋势，而垦荒移民以农村间流动为主，流向上也基本呈现由东向西的趋势；知识青年"上山下乡"运动成为当时人口迁移的主要方式，知识青年在流向上呈现出城镇→农村→城镇（回流）的特点。此时国家采取的是限制城市人口规模发展的政策，如1962年12月8日，公安部发出《关于加强户口管理工作的意见》，要求"对农村迁往城市的，必须严格控制；城市迁往农村的，应一律准予落户，不要控制；城市之间必要的正常迁移，应当准许，但中、小城市迁往大城市的，特别是迁往北京、上海、天津、武汉、广州五大城市的，要适当控制"。这说明国家对农民进入城市，尤其是大城市实行严格控制。1964年8月14日，国务院批转公安部《关于处理户口迁移的规定（草案)》规定："从农村迁往城市、集镇，从集镇迁往城市的，要严加限制；从小城市迁往大城市，从其他城市迁往北京、上海两市的，要适当限制。"由此可见，该规定对农村人口进入城镇和从小城市进入大城市进行限制，而对反向移动不加任何限制，这一规定进一步关紧了农村人口进入城镇的大门，使城乡进一步相互隔离和封闭起来。最终结果造成中国城市化进程几乎停滞，甚至出现城市人口负增长的现象。

改革开放后，户籍制度改革的进程也在不断加快，城市开始逐步接受外来人口落户。在户籍制度改革初期，国家虽然采取了一些措施允许部分外来人口进城落户，但人口向城市迁移仍然存在较大的限制，如"农转非"政策。1977年11月1日国务院批转《公安部关于处理户口迁移的规定》（以下简称《规定》）的通知，提出处理户口迁移的原则为："从农村迁往市、镇（含矿区、林区等），由农业人口转为非农业人口，从其他市迁往北京、上海、天津三市的，要严加控制；从镇迁往市，从小市迁往大市，从一般农村迁往市郊、镇郊农村或国营农场、蔬菜队、经济作物区的，应适当控制。从市、镇迁往农村，从市迁往镇，从大市迁往小市的，以及同等市之间、镇之间、农村之间的迁移，理由正当的，应准予落户。"本《规定》也第一次系统地提出了"农转非"的概念，即由农业人口转为非农业人口，户口由农业户口转为非农业户口，也第一次系统地提出了"农转非"的具体政策。为更好贯彻该《规定》，公安部具体规定了"农转非"的控制指标，即每年从农村迁入市镇和转为非农业人口的职工家属人数不得超过现有非农业人口的1.5‰。从此中国确立了对"农转非"实行政策和指标控制的双重控制管理体制。1979年6月26日，国务院批转了公安部、粮食部《关于严格控制农业人口转为非农业人口的意见的报告》，要求各地各级公安机关要切实加强对农业人口迁入城镇的控制工作，粮食部门要坚决制止不按政策规定把集体所有制单位的农业人口就地转为非农业人口，凡不符合城镇入户条件或者不应转为非农业人口的，要做好思想教育工作，限期把户口、粮食关系退回去。由于缺乏统一规划与宏观管理，不少地区对"农转非"政策控制不严，造成"农转非"人数增长过快，超过了财政、粮食、就业以及城市基础设施等方面的承受能力。因此，1989 年 10 月 31 日国务院发出《关于严格控制"农转非"过快增长的通知》。随后为了加强对"农转非"政策的宏观管理，改变政出多门、把关不严的状况，1990 年 7 月 15 日国务院办公厅又转发国家计委、公安部、商业部《关于"农转非"政策管理工作分工意见报告的通知》。在"农转非"政策施行下，虽然部分农村人口可以进入城市，但是国家对此实行严格控制，阻碍了农村人口进城落户。

同时，国家也开始了小城镇户籍制度改革步伐。根据党的十四届三中全会确定的关于逐步改革小城镇户籍管理制度，以促进农村剩余劳动力就近、有序地向小城镇转移，促进小城镇和农村的全面发展，维护社会稳定。1997 年 6 月 10 日国务院下发了《国务院批转公安部小城镇户籍管理制度改革试点方案和关于完善农村户籍管理制度意见的通知》，提出"允许农民进入小城镇务工经商、发展农村第三产业，促进农村剩余劳动力转移的精神，应当适时进行户籍管理制度改革，允许已经在小城镇就业、居住并符合一定条件的农村人口在小城镇办理城镇常住户口；同时，继续严格控制大中城市特别是北京、天津、上海等特大城市人口的机械增长"。小城镇户籍制度改革试点方案的实施较大地改变了中国长期实行的城乡分割的户籍制度，开始有条件放开小城镇户口，放宽了农村人口进入小城镇的障碍。但是，从实际效果来看，由于经济发展状况、农村人口经济实力有限和非农就业困难等原因，该通知的实施并没有对农村人口进入小城镇起到太大的作用，农村人口进城仍然存在较大障碍。

此外，20 世纪 80 年代，中央明确提出"控制大城市规模、合理发展中等城市、积极发展小城市"的城市发展方针，对大中城市人口实行严格控制，随着户籍制度改革进程的推进，大中城市仍然实行较严格的条件准入制度，但其约束门槛也开始逐渐放松。如 1998 年 7 月 22 日国务院下发了《国务院批转公安部关于解决当前户口管理工作中几个突出问题的意见》，规定："在城市投资、兴办实业、购买商品房的公民及随其共同居住的直系亲属，凡在城市有合法住所、合法稳定的职业或者生活来源，已居住一定年限并符合当地政府有关规定的，可准予在该城市落户。……北京、上海等全国特大城市、大城市人民政府对于到当地落户的，应当在制定具体政策时加以严格控制。"该文件只提出对特大城市和大城市要限制落户，而不再提中等城市限制落户的问题。从此，中等城市开始进入以住房和职业（收入）为基本落户条件的条件准入制度阶段。2006 年 3 月 27 日国务院发布《关于解决农民工问题的若干意见》，提出："深化户籍管理制度改革。逐步地、有条件地解决长期在城市就业和居住农民工的户籍问题；大城市要积极稳妥地解决符合条件的农民工户籍问题，对农民工中的劳动模范、先进工作者和高级技工、技师以及其他有突出贡献者，应优先准予落户。"2010 年 5 月 27 日国务院同意发展改革委《关于 2010 年深化经济体制改革重点工作的意见》，明确指出："深化户籍制度改革，加快落实放宽中小城市、小城镇特别是县城和中心镇落户条件的政策；进一步完善暂住人口登记制度，逐步在全国范围内实行居住证制度。"

随着户籍制度改革进程加快，城市开始通过降低落户门槛来选择性吸引城市发展需要的人才落户，既为城市发展提供人才、资金等要素资源，又为城市减轻负担，如"三投靠"政策，即子女投靠父母、父母投靠子女、夫妻双方相互投靠等；人才引进政策，即针对城市发展需要引进专业技术人才、管理人才和高学历人才等；资金引进政策，如将投资资产额、纳税额和经营资质等作为落户依据；买房落户政策，即通过购买城市商品房将户口迁移到当地，享受本地户口的待遇，但不同城市对买房金额、面积等会有不同规定；固定收入落户政策，即将"具有合法固定住所、稳定职业或生活来源"作为基本落户条件。这些户籍制度改革措施都对人口向城市迁移具有明显促进作用，但同时也为城市经济发展提供了大量的优质人才和资金储备，有利于促进城市高质量发展。

总体来看，城市户籍制度是限制人口迁入的重要制度障碍和约束，直接将外来人口排斥在城市福利和公共服务范围外，使其不能获得城镇户口，造成中国城镇化进程不彻底，出现半城镇化特征。从城市行政等级来看，由于中国城市间行政地位的不平等，导致资本、技术和优惠政策等均向行政等级高的城市集中，因此，与地级市相比，直辖市、副省级城市和省会城市等行政级别较高的城市（统称为"高等级城市"），其户口含金量和户籍制度较高，人口迁入的难度也较大。从城市规模来看，规模越大的大城市户籍所附带的社会福利较多，公共教育、医疗、社保等资源较好，因此城市政府部门所设置的准入门槛和落户条件较高，不利于外来人口的迁入；而规模较小的中小城市由于准入门槛和落户条件相对较低，有利于吸引外来人口的迁入。

二、户籍制度放松促进人口向城市流动

在城乡分割的二元经济结构体制下，农村人口主要在农村生产生活，难以进入城市，此时城乡二元户籍管理制度不仅限制人口向城市迁移，也在一定程度上限制人口流动。20 世纪 80 年代中期以来，中国城市和乡村的经济体制逐步向市场经济转轨，农村劳动力向城市非农业产业转移的禁锢被打破，在市场利益的驱动下，大量农村劳动力开始进入城市部门实现非农就业，在劳动力流动中形成了以农民工为主体的流动大军，即所谓的"民工潮"现象。"民工潮"的构成主体包括两部分：一是大量的非户籍迁移人口，即所谓的"流动人口"，在流入地居住 1 年及 1 年以上；二是常住流动人口，即在流入地居住半年以上、1 年以下。由此可见，"民工潮"主要是指农村劳动力自发从农村流入城市，是农村户籍地常住流动人口和农村户籍地非户籍迁移人口所形成的乡城流动浪潮，这与城乡二元经济结构、城乡收入差距和产业结构调整等紧密相关。具体来看，由于家庭联产承包责任制的全面推行，农民的生产积极性和劳动热情得到空前提高，使得农业劳动生产率迅速提高，农村剩余劳动力现象逐渐显现，农民开始就地寻找非农产业发展和非农就业的机会。同时，国营企业改革相对滞后，使得生活消费品和部分生产资料供应短缺，难以满足社会总需求，为农村非农产业发展提供了良好的市场机遇。在此背景下，乡镇企业开始异军突起，成为中国经济发展中的一支重要生力军，为农村剩余劳动力开辟了新的就业空间。同时，在城乡二元经济结构体制下，中国形成了较大的城乡收入差距，在工农产品交换中存在着非常严重的"剪刀差"。城乡之间、工农之间收入分配不公，剪刀差长期存在。与城市二三产业相比，农业生产的比较利益均偏低，当农民意识到这一点时

就会产生强烈的离农倾向。与此相对应，随着沿海经济发达地区和城市经济发展水平的提高和劳动力报酬的相应提高，农村与城市之间、欠发达地区与发达地区之间的收益差距日益扩大，且城市第三产业发展也产生了大量劳动力的需求，城市对农村劳动力形成了强大的拉力。而且东部沿海发达地区的企业对劳动力的需求不断扩大，在一些苦、脏、累、险行业和收入偏低的岗位上存在结构性就业缺失，这也为农村人口进城创造了条件。在此背景下，当国家逐步放开限制农村人口流动的相关政策后，开始出现大量的农村劳动力进入城市进行非农就业，形成了大量的流动人口。从"民工潮"的特征来看，其流动规模（人数）庞大，而且出现的时间较集中并呈螺旋和波动式上升趋势；流向上主要是从社会生产力发展比较落后和经济较贫困的地区流向经济发达的地区，区域流向上主要是由中西部地区流向东南部沿海地区。从流入城市特征来看，主要是流入经济发达的东部沿海城市，而这些城市往往也是城市等级较高、城市规模较大和户籍制度较严格的城市。

随着农业剩余劳动力转移和城市化速度加快，农村劳动力跨地区流动的规模还有进一步扩大的趋势。因此，在坚持就地转移的同时，完善劳动力市场机制，健全市场规则、秩序和相应的管理、服务、调控手段，使劳动力跨地区的流动有序化，从而消除"民工潮"的消极影响，为农村劳动力异地就业开拓正常渠道，已成为当前面临的紧迫任务。1993年11月3日劳动部《关于印发〈再就业工程〉和〈农村劳动力跨地区流动有序化——"城乡协调就业计划"第一期工程（1993.10～1996.12）〉的通知》，要求在全国形成与市场经济相适应的劳动力跨地区流动的基本制度、市场信息系统和服务网络，使农村劳动力流动规模较大的主要输入、输出地区实现农村劳动力流动有序化。1994年11月17日，劳动部颁布《农村劳动力跨省流动就业管理暂行规定》，其基本出发点在于在优先满足当地劳动力就业需求的基础上，限制用人单位使用外地农村劳动力。1995年5月9日劳动部下发《关于抓紧落实流动就业凭证管理制度的通知》，要求尽快在全国范围内建立和完善统一的流动就业凭证管理制度。2003年1月5日国务院办公厅下发《关于做好农民进城务工就业管理和服务工作的通知》，要求进一步提高对做好农民进城务工就业管理和服务工作的认识、取消对农民进城务工就业的不合理限制、切实解决拖欠和克扣农民工工资问题、改善农民工的生产生活条件、做好农民工培训工作、多渠道安排农民工子女就学、加强对农民工的管理等，通过多项措施来为进城务工人员做好各项服务工作。2004 年 12 月 27 日国务院办公厅下发《关于进一步做好改善农民进城就业环境工作的通知》，要求进一步做好促进农民进城就业的管理和服务工作、切实维护农民进城就业的合法权益、进一步健全完善劳动力市场，以进一步改善农民进城就业环境，维护农民工合法权益。由此可见，城市也为外来流动人口就业提供了多项措施和保障，以更好地为他们在城市生产和生活服务，这也在一定程度上促进了人口向城市流动。

2014 年是中国进一步推进户籍制度全面改革的重要节点，同时也是《国家新型城镇化规划（2014～2020 年)》的起点，自此中国进入新型城镇化发展阶段，也直接影响城市流动人口的生产和生活。根据该规划，中国特色新型城镇化道路应该以人的城镇化为核心，合理引导人口流动，有序推进农业转移人口市民化；以城市群为主体形态，推动大中小城市和小城镇协调发展，尤其是优化提升东部地区的京津冀、长江三角洲和珠江三角洲城市群，加快培育中西部地区的成渝、中原、长江中游、哈长等城市群。在此背景下，人口向城市流动已经成为经济发展和城镇化进程的普遍规律，其通过人口空间分布格局和城市层面的规模经济，成为我国经济高速增长和城镇化进程的一个重要推动力量。从流动人口空间分布格局来看，中国流动人口的主要承接地和汇聚地是人口密度大于等于 1500 人/平方公里的城市实体地域（江曼琦、席强敏，2015），其中（超）特大城市和大城市仍是人口流动的集中地，城市流动人口绝对规模较高的城市呈现在东南部城市群地区高度集聚分布的特征（刘敏，2019）。根据《中国流动人口发展报告 2018》，以珠三角、长三角、京津冀、长江中游和成渝城市群为代表的五大城市群仍将是未来流动人口的主要聚集地。

中心城市作为城市群中的高等级城市，其经济发展水平、就业机会、工资收入和公共服务供给等均对人口流动具有较强的吸引力，这说明以中心城市为龙头的城市群代表了人口流动的基本趋势，是引领高质量发展的主要空间载体。"十三五"规划中"加快城市群建设发展、增强中心城市辐射带动功能"、党的十九大报告提出的"以城市群为主体构建大中小城市和小城镇协调发展的城镇格局"和中央财经委员会第五次会议提出的"增强中心城市和城市群等经济发展优势区域的经济和人口承载能力"等论述也进一步明确了城市群和中心城市在人口流动方面的优势。中心城市具有较强的行政调动资源能力，对人口和要素聚集具有较强的吸引力，且人口承载力会随着城市规模效益的提高而增加，从而对周围城市产生空间竞争效应（即虹吸效应）；随着人口和产业流动的增强，中心城市也会对周围城市产生示范和共享效应，促进周围城市人口流动和经济发展，即空间辐射效应。从城市群发展阶段来看，在初始阶段，发展中心城市是主要任务，当要素和人口向中心城市流动时，随着中心城市规模效益的增加，承载人口的能力也会提高，根据新经济地理学的"中心—外围"理论，初期中心城市的人口流动力大于扩散力，此时中心城市人口规模对周围城市主要存在空间竞争效应；在中期阶段，随着中心城市人口规模不断增加，产业越流动，基础设施的运营收益会越好，而公共服务社会效益也越明显，中心城市人口流动仍然存在空间竞争效应，同时由于中心城市开始对周围城市形成示范效应和辐射效应，工业外溢和郊区化现象明显，使得周围城市人口规模水平也随之增加，这时会出现空间竞争效应和辐射效应并存的局面；在后期阶段，当中心城市的人口和要素流动到一定规模后，由于市场拥挤效应的出现，中心城市人口扩散力大于流动力，尤其是随着工业外溢和居住郊区化逐渐增强，外围中小城市和小城镇人口流动能力也会不断增强，从而使得中心城市流动对周围城市主要存在空间辐射效应。此外，中心城市对周围城市人口增长还会受到距离影响，通常情况下，距离较近的城市可以较容易获得中心城市的优势资源而带动人口增长，但同时中心城市自身的人口流动能力也会对其产生空间竞争效应。因而，中心城市人口规模对周围城市空间效应的具体效果取决于空间竞争与辐射效应的权衡结果。

由此可见，户籍制度不仅未限制人口向城市流动，反而促进城市流动人口增长，这表明户籍制度不能有效限制人口流动，且户籍制度较高的城市往往也是流动人口较高的城市。随着户籍制度改革的不断深入，现有户籍制度逐步放松，会促进人口向城市大规模流动。

第三节　公共服务供给对人口集聚的影响

公共服务供给有利于促进人口向城市集聚。良好的公共服务，包括充裕的公共教育资源、健康的劳动就业市场、完善的社会保障体系、先进的医疗卫生设施、有效的公共设施供给、发达的交通通信手段、完备的文化体育设施、较好的自然环境质量等会直接促进人口向城市集聚。

一、公共服务促进人口向城市迁移

公共服务是各级政府为满足社会公众需求，通过利用各种公共资源为全体公民直接或间接提供的物品或服务，具有公平性、平等性和普遍性等特征。从居民需求来看，教育、医疗、社保等基本公共服务供给应该是对全体公民实现无差异化供给，但是由于户籍制度、地方政府财政保障等因素的存在，中国城乡或城市间的公共服务差异存在较大差异，户籍制度的设置将大量的外来人口排斥在城市社会福利和公共服务范围外，使得大量在城镇居住和就业的外来人口因为无法获得城镇户口，而不能与户籍人口享受均等的城市社会福利和公共服务，因而促使人口为了享受更好的公共服务而发生迁移。因此，充分认识到公共服务在人口向城市迁移决策中的作用，对推动城市新型城镇化建设和城市人口增长具有重要意义。

中国城市与农村的公共服务水平存在很大差异，促使农村人口为了享受城市更好的公共服务水平而向城市迁移。中国不同行政等级和规模城市间的公共服务供给也会存在较大的差异，进而促使人口从地级市向副省级城市、省会城市或直辖市迁移，或是从中小城市向大城市。下面具体从义务教育、医疗卫生和基础设施建设等方面进行详细分析。

在义务教育方面，义务教育基础设施建设在城乡或城市间存在明显差异，如校园、操场等硬件设施方面，城市学校明显好于农村学校，高等级城市明显高于低等级城市，大城市投入明显高于中小城市。教学手段方面，多媒体教学在城市，尤其是高等级城市或大城市已经基本实现，而在大多数农村学校仍然停留在传统教学方面，使得城乡或城市间教育软件设施也存在较大差异。师资方面，教育师资配备差异明显，尽管城乡或城市间学校的师生比差异不大，但是在教师学历水平、教学质量等整体素质方面却存在较大的差异。一般来说，学历和教学水平较高的教师越倾向于城市就业，尤其是高等级城市或大城市学校对教学能力越高的教师具有更强的吸引力。根据 2019 年《中国教育统计年鉴》，本科及以上学历毕业的小学专任教师中在城区、镇区和乡村的比例分别为 76.65%、59.47% 和 49.65%；本科及以上学历毕业的初中专任教师中在城区、镇区和乡村的比例分别为 93.08%、84.78% 和 81.58%。由此可见，考虑到城乡或城市间教育差异的存在，且城市教育资源主要面向本地户籍人口，因而会促使一部分人为了让子女能够接受更好的教育而向城市迁移。

在医疗卫生方面，城乡或城市间的医疗卫生资源分配极其不均衡。从卫生服务人员的配备来看，医疗卫生人员在城乡间的总体差异不明显，但其卫生技术人员存在一定的差异。根据《中国卫生健康统计年鉴》，2019 年城市卫生人员数为农民卫生人员数的 1.07 倍，其中，卫生技术人员的城乡比为 1.20，尤其是执业医师的比重高达 1.46。此外，通过比较社区卫生服务中心、乡镇卫生院和村卫生室人员的学历水平，大学本科及以上学历执业（助理）医师的比重分别为 51.4%、24.1% 和 2.9%。从卫生医疗机构的床位数来看，城乡总体床位数基本相同，但是中西医结合医院、专科医院和护理院等却存在明显的差异。根据《中国卫生健康统计年鉴》，2019 年的城乡比重分别为 3.29、2.58 和 3.60。虽然城乡医疗机构的床位数差别不大，但是农村或小城市医疗机构由于设备设施、技术人员和治疗水平等方面均与大城市存在较大的差别，一般农村或小城市居民遇到大病还是需要到城市治疗，尤其是向大城市转移治疗，使得农村或小城市医疗机构的床位利用率较低，而大城市医院的床位经常出现"一床难求"的局面,这也间接反映了城乡或城市间医疗卫生水平的差异程度。从医疗费用来看,城乡卫生费用存在较大差异,根据《中国卫生健康统计年鉴》,城市卫生医疗费用由 1990 年的 396 元增加至 2016 年的 35458 元,而农村卫生医疗费用由 1990 年的 351 元增加至 2016 年的 10887 元,城乡卫生医疗费用的比值由 1990 年的 1.13 增加至 2016 年的 3.16。

在基础设施方面,城乡或城市间均存在较大的差异,如基础设施建设的资金分配不均衡,长期存在重视城市而忽视农村的现象,随着脱贫攻坚和新农村建设的开展,农村的基础设施投入不断增长,但是与城市基础设施建设仍存在较大的差距,这与城乡基础设施布局和使用效率等因素息息相关。相对于城市而言,农村基础设施的布局比较分散,利用率相对较低,难以形成一体化的基础设施建设,也难以达到城市基础设施的便利性和高效性,使得城乡差异明显。此外,城市间基础设施建设也存在较大差异,如在市政基础设施建设中,根据《中国城乡建设统计年鉴》,2019 年城市市政基础设施建设固定资产投资为 20126 亿元,而县城的市政基础设施建设固定资产投资仅为 3077 亿元,这都不利于小城市长期的发展。

由此可见,由于城乡或城市间公共服务供给存在较大的差异,尤其体现在教育和医疗等特殊性公共服务供给方面,这就为人口向城市迁移提供了强大的动力。综合来看,良好的公共服务供给有利于吸引外来人口的迁入;同时,由于城市公共服务供给直接决定了居民的生活质量和发展前景,能为居民提供更好的生活保障和稳定预期,因而良好的城市公共服务供给还会更有效地吸引高素质人口的迁入。城市公共服务对人口迁移的影响因城市等级和规模不同而存在差异。相对于地级市或中小城市,高等级城市或大城市,因其拥有丰富而优质的公共服务,而对外来人口具有更强的吸引力。由此可见,城市公共服务是吸引人口向城市迁移的重要因素,且高等级城市或大城市由于较好的公共服务而更有利于吸引人口的迁入。考虑地方政府以户籍为标尺提供差异化公共服务的特性,一般性公共服务对户籍人口和非户籍人口的影响差距不大,其对人口迁移的影响作用相对有限,而特殊性公共服务由于实行户籍差别化供给策略，因而其对人口迁移的影响作用尤为显著。由此说明，不同类型公共服务对人口迁移的影响会存在差异，特殊性公共服务的影响效应相对较大。

二、公共服务促进人口向城市流动

流动人口的出现是中国城镇化进程中的重要特征，推动了地区经济发展和要素区域流动。中国流动人口呈现出规模庞大和快速增长的特点，在总人口中所占的比重也保持持续增长的态势。从空间分布看，流动人口的地理分布呈现明显的空间非均衡特征，区域层面表现为向东部沿海地区集聚，城市群层面表现为向长三角、珠三角和京津冀等三大城市群集聚。从流向上看，城乡层面上表现为从农村向城市流动，城市间层面上表现为从中小城市向大城市，尤其是特大城市和超大城市流动。影响流动人口向城市的集中的因素很多，如城市规模、经济发展水平、工资收入水平和就业机会等，而且流动人口往往倾向于流入城市规模较大、经济发展水平较高、工资收入水平较高和就业机会较好的城市。此外，城市公共服务对人口流动也具有一定的影响，是吸纳外来人口的重要优势。公共服务是人居城市的重要内容，能够显著提升居民生活质量。流动人口往往倾向于流向公共服务质量高的城市，一个拥有良好的公共服务质量的城市，包括充裕的公共教育资源、完备的文化服务设施、先进的医疗卫生设施、发达的交通通信手段和健康的自然环境质量等，均会促进人口向城市的流动，增加城市流动人口的数量。此外，由于城市公共服务质量直接决定了居民的生活质量和发展前景，能为流动人口提供更好的生活保障和稳定预期，因而良好的城市公共服务质量还会更有效地吸引高素质的流动人口进入城市。

城乡或城市间公共服务供给差异也是促进人口向城市流动的重要因素之一。农村或中小城市公共服务供给缺失或不足是人口流出的"推力"，而大城市、高等级城市或东部城市的公共服务供给质量是人口流入的重要"拉力"。在经济发展水平、就业等因素既定的情况下，拥有较高公共服务质量的城市对人口具有较强的吸引力，是人口流动自然选择的结果。从城乡人口流动来看，随着农村经济发展水平逐步提升，农村人口对公共服务的需求也在不断提升，但是由于我国长期采取城市偏向性发展战略，城市的公共服务供给水平远远高于农村地区，如在教育、医疗、社保、基础设施等方面。因而，为了缩小城乡公共服务供给差异和提高自身及家庭社会福利的最大化，越来越多的农村人口会选择从农村流向城市，进而享受城市的高水平公共服务。从城市间人口流动来看，城市间经济发展、产业结构、政府财政规模等存在较大差异，直接影响城市的公共服务供给水平。由于不同特征城市所供给的公共服务质量存在差异，进而对人口流动的影响也会存在差异。从城市规模层面来看，规模较大的城市，尤其是特大城市，因为其拥有丰富而优质的公共服务，也形成了大量流动人口集中的态势。从城市等级来看，高等级城市拥有较高的公共服务质量，对外来人口具有较强的吸引力，自然比低等级城市更能吸引人口流入。从区域层面来看，相对于中西部地区城市，东部地区城市由于公共服务质量较高，有利于吸引大量流动人口的进入，而中西部地区城市在公共服务质量某种类型方面可能会具有一定的比较优势，如在环境服务质量和文化服务质量方面，进而对流动人口也具有一定的吸引力。这充分说明城市公共服务质量对人口流动的影响存在规模、等级和区域差异，且规模较大、等级越高或东部地区的城市由于存在高质量的公共服务而对流动人口具有更强的吸引力。由此可见，人口流向与公共服务供给存在密切联系，一般来说，拥有较高公共服务水平的城市也是人口流入的主要城市，而拥有较低公共服务水平的农村或城市是人口流出的主要地区。由此可见，城市公共服务供给对城市流动人口规模增长具有显著的促进作用，是人口流动中"用脚投票"机制的重要考量。如何有效衡量城市公共服务对城市人口流动的影响，对有效管理城市流动人口和推动城镇化发展具有重要的现实意义。

从公共服务供给类型来看，文化、交通、环境、资源和通信等一般性公共服务供给不具有排他性，是不以户籍身份来区分的公共服务供给，流动人口可以不受限制或约束而享受这些公共服务，因而对流动人口具有较强的吸引力。而教育、医疗等特殊性公共服务供给却是以户籍身份来区分的，城市户籍人口与非户籍人口在享受这些公共服务中存在较大差异。随着户籍制度改革不断推进，城市公共服务改革也逐步进行，使得部分特殊性公共服务也开始向非户籍人口开放，进而对人口流动也产生了较大的吸引力。如城市流动人口子女可以享有免费九年义务教育、免费中等职业教育和就读普通高中等教育服务，流动人口还可以享受职工基本养老保险和基本医疗保险、基本医疗卫生服务等。随着流动人口规模逐渐增加，政府也出台系列文件不断提升流动公共服务供给水平，如2014年9月国务院发布《关于进一步做好为农民工服务工作的意见》，明确要求保障农民工随迁子女平等接受教育的权利。如输入地政府要将符合规定条件的农民工随迁子女教育纳入教育发展规划，合理规划学校布局，科学核定公办学校教师编制，加大公办学校教育经费投入，保障农民工随迁子女平等接受义务教育权利；各地要进一步完善和落实好符合条件的农民工随迁子女接受义务教育后在输入地参加中考、高考的政策。同时，也加强农民工医疗卫生和计划生育服务工作。如继续实施国家免疫规划，保障农民工适龄随迁子女平等享受预防接种服务；加强农民工聚居地的疾病监测、疫情处置和突发公共卫生事件应对，强化农民工健康教育、妇幼健康和精神卫生工作；加强农民工艾滋病、结核病、血吸虫病等重大疾病防治工作，落实"四免一关怀"等相关政策；完善社区卫生计生服务网络，将农民工纳入服务范围。鼓励有条件的地方将符合条件的农民工及其随迁家属纳入当地医疗救助范围。随着国家对流动人口公共服务供给水平的提升，又有利于进一步促进城市流动人口增长。

总体来看，公共服务供给差异是影响人口向城市流动的重要因素，且公共服务供给水平直接影响人口流动的方向。流动人口不仅会为了追求较高的收入水平而向城市流动，也会为了享受较高的公共服务水平而向城市流动。城乡公共服务供给差异促使大量农村人口向城市流动，而城市间公共服务供给差异也促使人口向拥有公共服务供给较高水平的城市流动。不同类型公共服务由于自身特征差异对人口流动的影响也会存在差异，主要表现为一般性公共服务对人口流动的影响，而特殊性公共服务也对人口流动具有一定的影响。不同人口规模、行政等级和地理位置的城市由于其所提供的公共服务存在差异，对人口流动的空间效应也具有较大的差异性。

第四节　户籍制度下公共服务供给
对人口集聚的影响

户籍制度下城市公共服务供给仍会促进人口向城市集聚。户籍制度是影响人口向城市集聚的制度性障碍和约束，即使考虑到其会通过削弱城市公共服务而阻碍人口向城市集聚，城市公共服务供给仍然对人口空间集聚具有促进效应，但是影响程度有所减弱。

一、户籍制度下公共服务供给对人口迁移的影响

城市的户籍制度将大量的外来人口排斥在城市公共服务范围外，使得外来人口在城市难以享有与城市居民相同的公共服务，进而不利于人口的迁入，即户籍制度可以通过限制城市公共服务供给来阻碍人口的迁移。在现有户籍管理制度下，城乡或城市间公共服务供给存在差异，外来人口在教育、医疗等特殊性公共服务供给方面与本地户籍人口存在差异，因而会促使外来人口为了享受本地真正的公共服务供给而发生迁移。这说明虽然户籍制度会通过限制公共服务供给来阻碍人口迁移，但是城市公共服务供给对外来人口迁移仍然具有促进作用。

从现有户籍制度改革来看，虽然部分城市的户籍门槛和落户条件逐步放松，对人口迁移具有一定的促进作用，但是仍然有很多城市通过设置户籍门槛和落户条件来选择性吸引人才，常见方式主要包括人才引进、资金引进、买房落户等。在人才引进方面，通过开放部分户籍来吸引非户籍人才的进入，如深圳市2016年出台的《关于促进人才优先发展的若干措施》明确规定：向高层次人才发放"鹏城优才卡"，人才凭卡可直接到综合服务平台或相关部门办理本人及家属落户、配偶就业、子女入学、医疗社保、人才安居、创业扶持等服务。在资金

引进方面，主要根据企业投资额度或纳税标准作为依据，如天津市公安局 2004 年发布的《关于"改进国外投资者出入境管理及国内投资者户籍管理办法"的实施细则》规定：外省市个人在市内六区、滨海三区投资 30 万元人民币，在环城四区投资 25 万元人民币的，可登记 1 人蓝印户口，在武清区、宝坻区和三县投资 20 万元人民币的，可登记投资者本人、配偶和 1 名子女的蓝印户口。对外省市人员和我市农业人口在津兴办私营企业，上年度纳税额达 30 万元人民币的可准予该企业法定代表人或投资人及其配偶和 18 周岁以下的子女或高级管理人员 1 名在津落户或"农转非"；对外省市在津投资兴办的国有或集体所有制企业，上年度纳税额达 50 万元人民币的，可准予该企业法定代表人或投资人及其配偶和 18 周岁以下的子女或高级管理人员 1 名在津落户或农转非。在买房落户方面，主要根据购房面积或购房款来确定落户标准，如青岛市 2014 年发布的《关于进一步推进户籍制度改革的意见》明确指出：在城区具有稳定经济收入人员，购买单套新建商品住宅建筑面积达到 100 平方米以上，取得房地产权证的，本人及其配偶、未成年子女或成年未婚子女可在购房地申请落户。由此可见，户籍制度已经成为城市选择性吸引人才的重要途径，通过落户条件选择优秀的非户籍人口进入城市，对人口迁移产生明显的抑制作用。

从公共服务供给类型来看，由于特殊性公共服务存在明显的户籍差异化，户籍制度下的特殊性公共服务供给会抑制人口向城市迁移。在现有户籍管理制度下，城市基本公共服务供给具有排他性，外来人口只能享受一般性公共服务和部分特殊性公共服务，而只有进入城市落户，才能真正完全享受随迁子女教育、基本医疗卫生、社会保障等具有户籍属性的公共服务供给，实现由外来人口向本地市民的身份转变。当外来人口由于户籍制度而不能真正享受这些特殊性公共服务供给时，他们并未真正成为城市的居民，这会直接制约其向城市迁移的意愿，制约城市外来人口市民化的进程。从城市人口政策演变进程来看，我国长期执行"严格控制大城市规模、合理发展中小城市"，尤其是十八届三中全会中也明确指出"严格控制特大城市人口规模"，利用行政手段严格限制外来人口向特大城市迁移。通过对比不同城市的户籍制度可以发现，特大城市的户籍门槛远高于其他城市，如根据上海市人民政府 2012 年发布的《持有上海市居住证人员申办本市常住户口办法》，持有居住证申办本市常住户口的需要同时符合以下条件：持有上海市居住证满 7 年；持证期间按照规定参加本市城镇社会保险满 7 年；持证期间依法在本市缴纳所得税；在本市被评聘为中级及以上专业技术职务或者具有技师（国家二级以上职业资格证书）以上职业资格，且专业、工种与所聘岗位相对应；无违反国家及本市计划生育政策规定行为、治安管理处罚以上违法犯罪记录及其他方面的不良行为记录。这些落户标准均远高于其他城市，使得外来人口落户存在较大困难。同时，户籍门槛还与公共服务直接挂钩，通过限制公共服务供给来阻碍人口迁移，使得外来人口难以真正享受城市公共服务而不愿发生迁移，如上海市将居住证与子女入学结合在一起，在 2016 年外来人口子女入学需要办理临时居住证 3 年以上，而在 2014 年的时限仅要求为 1 年。由此可见，户籍制度不仅直接阻碍人口迁移，还会通过限制公共服务供给来进一步削弱人口迁移。同时，城市公共服务尤其是特殊性公共服务仍然对外来人口具有很强的吸引力，也有利于促进人口向城市迁移。

二、户籍制度下公共服务供给对人口流动的影响

户籍制度的建立使得中国出现城乡分割的二元经济格局，阻碍了中国城镇化进程。随着市场化改革的推进，户籍制度的负面效应逐渐凸显，推进户籍制度改革成为经济发展的迫切要求。中国户籍制度改革率先从小城镇启动，但由于其含金量较低，对潜在劳动力的吸引程度有限，因而并未带来小城镇人口的大幅增长。同时，大中城市由于其户籍身份所拥有的福利水平较高，户口含金量较大，虽然采取严格控制户籍门槛的政策措施，仍然吸引大量流动人口的进入，对人口流动具有很强的吸引力。随着户籍制度改革的不断推进，逐渐打破原有的城乡户籍壁垒和行政干预资源配置机制，取消户籍制度对流动人口的就业歧视，形成人口有序流动的机制，逐步改善城乡或城市间教育、医疗、社保、就业和住房等社会福利待遇的差异，促进外来人口向城

市流动。总而言之，城市户籍门槛的设置将大量的流动人口排斥在城市社会福利和公共服务范围外，使得流动人口在城市难以享有与城市居民相同的公共服务、工资收入和就业机会，会一定程度上阻碍人口向城市流动。

从流动人口的主要流入地来看，北上广深等特大城市作为流动人口的高度集聚城市，在公共服务供给方面存在较大压力。随着城市基本公共服务逐渐向常住人口全覆盖，这些城市流动人口在教育、医疗和社保等方面需求不断增长，使得现有城市公共服务供给难以满足需求，不仅表现在城市主城区，也表现在城市郊区。随着流动人口郊区化分布日益增强，城市郊区的公共服务资源在短期内难以满足日益增长的需求，不仅教育、医疗等特殊性公共服务供给短缺，而文化、交通等一般性公共服务供给也呈现紧张状态。再加上户籍制度下公共服务供给的差异性，流动人口与本地人口难以享受同等的公共服务资源，在特殊性公共服务供给中明显处于劣势地位，会在一定程度上阻碍人口向城市流动。

从公共服务供给类型来看，户籍制度下公共服务供给的差异化导致流动人口在教育、医疗和社保等特殊性公共服务供给与户籍人口存在较大差异，会直接阻碍人口向城市流动。而伴随着户籍制度改革的变革，公共服务供给开始向部分流动人口开放，对人口向城市流动具有较大的推动作用。如随迁子女教育政策是随着户籍制度改革逐步推进的，从1996年《城镇流动人口中适龄儿童、少年就学办法（试行）》规定"城镇流动人口中适龄儿童少年入学，应以在流入地全日制中小学借读为主"，到2001年《国务院关于基础教育改革与发展的决定》规定"要重视解决流动人口子女接受义务教育问题，以流入地区政府管理为主，以全日制公办中小学为主，采取多种形式，依法保障流动人口子女接受义务教育的权利"，到2003年国务院办公厅转发教育部等部门《关于进一步做好进城务工就业农民子女义务教育工作意见的通知》规定"建立进城务工就业农民子女接受义务教育的经费筹措保障机制，切实减轻进城务工就业农民子女教育费用负担"，到2012年教育部工作要点中明确表示"保障进城务工人员随迁子女平等接受义务教育，将常住人口全部纳入区域教育发展规划，将随迁子女全部纳入财政保障范围"。在随迁子女教育改革过程中，改革效果较好的城市义务教育所接纳的流动人口随迁子女数量不断增加，也促进了人口向城市流动，也进一步提高了流动人口在城市立足的稳定性。这表明虽然户籍制度下公共服务供给会限制人口向城市流动，但增加城市公共服务供给仍然能够促进人口向城市流动。

基于上述分析，可以得出如下结论：

（1）户籍制度下地方政府提供差异化公共服务。

现有户籍管理制度下，地方政府的很多公共服务都是以户籍作为准入条件和财政分配依据，将非户籍常住人口排除在外，导致户籍人口和非户籍人口享受不同的公共服务。具体来看，一般性公共服务受户籍制度影响较少，而特殊性公共服务主要为户籍人口提供。

（2）户籍制度会限制人口向城市集聚。

城市户籍门槛的设置将大量的外来人口排斥在城市公共服务范围外，使得外来人口在城市难以享有与城市居民相同的公共服务，进而阻碍人口向城市集聚。而城市户籍制度改革通过破除居民特殊身份状态和降低落户门槛，打破原有的城乡户籍壁垒和行政干预资源配置机制，促进外来人口向城市集聚，而城市准入门槛和落户条件的设置又反映出城市政府部门对户籍改革取向和进程的控制，仍然发挥着限制人口向城市集聚的作用。

（3）公共服务供给会促进人口向城市集聚。

良好的公共服务，包括充裕的公共教育资源、健康的劳动就业市场、完善的社会保障体系、先进的医疗卫生设施、有效的公共设施供给、发达的交通通信手段、完备的文化体育设施、较好的自然环境质量等会直接促进人口向城市集聚。不同类型公共服务由于自身特征差异对人口集聚的影响也会存在差异，一般性公共服务主要体现在对人口流动的影响，而特殊性公共服务对人口迁移的影响尤为显著。不同人口规模、行政等级和地理位置的城市由于其所提供的公共服务存在差异，对人口集聚的空间效应也具有较大的差异性。

（4）户籍制度下城市公共服务供给仍会促进人口向城市集聚。

户籍制度是影响人口向城市集聚的制度性障碍和约束，即使考虑到其会通过削弱城市公共服务而阻碍人口向城市集聚，城市公共服务供给仍然对人口空间集聚具有促进效应，但是影响程度有所减弱。

第四章

现行户籍制度下城市差异化公共服务
供给与人口空间集聚的实证分析

基于上述理论分析，本章运用空间计量模型和城市面板数据，基于全国、城市规模、行政等级和地理位置层面分别考察户籍制度对人口集聚的空间效应与结构差异、城市公共服务对人口集聚的空间效应与结构差异、户籍制度下城市公共服务供给对城市人口集聚的空间效应与结构差异。

第一节　现行户籍制度对城市人口集聚的影响

为实证分析现行户籍制度对城市人口集聚的影响，建立空间计量模型分析城市户籍制度对人口集聚的空间效应和结构差异，尤其是基于城市规模、行政等级和地理位置的差异性视角，分析户籍制度对城市人口集聚的规模、等级和区域差异。

一、现行户籍制度对城市人口集聚的影响

（一）模型设定

由于城市人口集聚与户籍制度存在较强的空间相关性，需要建立空间计量模型对其影响因素进行有效估计。现有常用的空间计量模型

包括空间滞后模型（SAR）、空间误差模型（SEM）和空间杜宾模型（SDM），本书依据埃尔霍斯特（Elhorst，2014）提出的空间计量模型选择步骤，依次为使用 LR 检验确定有无固定效应、个体固定效应、时间固定效应或双向固定效应，使用 LM、Wald 和 LR 检验确定 OLS 模型、SAR 模型、SEM 模型或 SDM 模型类型，使用 Hausman 检验判断固定效应或随机效应，其具体模型分别为：

$$\ln P_{i,t} = \beta \ln HR_{i,t} + \rho \sum_{j=1}^{N} w_{ij} \ln P_{i,t} + \gamma \ln Z_{i,t+1} + \mu_i + \eta_t + \varepsilon_{i,t}$$

$$(4-1)$$

$$\ln P_{i,t} = \beta \ln HR_{i,t} + \gamma \ln Z_{i,t+1} + \mu_i + \eta_t + \varepsilon_{i,t}$$

$$\varepsilon_{i,t} = \lambda \sum_{j=1}^{N} w_{i,j} \varepsilon_{j,t} + \sigma_{i,t} \qquad (4-2)$$

$$\ln P_{i,t} = \beta \ln HR_{i,t} + \rho \sum_{j=1}^{N} w_{ij} \ln P_{i,t} + \theta \sum_{j=1}^{N} w_{ij} \ln HR_{i,t}$$

$$+ \gamma \ln Z_{i,t+1} + \varphi \sum_{j=1}^{N} w_{ij} \ln Z_{i,t+1} + \mu_i + \eta_t + \varepsilon_{i,t} \qquad (4-3)$$

其中，P 代表城市人口集聚，分别采用城市人口规模（TP）、人口净迁移量（MP）和流动人口数量（FP）衡量，HR 代表户籍制度，采用户籍率的倒数，即常住人口与户籍人口的比重衡量；β 代表解释变量的估计系数，ρ 代表空间回归系数，λ 代表空间误差系数，θ 代表空间外溢系数，Z 代表控制变量，γ 代表控制变量的估计系数，φ 代表控制变量空间项的估计系数，μ 代表空间效应，η 代表时间效应，ε 代表独立同分布随机扰动项，w 代表空间权重矩阵，其元素取值为城市间地理距离的倒数，其数据来源于国家基础地理信息系统 1∶400 万中国地形数据库。

结合现有研究成果和数据的可获得性，最终选取工资水平（EW）、失业率（UR）、产业升级（IU）、房地产投资（AI）、政府财政支出（GF）、金融发展（FE）和外商直接投资（FDI）等作为影响城市人口集聚的控制变量。其中，工资水平采用城镇在岗职工平均工资（单位：元）衡量；失业率采用城镇登记失业人员占城镇劳动力总量的比（单位：%）衡量，其中城镇劳动力总量为年末单位从业人员、城镇私营和个体从业人员与年末城镇登记失业人员三者之和；产业升级采用第三产业增加值占第二产业增加值比重（单位：%）衡量；房地产投资采用房地产开发投资完成额占 GDP 比重（单位：%）衡量；政府财政支出采用政府公共财政支出占 GDP 比重（单位：%）衡量；金融发展采用年末金融机构各项存贷款余额占 GDP 比重（单位：%）衡量；外商直接投资采用当年实际使用外资金额（根据年平均汇率换算成人民币）占 GDP 比重（单位：%）衡量。

（二）基准回归

根据上述空间计量模型选择步骤报告了户籍制度对城市人口集聚影响的基准回归结果，具体参见表 4-1。从模型选择来看，所有模型均选择了空间计量模型，其中迁移人口模型选择为个体固定 SDM 模型，其他均选择双向固定 SDM 模型。具体来看，常住人口和流动人口模型中的空间回归系数值 ρ 均为正值且满足 1% 的显著性水平，表明城市常住人口和流动人口均存在显著为正的空间相关性，即周边城市常住人口和流动人口增长对本地城市具有显著的促进作用，空间外溢是促进城市常住人口和流动人口增长的重要因素；而迁移人口模型中的空间回归系数值 ρ 为负值且满足 5% 的显著性水平，表明城市迁移人口存在显著为负的空间相关性，即周边城市迁移人口会对本地城市产生一定的限制作用，这与城市人口迁移中存在的"虹吸效应"有关。从户籍制度来看，户籍制度对城市常住人口和流动人口的影响显著为正，表明户籍制度不仅未限制人口向城市流动，反而促进城市人口增长，这与户籍制度不能有效限制城市流动人口增长密切相关；户籍制度对城市人口迁移的影响显著为负，表明户籍制度能够有效限制城市人口迁移，这与户籍政策制定和执行的初衷保持一致。由此可见，户籍制度作为影响人口向城市迁移的制度性障碍和约束，会直接影响人口在区域间的自由迁移。此外，户籍制度对常住人口增长的空间外溢系数显著为正，表明周边城市户籍制度对本地城市人口规模增长具有正向溢出效应；而户籍制度对迁移人口增长的空间外溢系数显著为负，表明周边城市户籍制度对本地城市人口规模增长具有负向溢出效应。从控制变量来看，城市工资水平对城市人口增长具有明显的促进作用；城市产业升级对城市人口增长具有一定的限制作用；房地产投资对城市常住人口增长具有明显的促进作用；政府财政支出对城市流动人口增长具有明显的促进作用；其他因素对城市人口集聚的影响结果不显著，其具体影响效应还需要进一步检验和探究。总体来看，城市人口集聚具有显著的空间相关性，除城市迁移人口存在空间负相关性外，其余城市人口集聚变量均存在空间正相关性；户籍制度对人口迁移具有显著的负向影响，而对常住人口和流动人口均具有正向影响。

表4-1　　　　　　　　户籍制度对人口集聚的影响

因变量	ln*TP*	ln*MP*	ln*FP*
	双向固定 SDM	个体固定 SDM	双向固定 SDM
ln*HR*	0. 5564 *** (24. 3460)	- 1. 2342 *** (- 4. 7021)	5. 4244 *** (44. 2378)
ln*EW*	0. 0889 *** (4. 7755)	0. 0318 (0. 1489)	0. 3261 *** (3. 2651)
ln*UR*	0. 0030 (0. 7455)	0. 0369 (0. 7861)	- 0. 0313 (- 1. 4298)
ln*IU*	- 0. 0244 *** (- 3. 0799)	0. 0297 (0. 3256)	- 0. 0915 ** (- 2. 1502)
ln*AI*	0. 0086 ** (1. 9946)	- 0. 0223 (- 0. 4487)	0. 0178 (0. 7682)
ln*GF*	0. 0074 (1. 0509)	- 0. 0504 (- 0. 6269)	0. 0931 ** (2. 4759)
ln*FE*	- 0. 0553 *** (- 5. 0836)	0. 0049 (0. 0388)	- 0. 0801 (- 1. 3721)
ln*FDI*	0. 0005 (0. 2538)	0. 0259 (1. 0750)	0. 0057 (0. 5032)
$w \times$ ln*HR*	1. 9012 *** (2. 5759)	- 16. 0203 * (- 1. 9293)	3. 3971 (0. 8756)

续表

因变量	ln*TP*	ln*MP*	ln*FP*
	双向固定 SDM	个体固定 SDM	双向固定 SDM
$w \times \ln EW$	0.2294 * (1.7243)	− 1.6050 (− 1.1726)	2.1783 *** (3.0517)
$w \times \ln UR$	0.1775 (1.4881)	3.1067 ** (2.0249)	1.4696 ** (2.2984)
$w \times \ln IU$	− 0.5977 *** (− 3.6375)	− 0.3084 (− 0.1646)	− 3.4567 *** (− 3.9421)
$w \times \ln AI$	0.2998 *** (2.7496)	− 0.5913 (− 0.4759)	− 1.2065 ** (− 2.0784)
$w \times \ln GF$	− 0.2669 (− 1.1504)	1.4054 (0.5274)	− 2.6347 ** (− 2.1158)
$w \times \ln FE$	− 0.8804 *** (− 4.0250)	− 9.0695 *** (− 3.6553)	4.9473 *** (4.3018)
$w \times \ln FDI$	0.0075 (0.1410)	0.3603 (0.5917)	1.4352 *** (5.0385)
ρ / λ	0.9999 *** (4.4386)	− 0.8620 ** (− 2.3219)	0.9992 *** (9.6059)
R²	0.9878	0.1820	0.8972
Log-likelihood	3468.4210	− 6215.7903	− 3038.3021
空间固定效应	15392.0771 ***	584.4708 ***	4847.7407 ***
时间固定效应	180.6123 ***	20.5288	24.8682 **
Hausman 检验	30109.0040 ***	33.7858 ***	61.0488 ***
LM spatial lag	195.9286 ***	106.3300 ***	22.6582 ***
Robust LM spatial lag	158.1375 ***	13.6450 ***	16.8819 ***
LM spatial error	103.7612 ***	17.5100 ***	10.6526 ***
Robust LM spatial error	65.9701 ***	12.7569 ***	4.8763 **
Wald test spatial lag	76.7502 ***	26.8694 ***	65.6004 ***
LR test spatial lag	57.5566 ***	24.7433 ***	105.2595 ***

续表

因变量	ln*TP*	ln*MP*	ln*FP*
	双向固定 SDM	个体固定 SDM	双向固定 SDM
Wald test spatial error	101.6969 ***	25.0582 ***	102.0061 ***
LR test spatial error	79.9020 ***	24.0529 ***	113.4583 ***
观测值数	3976	3976	3976

注：***、**、*分别代表在1%、5%、10%的水平下显著，括号内为 t 值。下同。

（三）稳健性检验

为进一步确保实证模型估计结果的稳健性，通过更换解释变量来检验基准回归模型的稳健性。为了进一步提高城市户籍制度指标的统计精确度，在此采用城市流动人口占常住人口比重衡量户籍制度，具体回归结果参见表4－2。结果显示，户籍制度仍然对人口迁移具有显著的负向影响，而对常住人口和流动人口均具有正向影响，这有效地验证了基准回归结果的稳健性。

表4－2　　　　户籍制度对人口集聚的影响：稳健性检验

因变量	ln*TP*	ln*MP*	ln*FP*
	双向固定 SDM	个体固定 SDM	双向固定 SDM
ln*HR*	0.0398 *** (14.6289)	−0.1327 *** (−4.4203)	1.0398 *** (382.4302)
ln*EW*	0.0701 *** (3.6201)	0.0838 (0.3916)	0.0701 *** (3.6181)
ln*UR*	0.0032 (0.7559)	0.0373 (0.7940)	0.0032 (0.7557)
ln*IU*	−0.0195 ** (−2.3620)	0.0217 (0.2383)	−0.0195 ** (−2.3620)
ln*AI*	0.0064 (1.4251)	−0.0169 (−0.3391)	0.0064 (1.4253)

续表

因变量	ln*TP*	ln*MP*	ln*FP*
	双向固定 SDM	个体固定 SDM	双向固定 SDM
ln*GF*	0.0008 (0.1151)	−0.0293 (−0.3639)	0.0008 (0.1151)
ln*FE*	−0.0632 *** (−5.579)	0.0052 (0.0414)	−0.0632 *** (−5.5796)
ln*FDI*	−0.0001 (−0.0296)	0.0249 (1.0284)	−0.0001 (−0.0296)
$w \times$ ln*HR*	0.5399 *** (5.4192)	0.6690 (0.6198)	−0.4593 ** (−2.2719)
$w \times$ ln*EW*	−0.1854 (−1.2642)	−0.1951 (−0.1485)	−0.1854 (−1.0769)
$w \times$ ln*UR*	0.0900 (0.7571)	2.4112 (1.4837)	0.0900 (0.7424)
$w \times$ ln*IU*	−0.2796 (−1.6131)	−0.6081 (−0.3179)	−0.2796 (−1.6104)
$w \times$ ln*AI*	0.5001 *** (4.2905)	−0.3641 (−0.2857)	0.5001 *** (4.3001)
$w \times$ ln*GF*	0.0896 (0.3660)	1.2624 (0.4663)	0.0896 (0.3657)
$w \times$ ln*FE*	−1.5332 *** (−6.2961)	−8.6086 *** (−3.2880)	−1.5332 *** (−6.2664)
$w \times$ ln*FDI*	−0.1692 *** (−3.0562)	0.7917 (1.3022)	−0.1692 *** (−3.0755)
ρ / λ	0.9990 *** (4.4493)	−0.7550 ** (−2.0644)	0.9990 *** (6.0469)
R²	0.9869	0.1806	0.9959
Log-likelihood	3314.1546	−6218.6475	3128.7745
空间固定效应	15115.2452 ***	577.0387 ***	15115.2452 ***

续表

因变量	ln*TP*	ln*MP*	ln*FP*
	双向固定 SDM	个体固定 SDM	双向固定 SDM
时间固定效应	195. 8438 ***	20. 0945	195. 8438 ***
Hausman 检验	369590. 9219 ***	27. 2181 *	12916269. 6839 ***
LM spatial lag	189. 8903 ***	109. 3500 ***	49. 2361 ***
Robust LM spatial lag	176. 2992 ***	9. 7992 ***	19. 6135 ***
LM spatial error	110. 9298 ***	25. 0600 ***	110. 9298 ***
Robust LM spatial error	97. 3360 ***	8. 9564 ***	81. 3072 ***
Wald test spatial lag	108. 0333 ***	21. 3958 ***	442. 5416 ***
LR test spatial lag	94. 9837 ***	19. 5847 ***	237. 2254 ***
Wald test spatial error	127. 0491 ***	19. 8925 ***	137. 7218 ***
LR test spatial error	112. 5196 ***	19. 1082 ***	258. 2405 ***
观测值数	3976	3976	3976

二、现行户籍制度对城市人口集聚影响的空间差异

(一) 城市规模层面

1. 户籍制度对城市人口规模的影响

根据上述空间计量模型选择步骤报告了城市规模层面户籍制度对城市人口规模影响的回归结果，具体参见表4-3。从模型选择来看，中等城市选择了双向固定 SAR 模型，其他城市规模层面均因为空间计量模型未通过 LM 检验或空间回归系数不显著而选择个体或双向固定 OLS 模型。具体来看，中等城市模型中的空间回归系数值 ρ 为正值且满足1% 的显著性水平，表明中等城市人口规模存在显著为正的空间相关性，即周边城市人口规模增长对本地城市具有显著的促进作用。从户籍制度来看，不同城市规模层面户籍制度对城市人口规模的影响均显著为正，表明户籍制度并未起到限制城市常住人口增长的作用，反而促进城市人口增长。其原因可能是，城市人口规模增长主要依靠流

动人口数量增长，而迁移人口的增长相对较慢，而户籍制度是影响人口向城市迁移的制度性障碍和约束，因而未能起到限制城市人口增长的作用；此外，户籍制度较高的城市往往也是流动人口较多的城市，有利于城市流动人口规模增长，进而形成户籍制度促进城市人口规模增长的现象。从影响程度来看，大城市户籍制度对城市人口规模的影响程度最大，其次是中等城市，再次是小城市和超大城市，最后是特大城市。总体来看，户籍制度对城市人口规模的影响程度与城市规模呈现倒"U"型特征。究其原因可能在于，小城市由于户口的含金量相对较小，户籍制度相对较低，对外来人口迁移落户的影响较小，且因其自身城市经济发展水平、工资福利待遇和公共服务供给等方面均具有较小的影响力，对流动人口的影响程度也较小，进而使其影响程度较小；特大城市或超大城市由于其户籍所附带的社会福利较多，公共服务质量较好，社会保障体系较完善，教育等公共资源较充裕，使得户口的含金量也较大，因而户籍制度程度相对较高，在一定程度上限制了人口迁入，进而也会不利于城市人口规模增长；大城市由于其户籍制度程度介于中间位置，既对外来人口落户具有较强的吸引力，也使得外来流动人口的生活成本和就业压力较小，进而对城市人口规模的影响程度最高。

表 4 - 3 城市规模层面户籍制度对城市人口规模的影响

因变量	lnTP				
	小城市	中等城市	大城市	特大城市	超大城市
	双向固定 OLS	双向固定 SAR	双向固定 OLS	双向固定 OLS	个体固定 OLS
lnHR	0.4075 *** (8.0531)	0.6250 *** (13.6080)	0.7929 *** (19.6033)	0.0219 * (1.4450)	0.3479 *** (3.9096)
$w \times$ lnHR		4.6962 (1.6398)			
控制变量	控制	控制	控制	控制	控制

续表

因变量	lnTP				
	小城市	中等城市	大城市	特大城市	超大城市
	双向固定 OLS	双向固定 SAR	双向固定 OLS	双向固定 OLS	个体固定 OLS
ρ/λ		0.9999 *** (1.3824)			
R^2	0.1011	0.8757	0.3350	0.3874	0.8477
Hausman 检验	32.8707 **	62.4865 ***	20.0810 *	259.6404 ***	88.3905 ***
观测值数	1162	1512	1078	140	84

2. 户籍制度对城市人口迁移的影响

根据上述空间计量模型选择步骤报告了城市规模层面户籍制度对城市人口迁移影响的回归结果，具体参见表 4 - 4。从模型选择来看，所有城市规模层面均因为空间计量模型未通过 LM 检验或空间回归系数不显著而选择个体或双向固定 OLS 模型。具体来看，不同城市规模层面户籍制度对城市人口迁移的影响均显著为负，表明户籍制度能够有效限制人口向城市迁移。从影响程度来看，超大城市户籍制度对城市人口迁移的影响程度最大，其次是中等城市，再次是大城市，最后是小城市和特大城市。总体来看，户籍制度作为限制人口向城市迁移的制度障碍，对城市人口迁移具有较强的限制作用，且其影响程度与城市规模基本呈现正相关。其原因可能是，小城市户口含金量小，对外来人口迁入的吸引力不足，使其影响程度最低；超大城市因其具有最高的户口含金量，对外来人口迁入具有较高的吸引力，使其影响程度最高；中等城市因其户口含金量高于小城市，对外来人口有一定的吸引力，使其影响程度也较高。

表 4 - 4　　　　　　城市规模层面户籍制度对城市人口迁移的影响

因变量	lnMP				
	小城市	中等城市	大城市	特大城市	超大城市
	个体固定 OLS	双向固定 OLS	双向固定 OLS	双向固定 OLS	双向固定 OLS
lnHR	- 0. 7940 ** (- 1. 9866)	- 2. 1338 *** (- 5. 2384)	- 1. 6762 *** (- 3. 2249)	- 1. 7496 * (- 3. 754)	- 3. 7843 ** (- 3. 4457)
控制变量	控制	控制	控制	控制	控制
R^2	0. 1040	0. 1375	0. 1500	0. 1351	0. 1928
Hausman 检验	48. 8237 ***	19. 3331 **	45. 6571 ***	279. 0208 ***	177. 3199 ***
观测值数	1162	1512	1078	140	84

3. 户籍制度对城市人口流动的影响

根据上述空间计量模型选择步骤报告了城市规模层面户籍制度对城市人口流动影响的回归结果,具体参见表 4 - 5。从模型选择来看,所有城市规模层面均因为空间计量模型未通过 LM 检验或空间回归系数不显著而选择个体固定 OLS 模型。具体来看,不同城市规模层面户籍制度对城市人口流动的影响均显著为正,表明户籍制度并未限制人口向城市流动,反而促进人口流入城市。从影响程度来看,小城市户籍制度对城市人口流动的影响程度最大,其次是大城市,再次是中等城市,最后是超大城市和特大城市。总体来看,户籍制度对城市人口流动的影响程度与城市规模呈现负相关。究其原因可能在于,户籍制度只能限制人口向城市迁移,不能限制人口向城市流动,且户籍制度较高的城市往往也对流动人口具有较强的吸引力,因而使得户籍制度有利于促进城市流动人口增长;虽然户籍制度较高的城市往往也是流动人口数量较多的城市,但是其也会在就业、社保等方面对外来人口具有较强的排斥力,使得规模较小的城市更有利城市流动人口进入。

表4－5　　　　城市规模层面户籍制度对城市人口流动的影响

因变量	lnFP				
	小城市	中等城市	大城市	特大城市	超大城市
	个体固定 OLS	个体固定 OLS	个体固定 OLS	个体固定 OLS	个体固定 OLS
lnHR	7. 5374 *** （33. 949）	5. 6818 *** （28. 4068）	6. 5866 *** （25. 8892）	0. 3819 * （1. 1585）	2. 0971 *** （5. 5571）
控制变量	控制	控制	控制	控制	控制
R^2	0. 5851	0. 5126	0. 5892	0. 5687	0. 6232
Hausman 检验	64. 1972 ***	14. 7763 *	22. 5437 *	758. 4829 ***	491. 2900 ***
观测值数	1162	1512	1078	140	84

（二）　城市等级层面

1. 户籍制度对城市人口规模的影响

根据上述空间计量模型选择步骤报告了城市等级层面户籍制度对城市人口规模影响的回归结果，具体参见表4－6。从模型选择来看，地级市选择了双向固定 SDM 模型，其他城市等级层面均因为空间计量模型未通过 LM 检验或空间回归系数不显著而选择双向固定 OLS 模型。具体来看，地级市模型中的空间回归系数值 ρ 为正值且满足1%的显著性水平，表明地级市人口规模存在显著为正的空间相关性，即周边城市人口规模增长对本地城市具有显著的促进作用。从户籍制度来看，不同城市等级层面户籍制度对城市人口规模的影响均显著为正，表明户籍制度并未起到限制城市常住人口增长的作用，反而促进城市人口增长，这与城市人口增长主要依靠流动人口和户籍制度不能限制流动人口增长密切相关；地级市户籍制度的空间外溢系数显著为正，表明周边城市户籍制度对本地城市人口规模增长具有正的空间外溢性。从影响程度来看，直辖市户籍制度对城市人口规模的影响程度最大，其次是副省级城市，再次是省会城市，最后是地级市。总体来看，户籍制度对城市人口规模的影响程度与城市等级呈现正相关。究其原因可能在于，行政等级越高的城市因其户口含金量高，且其经济发展、工资福利、就业质量等均较高，对流动人口具有较高的吸引力，有利于促进城市人口增长；而行政等级较低的城市因其自身户口含金量和城市特征等因素导致其对外来人口的吸引力较低。

表 4 – 6　　　　城市等级层面户籍制度对城市人口规模的影响

因变量	lnTP			
	地级市	省会城市	副省级城市	直辖市
	双向固定 SDM	双向固定 OLS	双向固定 OLS	双向固定 OLS
lnHR	0. 5559 *** （21. 1088）	0. 5617 *** （12. 7564）	0. 5942 *** （8. 2041）	0. 8577 *** （4. 4896）
$w \times \ln HR$	1. 6274 * （1. 6997）			
控制变量	控制	控制	控制	控制
ρ / λ	0. 9999 *** （3. 6877）			
R^2	0. 9746	0. 4474	0. 2435	0. 9255
Hausman 检验	45232. 5783 ***	1030. 8862 ***	1022. 1006 ***	873. 9018 ***
观测值数	3486	224	210	56

2. 户籍制度对城市人口迁移的影响

根据上述空间计量模型选择步骤报告了城市等级层面户籍制度对城市人口迁移影响的回归结果，具体参见表 4 – 7。从模型选择来看，地级市选择了双向固定 SDM 模型，其他城市等级层面均因为空间计量模型未通过 LM 检验或空间回归系数不显著而选择双向固定 OLS 模型。具体来看，地级市模型中的空间回归系数值 ρ 为负值且满足 1% 的显著性水平，表明地级市人口迁移存在显著为负的空间相关性，即周边城市迁移人口数量增长对本地城市具有显著的阻碍作用。从户籍制度来看，不同城市等级层面户籍制度对城市人口迁移的影响均显著为负，表明户籍制度能够有效限制人口向城市迁移。从影响程度来看，直辖市户籍制度对城市人口迁移的影响程度最大，其次是副省级城市，再次是省会城市，最后是地级市。总体来看，户籍制度作为限制人口向城市迁移的制度障碍，对城市人口迁移具有较强的限制作用，且其影响程度与城市等级呈现正相关。究其原因可能在于，行政等级越高的城市因其户口含金量较高，对外来人口具有较大的阻力，限制了城市迁移人口增长。

表 4 – 7 　　　　　　城市等级层面户籍制度对城市人口迁移的影响

因变量	$\ln MP$			
	地级市	省会城市	副省级城市	直辖市
	双向固定 SDM	双向固定 OLS	双向固定 OLS	双向固定 OLS
$\ln HR$	-1.3631^{***} (-5.6554)	-3.4260^{***} (-3.1053)	-4.5744^{**} (-3.7202)	-7.5520^{**} (-13.4861)
$w \times \ln HR$	4.1790 (0.4868)			
控制变量	控制	控制	控制	控制
ρ / λ	-0.7100^{*} (-1.7317)			
R^2	0.1472	0.0721	0.0998	0.1764
Hausman 检验	23.0184^{*}	637.9095^{***}	650.5412^{***}	239.0368^{***}
观测值数	3486	224	210	56

3. 户籍制度对城市人口流动的影响

根据上述空间计量模型选择步骤报告了城市等级层面户籍制度对城市人口流动影响的回归结果，具体参见表 4 – 8。从模型选择来看，地级市选择了双向固定 SAR 模型，其他城市等级层面均因为空间计量模型未通过 LM 检验或空间回归系数不显著而选择个体或双向固定 OLS 模型。具体来看，地级市模型中的空间回归系数值 ρ 为正值且满足 1% 的显著性水平，表明地级市流动人口存在显著为正的空间相关性，即周边城市流动人口规模增长对本地城市具有显著的促进作用。从户籍制度来看，不同城市等级层面户籍制度对城市人口流动的影响均显著为正，表明户籍制度并未限制人口向城市流动，反而促进人口流入城市。从影响程度来看，省会城市户籍制度对城市人口流动的影响程度最大，其次是直辖市，再次是地级市，最后是副省级城市。总体来看，户籍制度对城市人口流动的影响程度与城市等级基本呈现正相关。其原因可能在于，户籍制度只能限制人口向城市迁移，不能限制人口向城市流动，且户籍制度较高的城市往往也对流动人口具有较强的吸引力，因而使得户籍制度有利于促进城市流动人口增长；同时户籍制度较高的城市往往也是流动人口数量较多的城市，其在就业、社保等方面也对外来人口具有较强的排斥力，使得省会城市更有利城市流动人口进入。

表 4 – 8　　　　城市等级层面户籍制度对城市人口流动的影响

因变量	$\ln FP$			
	地级市	省会城市	副省级城市	直辖市
	双向固定 SAR	个体固定 OLS	个体固定 OLS	双向固定 OLS
$\ln HR$	5.4620 *** (39.5066)	7.8086 *** (22.0279)	5.9681 *** (19.0773)	6.2818 *** (7.1186)
$w \times \ln HR$	4.6662 (0.9391)			
控制变量	控制	控制	控制	控制
ρ / λ	0.8480 *** (3.1025)			
R^2	0.8525	0.7523	0.6913	0.6999
Hausman 检验	693.9529 ***	759.9106 ***	1305.2305 ***	560.0032 ***
观测值数	3486	224	210	56

（三）城市区域层面

1. 户籍制度对城市人口规模的影响

根据上述空间计量模型选择步骤报告了区域层面户籍制度对城市人口规模影响的回归结果，具体参见表4-9。从模型选择来看，东部城市选择了双向固定 SAR 模型，西部城市选择了双向固定 SDM 模型，中部和东北城市因为空间计量模型未通过 LM 检验而选择双向固定 OLS 模型。具体来看，东部和西部城市模型中的空间回归系数值 ρ 均显著为正，表明这些城市人口规模存在显著为正的空间相关性，即周边城市人口规模增长对本地城市具有显著的促进作用。从户籍制度来看，不同区域层面户籍制度对城市人口规模的影响均显著为正，表明户籍制度并未起到限制城市常住人口增长的作用，反而促进城市人口增长，这与城市人口增长主要依靠流动人口和户籍制度不能限制流动人口增长密切相关；西部城市户籍制度的空间外溢系数也显著为正，表明周边城市户籍制度也有利于促进本地城市人口规模增长，即城市户籍制度具有显著的空间外溢特征。从影响程度来看，东北城市户籍制度对城市人口规模的影响程度最大，其次是中部城市，再次是西部城市，最后是东部城市。

表4-9　　　　区域层面户籍制度对城市人口规模的影响

因变量	lnTP			
	东部城市	中部城市	西部城市	东北城市
	双向固定 SAR	双向固定 OLS	双向固定 SDM	双向固定 OLS
lnHR	0.5116 *** (15.1906)	0.5715 *** (12.1557)	0.5434 *** (11.5467)	0.9444 *** (8.9347)
$w \times$ lnHR	0.2490 (0.2377)		6.2491 ** (2.0960)	
控制变量	控制	控制	控制	控制

因变量	lnTP			
	东部城市	中部城市	西部城市	东北城市
	双向固定 SAR	双向固定 OLS	双向固定 SDM	双向固定 OLS
ρ/λ	0. 9999 ** (1. 9022)		0. 9990 ** (1. 8878)	
R^2	0. 9903	0. 1603	0. 9846	0. 1876
Hausman 检验	51. 2160 ***	162. 6328 ***	278. 0319 ***	82. 3643 ***
观测值数	1204	1120	1176	476

2. 户籍制度对城市人口迁移的影响

根据上述空间计量模型选择步骤报告了区域层面户籍制度对城市人口迁移影响的回归结果，具体参见表 4 - 10。从模型选择来看，东部和西部城市均选择了双向固定 SDM 模型，中部和东北城市均因为空间计量模型未通过 LM 检验而选择个体和双向固定 OLS 模型。具体来看，东部和西部城市模型中的空间回归系数值 ρ 显著为负，表明东部和西部人口迁移存在显著为负的空间相关性，即周边城市迁移人口数量增长对本地城市具有显著的阻碍作用。从户籍制度来看，东北城市户籍制度对城市人口迁移影响不显著，其他区域层面户籍制度对城市人口迁移的影响均显著为负，表明户籍制度能够有效限制人口向城市迁移。从影响程度来看，中部城市户籍制度对城市人口迁移的影响程度最大，其次是东部城市，最后是西部城市。总体来看，户籍制度作为限制人口向城市迁移的制度障碍，对城市人口迁移具有较强的限制作用。其原因可能在于，东部城市的户籍制度高于中部城市，西部城市的户口含金量低于中部城市，使得流动人口在东部城市难以落户和在西部城市落户意愿均较小，进而选择向中部地区落户机会较大的城市迁移；另外，国家开始逐步鼓励中部地区城市的发展，劳动密集型产业开始由东部向中部地区城市进行转移，开始出现人口向中部地区迁入的趋势。

表 4 – 10　　　　　　　区域层面户籍制度对城市人口迁移的影响

因变量	lnMP			
	东部城市	中部城市	西部城市	东北城市
	双向固定 SDM	个体固定 OLS	双向固定 SDM	双向固定 OLS
lnHR	− 0. 8370 ** (− 2. 2920)	− 2. 0880 *** (− 4. 2088)	− 0. 5839 * (− 1. 8298)	2. 7052 (1. 2348)
$w \times$ lnHR	− 17. 6293 (− 1. 4585)		5. 3634 (1. 3492)	
控制变量	控制	控制	控制	控制
ρ / λ	− 0. 8190 ** (− 1. 2338)		− 0. 7492 ** (− 1. 2338)	
R^2	0. 2532	0. 1371	0. 2591	0. 1150
Hausman 检验	48. 7132 *	17. 9384 *	17. 7207 *	72. 7014 ***
观测值数	1204	1120	1176	476

3. 户籍制度对城市人口流动的影响

根据上述空间计量模型选择步骤报告了区域层面户籍制度对城市人口流动影响的回归结果，具体参见表 4 – 11。从模型选择来看，东部城市选择了双向固定 SDM 模型，中部和西部城市选择了个体固定 SAR 模型，东北城市因为空间计量模型未通过 LM 检验而选择个体固定 OLS 模型。具体来看，东部、中部和西部城市模型中的空间回归系数值 ρ 均显著为正，表明这些区域城市流动人口存在显著为正的空间相关性，即周边城市流动人口规模增长对本地城市具有显著的促进作用。从户籍制度来看，不同区域层面户籍制度对城市人口流动的影响均显著为正，表明户籍制度并未限制人口向城市流动，反而促进人口流入城市。从影响程度来看，东北城市户籍制度对城市人口流动的影响程度最大，其次是中部城市，再次是西部城市，最后是东部城市。

表 4 – 11   **区域层面户籍制度对城市人口流动的影响**

因变量	$\ln FP$			
	东部城市	中部城市	西部城市	东北城市
	双向固定 SDM	个体固定 SAR	个体固定 SAR	个体固定 OLS
$\ln HR$	2.7744 *** (16.6743)	8.1702 *** (32.5818)	7.2848 *** (32.7055)	12.8515 *** (19.8819)
$w \times \ln HR$	4.9833 (0.8731)			
控制变量	控制	控制	控制	控制
ρ / λ	0.8740 ** (13.3073)	0.9290 ** (2.4580)	0.9999 * (1.9194)	
R^2	0.9147	0.8861	0.8842	0.6418
Hausman 检验	48.1826 ***	218.8639 ***	42.0438 ***	69.9648 ***
观测值数	1204	1120	1176	476

第二节 　城市公共服务供给对人口集聚的影响

为实证分析城市公共服务供给对人口集聚的影响，首先建立空间计量模型分析城市公共服务供给总体水平对人口集聚的空间效应和结构差异，尤其是基于城市规模、行政等级和地理位置的差异性视角，分析城市公共服务供给对人口集聚的规模、等级和区域差异。然后根据城市公共服务供给差异性，分别分析一般性公共服务供给和特殊性公共服务供给对人口集聚的空间效应和结构差异，也注重分析不同类型公共服务对人口集聚的规模、等级和区域差异。

一、城市公共服务供给对人口集聚的影响

（一）模型设定

由于城市人口集聚与公共服务存在较强的空间相关性，因此建立

空间计量模型对其影响因素进行有效估计，其具体模型分别为：

$$\ln P_{i,t} = \beta \ln PS_{i,t} + \rho \sum_{j=1}^{N} w_{ij} \ln P_{i,t} + \gamma \ln Z_{i,t+1} + \mu_i + \eta_t + \varepsilon_{i,t}$$

$$(4-4)$$

$$\ln P_{i,t} = \beta \ln PS_{i,t} + \gamma \ln Z_{i,t+1} + \mu_i + \eta_t + \varepsilon_{i,t}$$

$$\varepsilon_{i,t} = \lambda \sum_{j=1}^{N} w_{i,j} \varepsilon_{j,t} + \sigma_{i,t} \qquad (4-5)$$

$$\ln P_{i,t} = \beta \ln PS_{i,t} + \rho \sum_{j=1}^{N} w_{ij} \ln P_{i,t} + \theta \sum_{j=1}^{N} w_{ij} \ln PS_{i,t} + \gamma \ln Z_{i,t+1}$$

$$+ \varphi \sum_{j=1}^{N} w_{ij} \ln Z_{i,t+1} + \mu_i + \eta_t + \varepsilon_{i,t} \qquad (4-6)$$

其中，P 代表城市人口集聚，PS 代表城市公共服务供给，β 代表解释变量的估计系数，ρ 代表空间回归系数，λ 代表空间误差系数，θ 代表空间外溢系数，Z 代表控制变量，γ 代表控制变量的估计系数，φ 代表控制变量空间项的估计系数，μ 代表空间效应，η 代表时间效应，ε 代表独立同分布随机扰动项，w 代表空间权重矩阵，其元素取值为城市间地理距离的倒数，其数据来源于国家基础地理信息系统 $1 : 400$ 万中国地形数据库。结合现有研究成果和数据的可获得性，最终选取工资水平（EW）、失业率（UR）、产业升级（IU）、房地产投资（AI）、政府财政支出（GF）、金融发展（FE）和外商直接投资（FDI）等作为影响城市人口集聚的控制变量。

（二）　基准回归

根据上述空间计量模型选择步骤报告了城市公共服务供给对人口集聚影响的基准回归结果，具体参见表 4-12。从模型选择来看，所有模型均选择了双向固定 SDM 模型。具体来看，常住人口和流动人口模型中的空间回归系数值 ρ 均显著为正，而迁移人口模型中的空间回归系数值 ρ 显著为负，这与上述研究保持一致。从公共服务供给来看，城市公共服务供给对人口集聚的影响均显著为正，表明公共服务供给能够有效促进城市人口集聚，是影响城市人口集聚的重要因素，且公共服务供给的空间项 θ 也显著为正，表明周边城市公共服务供给对本地城市人口集聚也具有促进作用。控制变量的分析结果与表 4 – 1 基本一致，在此不再解释表明。总体来看，城市人口集聚具有显著的空间正相关性，公共服务供给对城市人口集聚具有显著正向影响。

表 4 –12　　　　　　城市公共服务供给对人口集聚的影响

因变量	$\ln TP$	$\ln MP$	$\ln FP$
	双向固定 SDM	双向固定 SDM	双向固定 SDM
$\ln PS$	0.3217 *** (15.7278)	0.5767 ** (2.5474)	0.4521 *** (3.5946)
$\ln EW$	0.0792 *** (4.0880)	0.0939 (0.4381)	0.2714 ** (2.2799)
$\ln UR$	0.0047 (1.1061)	0.0503 (1.0705)	− 0.0434 * (− 1.6612)
$\ln IU$	− 0.0162 ** (− 1.9661)	0.0540 (0.5909)	− 0.0778 (− 1.5306)
$\ln AI$	0.0052 (1.1574)	− 0.0255 (− 0.509965)	− 0.0209 (− 0.753073)
$\ln GF$	− 0.0059 (− 0.8095)	− 0.0494 (− 0.6130)	0.0090 (0.2000)
$\ln FE$	− 0.0427 *** (− 3.7476)	0.0863 (0.6842)	− 0.1191 * (− 1.6998)
$\ln FDI$	0.0007 (0.3261)	0.0234 (0.9685)	0.0131 (0.9738)
$w \times \ln PS$	0.6522 (1.3666)	14.0139 *** (2.6782)	5.2879 * (1.8236)
$w \times \ln EW$	− 0.0746 (− 0.3395)	− 2.5629 (− 1.0570)	− 0.8589 (− 0.6379)
$w \times \ln UR$	− 0.0771 (− 0.6499)	0.5295 (0.4032)	− 0.3577 (− 0.4903)

续表

因变量	ln*TP*	ln*MP*	ln*FP*
	双向固定 SDM	双向固定 SDM	双向固定 SDM
$w \times \ln IU$	− 0. 8587 *** (− 4. 6987)	− 2. 3680 (− 1. 1859)	− 5. 5942 *** (− 4. 9919)
$w \times \ln AI$	0. 1126 (1. 0036)	− 0. 4650 (− 0. 3761)	− 2. 0455 *** (− 2. 9648)
$w \times \ln GF$	− 0. 2695 (− 1. 1166)	1. 2536 (0. 4697)	− 3. 1442 ** (− 2. 1144)
$w \times \ln FE$	− 0. 3396 (− 1. 4195)	− 6. 0939 ** (− 2. 3078)	7. 8925 *** (5. 3448)
$w \times \ln FDI$	0. 1025 * (1. 6845)	1. 7426 *** (2. 5816)	1. 7400 *** (4. 6048)
ρ / λ	0. 9999 *** (4. 4013)	− 0. 8450 ** (− 2. 2813)	0. 8720 *** (3. 6105)
R^2	0. 9869	0. 1799	0. 8451
Log-likelihood	3318. 1577	− 6220. 4170	− 3886. 8340
空间固定效应	7614. 6507 ***	426. 2331 ***	3899. 6592 ***
时间固定效应	94. 2237 ***	25. 4916 **	36. 3676 ***
Hausman 检验	116024. 3831 ***	166. 4000 *	719. 1012 ***
LM spatial lag	142. 1224 ***	84. 0400 **	22. 3580 ***
Robust LM spatial lag	89. 1258 ***	16. 2279 ***	11. 6650 ***
LM spatial error	82. 7942 ***	135. 3700 **	19. 8122 ***
Robust LM spatial error	29. 7975 ***	16. 7413 ***	9. 1192 ***
Wald test spatial lag	57. 7743 ***	27. 7979 ***	60. 6492 ***
LR test spatial lag	20. 6459 ***	26. 5338 ***	56. 4739 ***
Wald test spatial error	66. 4004 ***	25. 1485 ***	59. 1537 ***
LR test spatial error	34. 4831 ***	25. 7550 ***	56. 5749 ***
观测值数	3976	3976	3976

（三）异质性分析

1. 城市规模层面

（1）公共服务供给对城市人口规模的影响。

根据上述空间计量模型选择步骤报告了城市规模层面公共服务供给对城市人口规模影响的回归结果，具体参见表4－13。从模型选择来看，中等城市选择了双向固定SAR模型，其他城市规模层面均因为空间计量模型未通过LM检验或空间回归系数不显著而选择个体或双向固定OLS模型。具体来看，中等城市模型中的空间回归系数值ρ显著为正，表明中等城市人口规模存在显著为正的空间相关性，即周边城市人口规模增长对本地城市具有显著的促进作用。从公共服务供给来看，不同城市规模层面公共服务供给对城市人口规模的影响均显著为正，表明公共服务供给有利于促进城市人口增长。从影响程度来看，中等城市公共服务供给对城市人口规模的影响程度最大，其次是超大城市和大城市，再次是特大城市，最后是小城市。总体来看，公共服务供给对城市人口规模的影响程度与城市规模呈现N型趋势。

表4－13　城市规模层面公共服务供给对城市人口规模的影响

因变量	$\ln TP$				
	小城市	中等城市	大城市	特大城市	超大城市
	双向固定 OLS	双向固定 SAR	双向固定 OLS	双向固定 OLS	个体固定 OLS
$\ln PS$	0.1035 *** (2.9596)	0.9071 *** (30.1202)	0.5625 *** (14.5684)	0.2227 *** (2.9592)	0.6204 *** (4.1237)
$w \times \ln PS$		-2.1221 * (-1.6490)			
控制变量	控制	控制	控制	控制	控制
ρ / λ		0.9999 * (1.7998)			
R^2	0.0577	0.5163	0.2457	0.4247	0.8505

续表

因变量	lnTP				
	小城市	中等城市	大城市	特大城市	超大城市
	双向固定 OLS	双向固定 SAR	双向固定 OLS	双向固定 OLS	个体固定 OLS
Hausman 检验	134.3096 ***	19.8883 *	140.1803 ***	263.6613 ***	5497.1142 ***
观测值数	1162	1512	1078	140	84

（2）公共服务供给对城市人口迁移的影响。

根据上述空间计量模型选择步骤报告了城市规模层面公共服务供给对城市人口迁移影响的回归结果，具体参见表 4 - 14。从模型选择来看，所有城市规模层面均因为空间计量模型未通过 LM 检验或空间回归系数不显著而选择个体或双向固定 OLS 模型。具体来看，小城市公共服务供给对城市人口迁移的影响不显著，而其他规模城市公共服务供给对人口迁移的影响均显著为正，表明除小城市外其他城市公共服务供给均能够有效促进人口向城市迁移。从影响程度来看，超大城市公共服务供给对城市人口迁移的影响程度最大，其次是特大城市，再次是大城市，最后是中等城市。总体来看，公共服务供给对城市人口迁移的影响程度与城市规模呈现正相关，即规模越大的城市公共服务供给对人口迁移的影响也就越强。

表 4 - 14　城市规模层面公共服务供给对城市人口迁移的影响

因变量	lnMP				
	小城市	中等城市	大城市	特大城市	超大城市
	个体固定 OLS	双向固定 OLS	双向固定 OLS	双向固定 OLS	双向固定 OLS
lnPS	0.1689 (0.6688)	0.6380 ** (2.1424)	1.3975 *** (3.0041)	1.5242 ** (2.1008)	3.7324 ** (2.3153)
控制变量	控制	控制	控制	控制	控制
R^2	0.0074	0.0108	0.0158	0.1393	0.2378

续表

因变量	lnMP				
	小城市	中等城市	大城市	特大城市	超大城市
	个体固定 OLS	双向固定 OLS	双向固定 OLS	双向固定 OLS	双向固定 OLS
Hausman 检验	44.1650 ***	28.1712 **	46.5685 ***	256.0223 ***	168.9363 ***
观测值数	1162	1512	1078	140	84

（3）公共服务供给对城市人口流动的影响。

根据上述空间计量模型选择步骤报告了城市规模层面公共服务供给对城市人口流动影响的回归结果，具体参见表 4-15。从模型选择来看，所有城市规模层面均因为空间计量模型未通过 LM 检验或空间回归系数不显著而选择个体固定 OLS 模型。具体来看，小城市公共服务供给对城市人口流动的影响不显著，而其他规模城市公共服务供给对人口流动的影响均显著为正，表明除小城市外其他城市公共服务供给均能够有效促进人口向城市流动。从影响程度来看，超大城市公共服务供给对城市人口流动的影响程度最大，其次是特大城市，再次是大城市，最后是中等城市。总体来看，公共服务供给对城市人口流动的影响程度与城市规模呈现正相关，即规模越大的城市公共服务供给对流动人口的吸引力也就越强。

表 4-15　　城市规模层面公共服务供给对城市人口流动的影响

因变量	lnFP				
	小城市	中等城市	大城市	特大城市	超大城市
	个体固定 OLS	个体固定 OLS	个体固定 OLS	个体固定 OLS	个体固定 OLS
lnPS	0.1293 (0.6531)	0.5405 *** (3.3512)	0.5562 ** (2.0717)	0.9383 ** (2.0624)	2.2151 *** (3.0758)
控制变量	控制	控制	控制	控制	控制
R²	0.1709	0.2567	0.3346	0.5779	0.5287

因变量	lnFP				
	小城市	中等城市	大城市	特大城市	超大城市
	个体固定 OLS	个体固定 OLS	个体固定 OLS	个体固定 OLS	个体固定 OLS
Hausman 检验	42. 8866 ***	16. 0261 *	152. 6392 ***	968. 2866 ***	397. 8806 ***
观测值数	1162	1512	1078	140	84

2. 城市等级层面

（1）公共服务供给对城市人口规模的影响。

根据上述空间计量模型选择步骤报告了城市等级层面公共服务供给对城市人口规模影响的回归结果，具体参见表4－16。从模型选择来看，地级市选择了双向固定 SDM 模型，其他城市等级层面均因为空间计量模型未通过 LM 检验或空间回归系数不显著而选择个体或双向固定 OLS 模型。具体来看，地级市模型中的空间回归系数值 ρ 显著为正，表明地级市人口规模存在显著为正的空间相关性，即周边城市人口规模增长对本地城市具有显著的促进作用。从公共服务供给来看，不同城市等级层面公共服务供给对城市人口规模的影响均显著为正，表明公共服务供给有利于促进城市人口增长。从影响程度来看，直辖市公共服务供给对城市人口规模的影响程度最大，其次是副省级城市，再次是省会城市，最后是地级市。总体来看，公共服务供给对城市人口规模的影响程度与城市等级呈现正相关。

表4－16　　城市等级层面公共服务供给对城市人口规模的影响

因变量	lnTP			
	地级市	省会城市	副省级城市	直辖市
	双向固定 SDM	双向固定 OLS	双向固定 OLS	个体固定 OLS
lnPS	0. 3274 *** (14. 9857)	0. 3293 *** (3. 9908)	0. 4378 *** (6. 8402)	0. 7454 *** (5. 2580)

因变量	ln*TP*			
	地级市	省会城市	副省级城市	直辖市
	双向固定 SDM	双向固定 OLS	双向固定 OLS	个体固定 OLS
$w \times \ln PS$	0.8430 (1.5210)			
控制变量	控制	控制	控制	控制
ρ/λ	0.9999 * (3.6762)			
R^2	0.9732	0.7715	0.3321	0.9329
Hausman 检验	26022.1864 ***	655.9018 ***	1375.2275 ***	931.7215 ***
观测值数	3486	224	210	56

（2）公共服务供给对城市人口迁移的影响。

根据上述空间计量模型选择步骤报告了城市等级层面公共服务供给对城市人口迁移影响的回归结果，具体参见表4-17。从模型选择来看，地级市选择了双向固定 SDM 模型，其他城市等级层面均因为空间计量模型未通过 LM 检验或空间回归系数不显著而选择个体或时间固定 OLS 模型。具体来看，地级市模型中的空间回归系数值 ρ 为负值且满足1%的显著性水平，表明地级市人口迁移存在显著为负的空间相关性，即周边城市迁移人口数量增长对本地城市具有显著的阻碍作用。从公共服务供给来看，不同城市等级层面公共服务供给对城市人口迁移的影响均显著为正，表明公共服务供给能够有效促进人口向城市迁移。从影响程度来看，直辖市公共服务供给对城市人口迁移的影响程度最大，其次是副省级城市，再次是省会城市，最后是地级市。总体来看，公共服务供给对城市人口迁移的影响程度与城市等级呈现正相关。

表4-17　　　城市等级层面公共服务供给对城市人口迁移的影响

因变量	lnMP			
	地级市	省会城市	副省级城市	直辖市
	双向固定 SDM	个体固定 OLS	个体固定 OLS	时间固定 OLS
lnPS	0.5771 *** (2.9633)	0.7671 * (1.9596)	2.7094 ** (1.9894)	7.6119 *** (3.3315)
$w \times lnPS$	16.4848 *** (3.3597)			
控制变量	控制	控制	控制	控制
ρ / λ	-0.9710 ** (-2.2882)			
R^2	0.1455	0.0557	0.1509	0.3058
Hausman 检验	36.6476 **	549.7296 ***	1540.5024 ***	265.9492 ***
观测值数	3486	224	210	56

（3）公共服务供给对城市人口流动的影响。

根据上述空间计量模型选择步骤报告了城市等级层面公共服务供给对城市人口流动影响的回归结果，具体参见表4-18。从模型选择来看，地级市选择了双向固定 SDM 模型，其他城市等级层面均因为空间计量模型未通过 LM 检验或空间回归系数不显著而选择个体固定 OLS 模型。具体来看，地级市模型中的空间回归系数值 ρ 显著为正，表明地级市流动人口存在显著为正的空间相关性，即周边城市流动人口规模增长对本地城市具有显著的促进作用。从公共服务供给来看，不同城市等级层面公共服务供给对城市人口流动的影响均显著为正，表明公共服务供给有利于促进人口向城市流入。从影响程度来看，直辖市公共服务供给对城市人口流动的影响程度最大，其次是副省级城市，再次是省会城市，最后是地级市。总体来看，公共服务供给对城市人口流动的影响程度与城市等级呈现正相关。

表 4 – 18   城市等级层面公共服务供给对城市人口流动的影响

因变量	lnFP			
	地级市	省会城市	副省级城市	直辖市
	双向固定 SDM	个体固定 OLS	个体固定 OLS	个体固定 OLS
$\ln PS$	0.5426 *** (4.1506)	1.4328 *** (5.3240)	1.6762 *** (6.4970)	3.1548 *** (3.4019)
$w \times \ln PS$	7.4273 ** (2.2627)			
控制变量	控制	控制	控制	控制
ρ / λ	0.5320 * (1.6700)			
R^2	0.7839	0.197	0.4133	0.6452
Hausman 检验	131.5267 ***	592.8176 ***	1200.2099 ***	176.8476 ***
观测值数	3486	224	210	56

3. 城市区域层面

（1）公共服务供给对城市人口规模的影响。

根据上述空间计量模型选择步骤报告了区域层面公共服务供给对城市人口规模影响的回归结果，具体参见表 4 – 19。从模型选择来看，东部城市选择了双向固定 SAR 模型，西部城市选择了双向固定 SDM 模型，中部和东北城市因为空间计量模型未通过 LM 检验而选择个体或双向固定 OLS 模型。具体来看，东部和西部城市模型中的空间回归系数值 ρ 均显著为正，表明周边城市人口规模增长对本地城市具有显著的促进作用。从公共服务供给来看，不同区域层面公共服务供给对城市人口规模的影响均显著为正，表明公共服务供给有利于促进城市人口增长，西部城市公共服务供给的空间外溢系数也显著为正，表明周边城市公共服务供给也有利于促进本地城市人口规模增长，即城市公共服务供给具有显著的空间外溢特征。从影响程度来看，中部城市公共服务供给对城市人口规模的影响程度最大，其次是西部城市，再次是东部城市，最后是东北城市。

表 4 – 19　　区域层面公共服务供给对城市人口规模的影响

因变量	lnTP			
	东部城市	中部城市	西部城市	东北城市
	双向固定 SAR	双向固定 OLS	双向固定 SDM	个体固定 OLS
lnPS	0.2654 *** （6.7602）	0.4072 *** （10.0732）	0.2811 *** （7.4703）	0.1665 *** （4.1213）
$w \times$ lnPS	– 0.4981 （– 0.6113）		2.7131 * （1.6928）	
控制变量	控制	控制	控制	控制
ρ / λ	0.8550 * （2.5853）		0.9530 * （2.2152）	
R^2	0.9887	0.1283	0.9837	0.1445
Hausman 检验	277.8975 ***	437.2700 ***	128327.6087 ***	58.0849 ***
观测值数	1204	1120	1176	476

（2）公共服务供给对城市人口迁移的影响。

根据上述空间计量模型选择步骤报告了区域层面公共服务供给对城市人口迁移影响的回归结果，具体参见表 4 – 20。从模型选择来看，东部城市选择了个体固定 SAR 模型，西部城市选择了双向固定 SDM 模型，中部和东北城市因为空间计量模型未通过 LM 检验而选择个体或双向固定 OLS 模型。具体来看，东部和西部城市模型中的空间回归系数值 ρ 均显著为负，表明东部和西部人口迁移存在显著为负的空间相关性，即周边城市迁移人口数量增长对本地城市具有显著的阻碍作用。从公共服务供给来看，东北城市公共服务供给对城市人口迁移影响不显著，其他区域层面公共服务供给对城市人口迁移的影响均显著为正，表明公共服务供给能够有效促进人口向城市迁移；东部城市公共服务供给的空间外溢系数也显著为正，表明周边城市公共服务供给也有利于促进本地城市人口迁移规模增长，即城市公共服务供给具有显著的空间外溢特征。从影响程度来看，东部城市公共服务供给对城市人口迁移的影响程度最大，其次是西部城市，最后是中部城市。

表 4 – 20　　　　区域层面公共服务供给对城市人口迁移的影响

因变量	lnMP			
	东部城市	中部城市	西部城市	东北城市
	个体固定 SAR	双向固定 OLS	双向固定 SDM	个体固定 OLS
lnPS	0.8536 ** (2.2893)	0.3035 ** (1.7193)	0.6957 ** (2.1900)	0.2955 (0.3774)
$w \times$ lnPS	0.9370 * (1.7295)		14.6653 (1.1076)	
控制变量	控制	控制	控制	控制
ρ/λ	−0.9370 * (−1.7295)		−0.9999 * (−1.0522)	
R^2	0.2317	0.0100	0.2507	0.0229
Hausman 检验	198.2670 ***	133.9793 ***	32.6734 **	73.1673 ***
观测值数	1204	1120	1176	476

（3）公共服务供给对城市人口流动的影响。

根据上述空间计量模型选择步骤报告了区域层面公共服务供给对城市人口流动影响的回归结果，具体参见表 4 – 21。从模型选择来看，东部城市和中部城市选择了双向固定 SAR 模型，西部城市选择了个体固定 SAR 模型，东北城市因为空间计量模型未通过 LM 检验而选择个体固定 OLS 模型。具体来看，东部、中部和西部城市模型中的空间回归系数值 ρ 均显著为正，表明这些区域城市流动人口存在显著为正的空间相关性，即周边城市流动人口规模增长对本地城市具有显著的促进作用。从公共服务供给来看，中部城市公共服务供给对人口流动的影响不显著，而其他区域层面公共服务供给对城市人口流动的影响均显著为正，表明公共服务供给有利于促进人口流入城市；西部城市公共服务供给的空间外溢系数也显著为正，表明周边城市公共服务供给也有利于促进本地城市流动人口规模增长，即城市公共服务供给具有显著的空间外溢特征。从影响程度来看，东北城市公共服务供给对城市人口流动的影响程度最大，其次是西部城市，最后是东部城市。

表 4 – 21　　　　区域层面公共服务供给对城市人口流动的影响

因变量	lnFP			
	东部城市	中部城市	西部城市	东北城市
	双向固定 SAR	双向固定 SAR	个体固定 SAR	个体固定 OLS
lnPS	0.1700 * (0.8179)	0.3499 (1.2422)	0.7386 *** (3.2505)	0.8478 *** (2.7261)
$w \times$lnPS	0.1170 (0.0276)	– 4.8023 (– 0.5614)	32.2118 *** (3.6643)	
控制变量	控制	控制	控制	控制
ρ / λ	0.9960 * (1.8633)	0.4840 * (1.8780)	0.6870 * (1.8661)	
R^2	0.8910	0.7753	0.7866	0.3496
Hausman 检验	123.7081 ***	45.8736 ***	150.7361 ***	70.989 ***
观测值数	1204	1120	1176	476

二、城市差异化公共服务供给对人口集聚的影响

（一）模型设定

考虑到一般性公共服务和特殊性公共服务对城市人口集聚的差异性，建立空间计量模型分析城市差异化公共服务供给对人口集聚的影响，其具体模型分别为：

$$\ln P_{i,t} = \beta_1 \ln SPS_{i,t} + \beta_2 \ln NPS_{i,t} + \rho \sum_{j=1}^{N} w_{ij} \ln P_{i,t}$$
$$+ \gamma \ln Z_{i,t+1} + \mu_i + \eta_t + \varepsilon_{i,t} \qquad (4-7)$$

$$\ln P_{i,t} = \beta_1 \ln SPS_{i,t} + \beta_2 \ln NPS_{i,t} + \gamma \ln Z_{i,t+1} + \mu_i + \eta_t + \varepsilon_{i,t}$$

$$\varepsilon_{i,t} = \lambda \sum_{j=1}^{N} w_{i,j} \varepsilon_{j,t} + \sigma_{i,t} \qquad (4-8)$$

$$\ln P_{i,t} = \beta_1 \ln SPS_{i,t} + \beta_2 \ln NPS_{i,t} + \rho \sum_{j=1}^{N} w_{ij} \ln P_{i,t} + \theta_1 \sum_{j=1}^{N} w_{ij} \ln SPS_{i,t}$$

$$+ \theta_2 \sum_{j=1}^{N} w_{ij} \ln NPS_{i,t} + \gamma \ln Z_{i,t+1} + \varphi \sum_{j=1}^{N} w_{ij} \ln Z_{i,t+1}$$

$$+ \mu_i + \eta_t + \varepsilon_{i,t} \qquad (4-9)$$

其中，P 代表城市人口集聚，SPS 代表特殊性公共服务供给，NPS 代表一般性公共服务供给，β_1 和 β_2 代表解释变量的估计系数，ρ 代表空间回归系数，λ 代表空间误差系数，θ_1 和 θ_2 代表空间外溢系数，Z 代表控制变量，γ 代表控制变量的估计系数，φ 代表控制变量空间项的估计系数，μ 代表空间效应，η 代表时间效应，ε 代表独立同分布随机扰动项，w 代表空间权重矩阵，其元素取值为城市间地理距离的倒数，其数据来源于国家基础地理信息系统 1∶400 万中国地形数据库。结合现有研究成果和数据的可获得性，最终选取工资水平（EW）、失业率（UR）、产业升级（IU）、房地产投资（AI）、政府财政支出（GF）、金融发展（FE）和外商直接投资（FDI）等作为影响城市人口集聚的控制变量。

（二）基准回归

根据上述空间计量模型选择步骤报告了城市差异化公共服务供给对人口集聚影响的基准回归结果，具体参见表 4 – 22。从模型选择来看，所有模型均选择了双向固定 SDM 模型。具体来看，常住人口和流动人口模型中的空间回归系数值 ρ 均显著为正，而迁移人口模型中的空间回归系数值 ρ 显著为负，这与上述研究保持一致。从差异化公共服务供给来看，特殊性和一般性公共服务供给对人口集聚的影响均显著为正，表明特殊性和一般性公共服务供给均能够有效促进城市人口集聚，影响城市人口集聚的重要因素。具体来看，在影响程度方面，特殊性公共服务对人口迁移的影响效应最大，而一般性公共服务对流动人口的影响效应最大，表明特殊性公共服务主要对人口迁移的影响最为明显，这与其提供对象主要是户籍人口以及人口向城市的迁移决策密切相关，而一般性公共服务能够有效覆盖流动人口，是促进人口向城市流动的重要因素。在空间外溢方面，常住人口模型中特殊性公共服务供给的空间项显著为负，表明周边城市特殊性公共服务供给对本地城市常住人口规模具有限制作用，而一般性公共服务供给的空间项显著为正，表明周边城市一般性公共服务供给对本地城市人口增长也具有促进作用。总体来看，不同类型公共服务均对城市人口集聚具有促进作用，特殊性公共服务供给对人口迁移的影响尤为显著，而一般性公共服务供给主要体现在对人口流动的影响。

表 4 - 22　　城市差异化公共服务供给对人口集聚的影响

因变量	$\ln TP$	$\ln MP$	$\ln FP$
	双向固定 SDM	双向固定 SDM	双向固定 SDM
$\ln SPS$	0. 1709 *** （10. 8029）	0. 6724 *** （3. 8272）	0. 1611 * （1. 6483）
$\ln NPS$	0. 1826 *** （11. 3148）	0. 1462 （0. 8153）	0. 2924 *** （2. 9313）
$\ln EW$	0. 0833 *** （4. 3012）	0. 1422 （0. 6610）	0. 2653 ** （2. 2171）
$\ln UR$	0. 0041 （0. 9776）	0. 0536 （1. 1399）	- 0. 0456 * （ - 1. 7423）
$\ln IU$	- 0. 0190 ** （ - 2. 3023）	0. 0368 （0. 4015）	- 0. 0788 （ - 1. 5460）
$\ln AI$	0. 0061 （1. 3609）	- 0. 0190 （ - 0. 3793）	- 0. 0206 （ - 0. 7398）
$\ln GF$	- 0. 0057 （ - 0. 7890）	- 0. 0509 （ - 0. 6319）	0. 0099 （0. 2209）
$\ln FE$	- 0. 0346 *** （ - 3. 0216）	0. 1376 （1. 0833）	- 0. 1163 * （ - 1. 6457）
$\ln FDI$	0. 0006 （0. 2832）	0. 0239 （0. 9925）	0. 0128 （0. 9506）
$w \times \ln SPS$	- 1. 0812 ** （ - 2. 4450）	- 0. 8477 （ - 0. 1726）	0. 4003 （0. 1464）
$w \times \ln NPS$	1. 3849 *** （3. 3770）	14. 0237 *** （3. 1160）	4. 36471 * （1. 7485）
$w \times \ln EW$	- 0. 4218 * （ - 1. 7441）	- 4. 3645 （ - 1. 6323）	- 1. 2257 （ - 0. 8246）

续表

因变量	ln*TP*	ln*MP*	ln*FP*
	双向固定 SDM	双向固定 SDM	双向固定 SDM
$w \times \ln UR$	-0.2099 * (-1.6945)	-0.0348 (-0.0253)	-0.5919 (-0.7729)
$w \times \ln IU$	-0.7975 *** (-4.4334)	-2.0749 (-1.0518)	-5.4047 *** (-4.8742)
$w \times \ln AI$	0.1309 (1.1625)	-0.5233 (-0.4200)	-2.0219 *** (-2.9030)
$w \times \ln GF$	-0.2116 (-0.8804)	1.4457 (0.5420)	-3.0944 ** (-2.0787)
$w \times \ln FE$	-0.2705 (-1.1276)	-5.8467 ** (-2.1993)	7.9215 *** (5.3188)
$w \times \ln FDI$	0.0987 (1.6436)	1.7714 *** (2.6490)	1.6899 *** (4.5068)
ρ / λ	0.9999 *** (4.4158)	-0.8570 ** (-2.3119)	0.8630 *** (3.5593)
R²	0.9870	0.1825	0.8451
Log-likelihood	3338.1708	-6214.1480	-3886.9623
空间固定效应	7544.9515 ***	434.5978 ***	3893.3579 ***
时间固定效应	91.2092 ***	24.2511 **	36.6567 ***
Hausman 检验	55920.4157 ***	177.5290 *	469.1461 ***
LM spatial lag	143.0373 ***	82.8900 **	22.3012 ***
Robust LM spatial lag	90.3712 ***	11.4892 ***	11.8984 ***
LM spatial error	82.8722 ***	129.8400 **	19.7273 ***
Robust LM spatial error	30.2061 ***	11.9588 ***	9.3245 ***
Wald test spatial lag	69.5630 ***	31.3479 ***	60.0698 ***
LR test spatial lag	30.9032 ***	30.3711 ***	56.0172 ***
Wald test spatial error	78.4088 ***	29.0339 ***	58.7524 ***

因变量	lnTP	lnMP	lnFP
	双向固定 SDM	双向固定 SDM	双向固定 SDM
LR test spatial error	44. 2887 ***	29. 6338 ***	56. 0776 ***
观测值数	3976	3976	3976

(三) 异质性分析

1. 城市规模层面

(1) 差异化公共服务供给对城市人口规模的影响。

根据上述空间计量模型选择步骤报告了城市规模层面差异化公共服务供给对城市人口规模影响的回归结果,具体参见表 4 - 23。从模型选择来看,中等城市选择了双向固定 SAR 模型,其他城市规模层面均因为空间计量模型未通过 LM 检验或空间回归系数不显著而选择个体或双向固定 OLS 模型。具体来看,中等城市模型中的空间回归系数值 ρ 显著为正,表明中等城市人口规模存在显著为正的空间相关性,即周边城市人口规模增长对本地城市具有显著的促进作用。从特殊性公共服务供给来看,中等城市、大城市和超大城市的回归系数显著为正,而其他规模城市的回归系数不显著,表明中等城市、大城市和超大城市的特殊性公共服务供给有利于促进城市人口规模增长,而其他规模城市的特殊性公共服务供给对城市人口增长影响不显著;从影响程度来看,超大城市特殊性公共服务供给对城市人口规模的影响程度最大,随后依次是大城市和中等城市,表明特殊性公共服务供给对城市人口规模的影响程度与城市规模呈现正相关。从一般性公共服务供给来看,不同规模城市的回归系数均显著为正,表明城市一般性公共服务供给有利于促进城市人口规模增长;从影响程度来看,超大城市一般性公共服务供给对城市人口规模的影响程度最大,随后依次是大城市、中等城市、特大城市和小城市,表明一般性公共服务供给对城市人口规模的影响程度与城市规模呈现 N 型趋势。通过对比两种公共服务供给可以发现,不同规模城市一般性公共服务供给对城市人口规模的影响程度均高于特殊性公共服务供给，表明城市一般性公共服务供给比特殊性公共服务供给更能促进城市人口增长。

表4-23　　城市规模层面差异化公共服务供给对城市人口规模的影响

因变量	lnTP				
	小城市	中等城市	大城市	特大城市	超大城市
	双向固定 OLS	双向固定 SAR	双向固定 OLS	双向固定 OLS	个体固定 OLS
lnSPS	0.0399 (1.5863)	0.1033*** (3.5150)	0.2872*** (7.9652)	0.0019 (0.0150)	0.5131** (2.4164)
lnNPS	0.0789*** (3.0894)	0.2533*** (9.9252)	0.3092*** (7.9610)	0.1807*** (2.9955)	0.7746*** (5.9305)
$w \times$ lnSPS		2.9285** (2.4591)			
$w \times$ lnNPS		-1.3755 (-1.4860)			
控制变量	控制	控制	控制	控制	控制
ρ / λ		0.9999* (2.3899)			
R^2	0.2606	0.8715	0.2559	0.4282	0.8769
Hausman 检验	56.5157***	60.8096***	1889.3843***	576.6826***	170.8615***
观测值数	1162	1512	1078	140	84

（2）差异化公共服务供给对城市人口迁移的影响。

根据上述空间计量模型选择步骤报告了城市规模层面差异化公共服务供给对城市人口迁移影响的回归结果，具体参见表4-24。从模型选择来看，所有城市规模层面均因为空间计量模型未通过 LM 检验或空间回归系数不显著而选择个体或双向固定 OLS 模型。从特殊性公共服务供给来看，中等城市、大城市和超大城市的回归系数显著为正，而其他规模城市的回归系数不显著，表明中等城市、大城市和超大城市的特殊性公共服务供给有利于促进人口向城市迁移，而其他规模城市的特殊性公共服务供给对城市人口迁移影响不显著；从影响程度来看，超大城市特殊性公共服务供给对城市人口迁移的影响程度最大，随后依次是大城市和中等城市，表明特殊性公共服务供给对城市人口迁移的影响程度与城市规模呈现正相关。从一般性公共服务供给来看，大城市和超大城市的回归系数均显著为正，而其他规模层面的回归系数均不显著，表明大城市和超大城市一般性公共服务供给有利于促进城市迁移人口增长，其他规模层面一般性公共服务供给对城市人口迁移的影响不显著。通过对比两种公共服务供给可以发现，城市特殊性公共服务比一般性公共服务供给更能促进城市迁移人口增长。

表4-24　城市规模层面差异化公共服务供给对城市人口迁移的影响

因变量	lnMP				
	小城市	中等城市	大城市	特大城市	超大城市
	个体固定 OLS	双向固定 OLS	双向固定 OLS	个体固定 OLS	双向固定 OLS
lnSPS	0.1499 (0.7858)	0.5631 ** (2.2348)	0.7817 * (1.7898)	0.2062 (0.0871)	18.0397 *** (3.2290)
lnNPS	0.0853 (0.4594)	0.2650 (1.1291)	0.7872 * (1.6725)	1.2331 (1.0147)	7.5485 ** (2.1965)
控制变量	控制	控制	控制	控制	控制
R^2	0.0077	0.0123	0.0175	0.1402	0.1920
Hausman 检验	46.1871 ***	26.2079 *	44.3818 ***	302.383 ***	14.7780 *
观测值数	1162	1512	1078	140	84

（3）差异化公共服务供给对城市人口流动的影响。

根据上述空间计量模型选择步骤报告了城市规模层面差异化公共服务供给对城市人口流动影响的回归结果，具体参见表4-25。从模型选择来看，所有城市规模层面均因为空间计量模型未通过 LM 检验或空间回归系数不显著而选择个体固定 OLS 模型。从特殊性公共服务供给来看，小城市的回归系数不显著，而其他规模城市的回归系数显著为正，表明小城市的特殊性公共服务供给对城市人口流动的影响不显著，而其他规模城市的特殊性公共服务供给有利于促进人口向城市流动；从影响程度来看，超大城市特殊性公共服务供给对城市人口流动的影响程度最大，随后依次是特大城市、大城市和中等城市，表明特殊性公共服务供给对城市人口流动的影响程度与城市规模呈现正相关。从一般性公共服务供给来看，小城市的回归系数不显著，而其他规模城市的回归系数均显著为正，表明小城市一般性公共服务供给对城市人口流动的影响不显著，而其他规模城市一般性公共服务供给有利于人口向城市流动；从影响程度来看，超大城市一般性公共服务供给对城市人口流动的影响程度最大，随后依次是特大城市、大城市和中等城市，表明一般性公共服务供给对城市人口流动的影响程度与城市规模呈现正相关。通过对比两种公共服务供给可以发现，城市一般性公共服务比特殊性公共服务供给更能促进城市流动人口增长。

表 4 – 25   城市规模层面差异化公共服务供给对城市人口流动的影响

因变量	lnFP				
	小城市	中等城市	大城市	特大城市	超大城市
	个体固定 OLS	个体固定 OLS	个体固定 OLS	个体固定 OLS	个体固定 OLS
ln*SPS*	0.0410 （0.2743）	0.0380 ** （1.2581）	0.0970 ** （1.3665）	2.0668 *** （2.7126）	2.8804 *** （2.8372）
ln*NPS*	0.0999 （0.6863）	0.4773 *** （3.6408）	0.6656 ** （2.3771）	1.1449 * （3.3703）	3.2820 *** （5.2555）
控制变量	控制	控制	控制	控制	控制
R²	0.1710	0.2578	0.3359	0.5951	0.6128
Hausman 检验	45.0256 ***	28.9811 *	238.2192 ***	423.6649 ***	336.9446 ***
观测值数	1162	1512	1078	140	84

2. 城市等级层面

（1）差异化公共服务供给对城市人口规模的影响。

根据上述空间计量模型选择步骤报告了城市等级层面差异化公共服务供给对城市人口规模影响的回归结果，具体参见表4-26。从模型选择来看，地级市选择了双向固定 SDM 模型，其他城市等级层面均因为空间计量模型未通过 LM 检验或空间回归系数不显著而选择个体或双向固定 OLS 模型。具体来看，地级市模型中的空间回归系数值 ρ 为正值且满足1%的显著性水平，表明地级市人口规模存在显著为正的空间相关性，即周边城市人口规模增长对本地城市具有显著的促进作用。从特殊性公共服务供给来看，直辖市的回归系数不显著，而其他等级城市的回归系数显著为正，表明直辖市特殊性公共服务供给对城市人口增长影响不显著，而其他等级城市的特殊性公共服务供给有利于促进城市人口规模增长；从影响程度来看，省会城市特殊性公共服务供给对城市人口规模的影响程度最大，随后依次是副省级城市和地级市。从一般性公共服务供给来看，不同等级城市的回归系数均显著为正，表明城市一般性公共服务供给有利于促进城市人口规模增长；从影响程度来看，直辖市一般性公共服务供给对城市人口规模的影响程度最大，随后依次是省会城市、副省级城市和地级市。通过对比两种公共服务供给可以发现，直辖市和地级市的一般性公共服务供给比特殊性公共服务供给更能促进城市人口增长，而省会城市和副省级城市的特殊性公共服务供给比一般性公共服务供给更能促进城市人口增长。

表4-26 城市等级层面差异化公共服务供给对城市人口规模的影响

因变量	$\ln TP$			
	地级市	省会城市	副省级城市	直辖市
	双向固定 SDM	双向固定 OLS	双向固定 OLS	个体固定 OLS
$\ln SPS$	0.1541 *** (9.2731)	0.7235 *** (15.4494)	0.3167 *** (3.6697)	0.1597 (0.7271)

因变量	ln*TP*			
	地级市	省会城市	副省级城市	直辖市
	双向固定 SDM	双向固定 OLS	双向固定 OLS	个体固定 OLS
ln*NPS*	0.1942 *** (11.2200)	0.5059 *** (8.2991)	0.2854 *** (5.8494)	0.6435 *** (4.6884)
$w \times$ ln*SPS*	−0.6303 (−1.2615)			
$w \times$ ln*NPS*	1.4176 *** (3.0055)			
控制变量	控制	控制	控制	控制
ρ / λ	0.9999 *** (3.6851)			
R^2	0.9734	0.8774	0.3471	0.9361
Hausman 检验	76358.5748 ***	870.8846 ***	1342.2552 ***	860.5125 ***
观测值数	3486	224	210	56

（2）差异化公共服务供给对城市人口迁移的影响。

根据上述空间计量模型选择步骤报告了城市等级层面差异化公共服务供给对城市人口迁移影响的回归结果，具体参见表 4 - 27。从模型选择来看，地级市选择了双向固定 SDM 模型，其他城市等级层面均因为空间计量模型未通过 LM 检验或空间回归系数不显著而选择个体或时间固定 OLS 模型。具体来看，地级市模型中的空间回归系数值 ρ 为负值且满足 1% 的显著性水平，表明地级市人口迁移存在显著为负的空间相关性，即周边城市迁移人口数量增长对本地城市具有显著的阻碍作用。从特殊性公共服务供给来看，省会城市的回归系数不显著，而其他等级城市的回归系数显著为正，表明省会城市的特殊性公共服务供给对城市迁移人口增长影响不显著，而其他等级城市的特殊性公共服务供给有利于促进城市迁移人口增长；从影响程度来看，直辖市特殊性公共服务供给对城市人口迁移的影响程度最大，随后依次是副省级

城市和地级市。从一般性公共服务供给来看，直辖市的回归系数显著
为负，而其他等级城市的回归系数均不显著，表明直辖市一般性公共
服务供给不利于人口向城市迁移，而其他等级城市一般性公共服务供
给对人口迁移影响不显著。通过对比两种公共服务供给可以发现，特
殊性公共服务供给比一般性公共服务供给更能促进城市迁移人口增长，
且其影响程度与城市等级呈现正相关。

表 4 - 27　　城市等级层面差异化公共服务供给对城市人口迁移的影响

因变量	lnMP			
	地级市	省会城市	副省级城市	直辖市
	双向固定 SDM	个体固定 OLS	个体固定 OLS	时间固定 OLS
lnSPS	0.4639 *** (3.1244)	0.4479 (0.2625)	3.5885 ** (1.9882)	27.2672 *** (3.8420)
lnNPS	0.2235 (1.4452)	1.5286 (1.1615)	1.2767 (1.1990)	-10.8187 *** (-2.8287)
$w \times$ lnSPS	5.3578 (1.1984)			
$w \times$ lnNPS	12.2231 *** (2.9338)			
控制变量	控制	控制	控制	控制
ρ/λ	-0.9900 ** (-2.3280)			
R^2	0.1469	0.0378	0.1600	0.3606
Hausman 检验	90.6634 **	567.3327 ***	1526.6231 ***	71.3045 **
观测值数	3486	224	210	56

（3）差异化公共服务供给对城市人口流动的影响。

根据上述空间计量模型选择步骤报告了城市等级层面差异化公共
服务供给对城市人口流动影响的回归结果，具体参见表 4 - 28。从模型
选择来看，地级市选择了双向固定 SDM 模型，其他城市等级层面均因

为空间计量模型未通过 LM 检验或空间回归系数不显著而选择个体固定 OLS 模型。具体来看，地级市模型中的空间回归系数值 ρ 显著为正，表明地级市流动人口存在显著为正的空间相关性，即周边城市流动人口规模增长对本地城市具有显著的促进作用。从特殊性公共服务供给来看，地级市和省会城市的回归系数显著为正，而其他等级城市的回归系数不显著，表明地级市和省会城市的特殊性公共服务供给有利于促进城市流动人口增长，而其他等级城市的特殊性公共服务供给对城市人口流动影响不显著。从一般性公共服务供给来看，省会城市的回归系数不显著，而其他等级城市的回归系数均显著为正，表明省会城市一般性公共服务供给对人口流动影响不显著，而其他等级城市一般性公共服务供给有利于人口向城市流动；从影响程度来看，直辖市特殊性公共服务供给对城市人口流动的影响程度最大，随后依次是副省级城市和地级市。通过对比两种公共服务供给可以发现，一般性公共服务供给比特殊性公共服务供给更能促进城市流动人口增长，且其影响程度与城市等级呈现正相关。

表 4 – 28　城市等级层面差异化公共服务供给对城市人口流动的影响

因变量	$\ln FP$			
	地级市	省会城市	副省级城市	直辖市
	双向固定 SDM	个体固定 OLS	个体固定 OLS	个体固定 OLS
$\ln SPS$	0.1833 * (1.838524)	1.0473 *** (3.1619)	0.1583 (0.4418)	1.5989 (1.1260)
$\ln NPS$	0.3599 *** (3.4658)	0.2513 (0.5828)	1.4802 *** (4.8818)	3.2318 *** (3.6432)
$w \times \ln SPS$	− 1.5100 (− 0.5038)			
$w \times \ln NPS$	8.2963 *** (2.9634)			
控制变量	控制	控制	控制	控制

续表

因变量	lnFP			
	地级市	省会城市	副省级城市	直辖市
	双向固定 SDM	个体固定 OLS	个体固定 OLS	个体固定 OLS
ρ/λ	0.4790* (2.4850)			
R^2	0.7841	0.2066	0.4201	0.6703
Hausman 检验	140.8716***	595.7137***	1188.7493***	293.3996***
观测值数	3486	224	210	56

3. 城市区域层面

（1）差异化公共服务供给对城市人口规模的影响。

根据上述空间计量模型选择步骤报告了区域层面差异化公共服务供给对城市人口规模影响的回归结果，具体参见表4－29。从模型选择来看，东部城市选择了双向固定 SAR 模型，西部城市选择了双向固定 SDM 模型，中部城市和东北城市因为空间计量模型未通过 LM 检验而选择个体或双向固定 OLS 模型。具体来看，东部城市和西部城市模型中的空间回归系数值 ρ 均显著为正，表明周边城市人口规模增长对本地城市具有显著的促进作用。从特殊性公共服务供给来看，不同区域城市的回归系数均显著为正，表明各区域城市特殊性公共服务供给均有利于促进城市人口规模增长；从影响程度来看，东部城市特殊性公共服务供给对城市人口规模的影响程度最大，随后依次是中部城市、西部城市和东北城市。从一般性公共服务供给来看，不同区域城市的回归系数均显著为正，表明各区域城市一般性公共服务供给均有利于促进城市人口规模增长；从影响程度来看，中部城市一般性公共服务供给对城市人口规模的影响程度最大，随后依次是东北城市、东部城市和西部城市。通过对比两种公共服务供给可以发现，东部城市和西部城市的特殊性公共服务供给比一般性公共服务供给更能促进城市人口增长，而中部城市和东北城市的一般性公共服务供给比特殊性公共服务供给更能促进城市人口增长。

表4-29　　区域层面差异化公共服务供给对城市人口规模的影响

因变量	lnTP			
	东部城市	中部城市	西部城市	东北城市
	双向固定 SAR	双向固定 OLS	双向固定 SDM	个体固定 OLS
lnSPS	0.2746 *** (7.9097)	0.1591 *** (5.4076)	0.1271 *** (4.3590)	0.0512 * (1.6727)
lnNPS	0.0871 ** (2.5470)	0.2520 *** (8.5479)	0.0691 * (1.7984)	0.1004 *** (3.0939)
$w \times$ lnSPS	0.0064 (0.0092)		-1.1413 (-0.8430)	
$w \times$ lnNPS	-0.4587 (-0.6848)		-0.3240 (-0.4127)	
控制变量	控制	控制	控制	控制
ρ / λ	0.5840 ** (3.0387)		0.5280 * (1.6471)	
R^2	0.9891	0.1291	0.9839	0.1398
Hausman 检验	245.2001 ***	340.7648 ***	567.3637 ***	57.2563 ***
观测值数	1204	1120	1176	476

（2）差异化公共服务供给对城市人口迁移的影响。

根据上述空间计量模型选择步骤报告了区域层面差异化公共服务供给对城市人口迁移影响的回归结果，具体参见表4-30。从模型选择来看，东部城市选择了个体固定 SAR 模型，西部城市选择了双向固定 SDM 模型，中部城市和东北城市因为空间计量模型未通过 LM 检验而选择个体或双向固定 OLS 模型。具体来看，东部城市和西部城市模型中的空间回归系数值 ρ 显著为负，表明东部城市和西部城市人口迁移存在显著为负的空间相关性，即周边城市迁移人口数量增长对本地城市具有显著的阻碍作用。从特殊性公共服务供给来看，东部城市和中部城市的回归系数均显著为正，而其他区域的回归系数不显著，表明东部城市和中部城市特殊性公共服务供给均有利于促进城市迁移人口增长，而西部城市和东北城市特殊性公共服务供给对城市人口迁移的影响不显著。从一般性公共服务供给来看，不同区域城市的回归系数均不显著，表明各区域城市一般性公共服务供给对城市人口迁移的影响不显著。通过对比两种公共服务供给可以发现，东部城市和中部城市的特殊性公共服务供给比一般性公共服务供给更能促进人口向城市迁移。

表 4 – 30　　区域层面差异化公共服务供给对城市人口迁移的影响

因变量	lnMP			
	东部城市	中部城市	西部城市	东北城市
	个体固定 SAR	双向固定 OLS	双向固定 SDM	个体固定 OLS
lnSPS	0. 7993 ** (2. 1854)	0. 5989 * (1. 9522)	0. 3848 (1. 5547)	0. 7975 (1. 3490)
lnNPS	0. 0516 (0. 1431)	− 0. 0275 (− 0. 0895)	0. 3990 (1. 6122)	− 0. 2425 (− 0. 3874)
w × lnSPS	15. 3026 ** (2. 1240)		− 7. 8365 (− 0. 5866)	
w × lnNPS	3. 1116 (0. 4407)		17. 4372 (1. 5161)	
控制变量	控制	控制	控制	控制
ρ / λ	− 0. 5560 ** (− 2. 0974)		− 0. 9999 * (− 4. 0520)	
R^2	0. 2449	0. 0129	0. 2517	0. 0265
Hausman 检验	150. 7157 ***	100. 0318 ***	32. 9957 **	73. 7363 ***
观测值数	1204	1120	1176	476

（3）差异化公共服务供给对城市人口流动的影响。

根据上述空间计量模型选择步骤报告了区域层面差异化公共服务供给对城市人口流动影响的回归结果，具体参见表 4 – 31。从模型选择来看，东部城市和中部城市选择了双向固定 SAR 模型，西部城市选择了个体固定 SAR 模型，东北城市因为空间计量模型未通过 LM 检验而选择个体固定 OLS 模型。具体来看，东部城市、中部城市和西部城市模型中的空间回归系数值 ρ 显著为正，表明这些区域城市流动人口存在显著为正的空间相关性，即周边城市流动人口规模增长对本地城市具有显著的促进作用。从特殊性公共服务供给来看，西部城市的回归系数均显著为正，而其他区域的回归系数不显著，表明西部城市特殊性公共服务供给有利于促进城市流动人口增长，而其他区域特殊性公共服务供给对城市人口流动的影响不显著。从一般性公共服务供给来看，中部城市和东北城市的回归系数显著为正，而其他区域城市的回归系数均不显著，表明中部城市和东北城市一般性公共服务供给有利于促进人口向城市流动，而其他区域城市一般性公共服务供给对人口流动的影响不显著。通过对比两种公共服务供给可以发现，中部城市和东北城市的一般性公共服务供给比特殊性公共服务供给更能促进城市流动人口增长，而西部城市的特殊性公共服务供给比一般性公共服务供给更能促进人口向城市流动。

表 4 – 31　区域层面差异化公共服务供给对城市人口流动的影响

因变量	lnFP			
	东部城市	中部城市	西部城市	东北城市
	双向固定 SAR	双向固定 SAR	个体固定 SAR	个体固定 OLS
lnSPS	0.0271 (0.1453)	0.2338 (1.0709)	0.4985 *** (2.6934)	0.0960 (0.4086)
lnNPS	0.2194 (1.1913)	0.4846 ** (2.3367)	0.2312 (1.2937)	0.6918 *** (2.7815)
$w \times$ lnSPS	7.9657 ** (2.1870)	– 5.3733 (– 1.0416)	24.7337 *** (3.1961)	
$w \times$ lnNPS	– 5.0022 (– 1.3811)	– 2.4298 (– 0.4173)	13.0909 * (1.9415)	
控制变量	控制	控制	控制	控制
ρ / λ	0.8280 * (3.5213)	0.4100 ** (4.7356)	0.6560 * (0.8222)	

因变量	lnFP			
	东部城市	中部城市	西部城市	东北城市
	双向固定 SAR	双向固定 SAR	个体固定 SAR	个体固定 OLS
R^2	0.8916	0.7766	0.7868	0.3510
Hausman 检验	40.7292 **	30.7295 **	20.1551 **	69.0928 ***
观测值数	1204	1120	1176	476

第三节　现行户籍制度下城市公共服务供给对人口集聚的影响

下面分析现行户籍制度下城市公共服务供给对人口集聚的空间效应和结构差异。考虑到户籍制度对城市公共服务供给的约束性，运用空间计量模型和城市面板数据：一是研究户籍制度如何通过限制外来人口平等地享受城市的公共服务，使得外来人口因为无法平等享受城市公共服务而减少向城市集聚；二是基于城市规模、行政等级和地理位置层面分析户籍制度下城市公共服务供给对人口集聚的空间效应和结构差异。

一、现行户籍制度下城市公共服务供给对人口集聚的影响

（一）模型设定

在上述分析空间模型的基础上，加入公共服务供给与户籍制度变量的交叉项，以考察两者对人口集聚的共同作用，以检验在户籍制度约束下的城市公共服务供给是否依然影响人口集聚，最终产生新的空间计量面板模型：

$$\ln P_{i,t} = \alpha \ln PS_{i,t} + \beta \ln HR_{i,t} + \gamma \ln PS_{i,t} \times \ln HR_{i,t} + \rho \sum_{j=1}^{N} w_{ij} \ln P_{i,t}$$
$$+ \upsilon \ln Z_{i,t+1} + \mu_i + \eta_t + \varepsilon_{i,t} \tag{4-10}$$

$$\ln P_{i,t} = \alpha \ln PS_{i,t} + \beta \ln HR_{i,t} + \gamma \ln PS_{i,t} \times \ln HR_{i,t} + \upsilon \ln Z_{i,t+1} + \mu_i + \eta_t + \varepsilon_{i,t}$$

$$\varepsilon_{i,t} = \lambda \sum_{j=1}^{N} w_{i,j} \varepsilon_{j,t} + \sigma_{i,t} \qquad (4-11)$$

$$\ln P_{i,t} = \alpha \ln PS_{i,t} + \beta \ln HR_{i,t} + \gamma \ln PS_{i,t} \times \ln HR_{i,t} + \rho \sum_{j=1}^{N} w_{ij} \ln P_{i,t}$$

$$+ \theta \sum_{j=1}^{N} w_{ij} \ln PS_{i,t} + \delta \sum_{j=1}^{N} w_{ij} \ln HR_{i,t} + \phi \sum_{j=1}^{N} w_{ij} (\ln PS_{i,t}$$

$$\times \ln HR_{i,t}) + \upsilon \ln Z_{i,t+1} + \varphi \sum_{j=1}^{N} w_{ij} \ln Z_{i,t+1} + \mu_i + \eta_t + \varepsilon_{i,t}$$

$$(4-12)$$

其中，各变量的含义参见本章第一节和第二节。

（二）基准回归

根据上述空间计量模型选择步骤报告了户籍制度下城市公共服务供给对人口集聚影响的基准回归结果，具体参见表 4-32。从模型选择来看，常住人口和迁移人口模型均选择了双向固定 SDM 模型，而流动人口模型选择了双向固定 SAR 模型。具体来看，常住人口和流动人口模型中的空间回归系数值 ρ 均显著为正，而迁移人口模型中的空间回归系数值 ρ 显著为负，这与上述研究保持一致。从户籍制度来看，户籍制度对城市常住人口和流动人口的影响显著为正，而对城市人口迁移的影响显著为负，这与本章第一节中的分析结果相一致，表明户籍制度仅对城市人口迁移具有限制作用。从公共服务供给来看，城市公共服务供给对人口集聚的影响均显著为正，这与本章第二节中的分析结果相一致，表明城市公共服务供给能够有效促进城市人口集聚。从公共服务供给与户籍制度的交叉项来看，各模型中的回归系数均显著为负，表明户籍制度会削弱城市公共服务对人口集聚的正向影响。由此可见，户籍制度作为影响城市人口增长的制度性障碍和约束，不仅直接影响人口在区域间的自由迁移，还会通过削弱城市公共服务供给而阻碍城市人口迁移和流动，即随着落户门槛的提高，城市公共服务对人口迁移和流动的影响会有所减弱。在空间外溢方面，周边城市公共服务供给对本地城市人口增长具有促进作用；周边城市户籍制度对本地城市常住人口和流动人口具有促进作用；周边城市户籍制度和公共服务供给共同作用对本地城市常住人口和流动人口具有抑制作用。总体来看，户籍制度会约束人口向城市集聚，且会通过削弱公共服务供给而阻碍人口向城市集聚，但城市公共服务供给仍然对人口集聚具有促进作用。

表4－32　　户籍制度下城市公共服务供给对人口集聚的影响

因变量	lnTP	lnMP	lnFP
	双向固定 SDM	双向固定 SDM	双向固定 SAR
lnPS	0. 5091 *** (4. 3403)	3. 2767 ** (2. 3483)	10. 1718 *** (16. 1075)
lnHR	0. 6207 *** (11. 6131)	－ 3. 0411 *** (－ 4. 7851)	9. 6698 *** (33. 6046)
lnPS × lnHR	－ 0. 0453 * (－ 1. 8447)	－ 0. 8444 *** (－ 2. 8917)	－ 2. 1336 *** (－ 16. 1445)
lnEW	0. 0731 *** (4. 0664)	0. 1036 (0. 4838)	0. 1882 * (1. 9423)
lnUR	0. 0068 * (1. 7300)	0. 0424 (0. 9064)	－ 0. 0253 (－ 1. 1932)
lnIU	－ 0. 0155 ** (－ 2. 0320)	0. 0595 (0. 6536)	－ 0. 0747 * (－ 1. 8124)
lnAI	0. 0089 ** (2. 1243)	－ 0. 0352 (－ 0. 7076)	0. 0073 (0. 326)
lnGF	0. 0035 (0. 5115)	－ 0. 0665 (－ 0. 8285)	0. 0790 ** (2. 1741)
lnFE	－ 0. 0375 *** (－ 3. 5523)	0. 1041 (0. 8289)	－ 0. 0986 * (－ 1. 7334)
lnFDI	0. 0001 (0. 0510)	0. 0237 (0. 9895)	0. 0117 (1. 0728)
w × lnPS	34. 9067 *** (9. 3851)	72. 5819 * (1. 6792)	39. 7140 ** (1. 9946)

续表

因变量	lnTP	lnMP	lnFP
	双向固定 SDM	双向固定 SDM	双向固定 SAR
$w \times \ln HR$	17.0021 *** (9.1220)	−2.6578 (−0.1240)	28.1228 *** (2.7662)
$w \times (\ln PS \times \ln HR)$	−7.0634 *** (−9.4527)	−11.0079 (−1.2648)	−7.3837 * (−1.8400)
$w \times \ln EW$	0.0700 (0.6039)	−1.2513 (−0.9094)	1.5518 ** (2.4908)
$w \times \ln UR$	−0.7445 *** (−3.2622)	−4.4081 (−1.6362)	−0.3790 (−0.3105)
$w \times \ln IU$	−0.4766 *** (−2.7957)	−2.9709 (−1.4750)	−3.4564 *** (−3.7711)
$w \times \ln AI$	0.2433 ** (2.3089)	−1.1330 (−0.9096)	−0.9269 (−1.6401)
$w \times \ln GF$	0.1270 (0.5617)	1.3266 (0.4928)	−1.7024 (−1.3960)
$w \times \ln FE$	−0.8080 *** (−3.5791)	−5.2707 ** (−1.9852)	5.5228 *** (4.5904)
$w \times \ln FDI$	−0.0504 (−0.8662)	1.5435 ** (2.2231)	1.1969 *** (3.7900)
ρ/λ	0.9930 *** (4.4135)	−0.994 *** (−2.6330)	0.9905 *** (4.3821)
R^2	0.9888	0.1894	0.9053
Log-likelihood	3627.4818	−6197.8001	−2888.4945
空间固定效应	8086.7017 ***	432.3764 ***	3451.9889 ***
时间固定效应	97.9610 ***	25.6115 **	31.3883 ***
Hausman 检验	280246.6141 ***	31.6943 *	181.1110 ***
LM spatial lag	149.7082 ***	103.7200 **	16.9974 ***
Robust LM spatial lag	116.7452 ***	12.3601 ***	45.5616 ***

因变量	lnTP	lnMP	lnFP
	双向固定 SDM	双向固定 SDM	双向固定 SAR
LM spatial error	69.8134 ***	175.7500 **	1.6561
Robust LM spatial error	36.8504 ***	13.0803 ***	30.2202 ***
Wald test spatial lag	147.1952 ***	38.6276 ***	69.9284 ***
LR test spatial lag	118.6279 ***	37.5427 ***	100.9192 ***
Wald test spatial error	183.9909 ***	35.7514 ***	114.6466 ***
LR test spatial error	139.5137 ***	36.4633 ***	113.8819 ***
观测值数	3976	3976	3976

(三) 异质性分析

1. 城市规模层面

(1) 户籍制度下公共服务供给对城市人口规模的影响。

根据上述空间计量模型选择步骤报告了城市规模层面户籍制度下公共服务供给对城市人口规模影响的回归结果,具体参见表 4 - 33。从模型选择来看,中等城市选择了双向固定 SAR 模型,其他城市规模层面均因为空间计量模型未通过 LM 检验或空间回归系数不显著而选择个体或双向固定 OLS 模型。具体来看,中等城市模型中的空间回归系数值 ρ 显著为正,表明中等城市人口规模存在显著为正的空间相关性,即周边城市人口规模增长对本地城市具有显著的促进作用。从公共服务供给来看,小城市公共服务供给对城市人口规模的影响不显著,而其他规模层面公共服务供给对城市人口规模的影响均显著为正,表明除小城市外其他规模城市公共服务供给有利于促进城市人口增长。从户籍制度来看,不同城市规模层面户籍制度对城市人口规模的影响均显著为正,表明户籍制度并未起到限制城市常住人口增长的作用,反而促进城市人口增长。从公共服务供给与户籍制度的交叉项来看,小城市的回归系数不显著,而其他规模层面的回归系数均显著为负,表明除小城市外其他规模城市的户籍制度会削弱城市公共服务供给对人口增长的正向影响；从影响程度看，中等城市的抑制作用尤其明显，随后依次为特大城市、大城市和超大城市。总体来看，除小城市外，其他规模城市户籍制度会通过削弱公共服务供给而阻碍常住人口规模增长，但城市公共服务供给仍然对常住人口规模增长具有显著促进作用。

表4-33 城市规模层面户籍制度下公共服务供给对城市人口规模的影响

因变量	lnTP				
	小城市	中等城市	大城市	特大城市	超大城市
	双向固定 OLS	双向固定 SAR	双向固定 OLS	双向固定 OLS	个体固定 OLS
lnPS	0.0443 (0.0764)	3.8455 *** (5.6893)	2.1742 *** (7.7601)	2.9050 *** (3.1447)	2.0739 *** (3.7470)
lnHR	0.3938 *** (2.8113)	0.8087 *** (3.5216)	1.5446 *** (11.1366)	1.7352 *** (3.1000)	1.2968 *** (3.6073)
lnPS × lnHR	0.0123 (0.1002)	-0.6197 *** (-4.3405)	-0.3523 *** (-6.0274)	-0.4920 ** (-2.5273)	-0.2866 *** (-2.6900)
w × lnPS		-2.2400 (-0.2187)			
w × lnHR		0.8664 (0.6576)			
w × (lnPS × lnHR)		0.0076 (0.0035)			
控制变量	控制	控制	控制	控制	控制
ρ / λ		0.9952 * (1.7957)			
R^2	0.1081	0.5262	0.4686	0.5940	0.8923
Hausman 检验	126.4770 ***	155.0558 ***	576.3472 ***	377.3969 ***	163.2497 ***
观测值数	1162	1512	1078	140	84

（2）户籍制度下公共服务供给对城市人口迁移的影响。

根据上述空间计量模型选择步骤报告了城市规模层面户籍制度下公共服务供给对城市人口迁移影响的回归结果，具体参见表4-34。从模型选择来看，所有城市规模层面均因为空间计量模型未通过LM检验或空间回归系数不显著而选择个体或双向固定OLS模型。从公共服务供给来看，小城市公共服务供给对城市人口迁移的影响不显著，而其他规模层面公共服务供给对城市人口迁移的影响均显著为正，表明除小城市外其他规模城市公共服务供给有利于促进人口向城市迁移。从户籍制度来看，不同城市规模层面户籍制度对城市人口迁移的影响均显著为负，表明户籍制度能够有效限制城市迁移人口增长。从公共服务供给与户籍制度的交叉项来看，小城市的回归系数不显著，而其他规模层面的回归系数均显著为负，表明除小城市外其他规模城市的户籍制度会削弱城市公共服务供给对人口迁移的正向影响；从影响程度看，超大城市的抑制作用尤其明显，随后依次为大城市、中等城市和特大城市。总体来看，除小城市外，其他规模城市户籍制度会通过削弱公共服务供给而阻碍迁移人口规模增长，但城市公共服务供给仍然对迁移人口规模增长具有显著促进作用。

表4-34　　城市规模层面户籍制度下公共服务供给对城市人口迁移的影响

因变量	$\ln MP$				
	小城市	中等城市	大城市	特大城市	超大城市
	个体固定 OLS	双向固定 OLS	双向固定 OLS	个体固定 OLS	个体固定 OLS
$\ln PS$	6.8388 （1.4970）	7.3163* （1.9533）	7.8221* （1.9599）	4.0915** （2.3578）	7.1107** （2.4213）
$\ln HR$	-2.3805** （-2.1597）	-4.8343*** （-3.8179）	-6.2008*** （-3.1389）	-3.4290* （3.0511）	-6.4191** （-4.5668）
$\ln PS \times \ln HR$	1.4894 （1.5386）	-1.6992** （-2.1700）	-1.9682** （-2.3638）	-0.4639* （-1.2025）	-2.1580** （-1.6281）
控制变量	控制	控制	控制	控制	控制
R^2	0.0128	0.0331	0.0306	0.1460	0.2439

续表

因变量	ln*MP*				
	小城市	中等城市	大城市	特大城市	超大城市
	个体固定 OLS	双向固定 OLS	双向固定 OLS	个体固定 OLS	个体固定 OLS
Hausman 检验	42. 8805 ***	34. 4817 **	38. 2936 **	523. 6271 ***	175. 7556 ***
观测值数	1162	1512	1078	140	84

（3）户籍制度下公共服务供给对城市人口流动的影响。

根据上述空间计量模型选择步骤报告了城市规模层面户籍制度下公共服务供给对城市人口流动影响的回归结果，具体参见表 4 - 35。从模型选择来看，所有城市规模层面均因为空间计量模型未通过 LM 检验或空间回归系数不显著而选择个体固定 OLS 模型。从公共服务供给来看，不同规模层面公共服务供给对城市人口流动的影响均显著为正，表明各规模城市公共服务供给均有利于促进人口向城市流动。从户籍制度来看，不同城市规模层面户籍制度对城市人口规模的影响均显著为正，表明户籍制度不能限制城市流动人口增长，反而有利于人口向城市流动。从公共服务供给与户籍制度的交叉项来看，不同规模层面的回归系数均显著为负，表明各规模城市的户籍制度均会削弱城市公共服务供给对人口流动的正向影响；从影响程度看，大城市的抑制作用尤其明显，随后依次为中等城市、超大城市、小城市和特大城市。总体来看，各规模城市户籍制度会通过削弱公共服务供给而阻碍流动人口规模增长，但城市公共服务供给仍然对流动人口规模增长具有显著促进作用。

表 4 - 35　城市规模层面户籍制度下公共服务供给对城市人口流动的影响

因变量	ln*FP*				
	小城市	中等城市	大城市	特大城市	超大城市
	个体固定 OLS	个体固定 OLS	个体固定 OLS	个体固定 OLS	个体固定 OLS
ln*PS*	4. 5995 *	11. 9200 ***	19. 3011 ***	1. 8944 **	8. 5563 ***
	(1. 8127)	(6. 5294)	(10. 2694)	(2. 5084)	(3. 5017)

续表

因变量	lnFP				
	小城市	中等城市	大城市	特大城市	超大城市
	个体固定 OLS	个体固定 OLS	个体固定 OLS	个体固定 OLS	个体固定 OLS
lnHR	8.5658 *** (13.9928)	9.4827 *** (15.3726)	15.8740 *** (17.1154)	2.2705 * (2.0394)	6.2276 *** (3.9242)
lnPS×lnHR	−0.9700 * (−1.8042)	−2.4902 *** (−6.5244)	−4.0582 *** (−10.3690)	−0.6011 *** (−2.8051)	−1.2483 *** (−2.6543)
控制变量	控制	控制	控制	控制	控制
R²	0.5862	0.5261	0.6268	0.5881	0.7112
Hausman 检验	41.0298 ***	30.4401 *	333.2496 ***	697.0318 ***	272.4665 ***
观测值数	1162	1512	1078	140	84

2. 城市等级层面

（1）户籍制度下公共服务供给对城市人口规模的影响。

根据上述空间计量模型选择步骤报告了城市等级层面户籍制度下公共服务供给对城市人口规模影响的回归结果，具体参见表 4-36。从模型选择来看，地级市选择了双向固定 SDM 模型，其他城市等级层面均因为空间计量模型未通过 LM 检验或空间回归系数不显著而选择个体或双向固定 OLS 模型。具体来看，地级市模型中的空间回归系数值 ρ 为正值且满足 1% 的显著性水平，表明地级市人口规模存在显著为正的空间相关性，即周边城市人口规模增长对本地城市具有显著的促进作用。从公共服务供给来看，不同城市等级层面公共服务供给对城市人口规模的影响均显著为正，表明公共服务供给有利于促进城市人口增长。从户籍制度来看，地级市和省会城市户籍制度对城市人口规模的影响显著为正，而副省级城市和直辖市户籍制度对城市人口规模的影响不显著，表明户籍制度未能限制城市人口规模增长，反而会促进地级市和省会城市人口增长。从公共服务供给与户籍制度的交叉项来看，地级市和省会城市的回归系数显著为负，而副省级城市和直辖市的回归系数不显著，表明地级市和省会城市户籍制度会削弱城市公共服务供给对人口增长的正向影响；从影响程度看，省会城市的抑制作用略高于地级市。在空间外溢方面，周边城市公共服务供给和户籍制度均对本地城市人口增长具有促进作用，而周边城市户籍制度和公共服务供给共同作用对本地城市常住人口规模增长具有抑制作用。总体来看，地级市和省会城市户籍制度会通过削弱公共服务供给而阻碍常住人口规模增长，但城市公共服务供给仍然对常住人口规模增长具有显著促进作用。

表 4 - 36 城市等级层面户籍制度下公共服务供给对城市人口规模的影响

因变量	lnTP			
	地级市	省会城市	副省级城市	直辖市
	双向固定 SDM	双向固定 OLS	双向固定 OLS	个体固定 OLS
lnPS	1.1182 *** (7.2259)	1.1699 ** (2.4110)	0.0791 ** (1.2171)	0.5964 ** (1.6999)
lnHR	0.8338 *** (13.3499)	1.1257 *** (4.4059)	-0.0658 (-0.3044)	0.7230 (1.0342)
lnPS × lnHR	-0.1727 *** (-5.3289)	-0.2194 ** (-2.2462)	0.1014 (1.3680)	0.0276 (0.1500)
w × lnPS	34.6803 *** (6.4184)			
w × lnHR	14.4087 *** (5.9702)			
w × (lnPS × lnHR)	-7.0050 *** (-6.3851)			
控制变量	控制	控制	控制	控制
ρ / λ	0.9990 *** (3.7093)			
R^2	0.9766	0.4645	0.3848	0.9619
Hausman 检验	98267.1939 ***	1047.0804 ***	1190.3324 ***	1299.5246 ***
观测值数	3486	224	210	56

（2）户籍制度下公共服务供给对城市人口迁移的影响。

根据上述空间计量模型选择步骤报告了城市等级层面户籍制度下公共服务供给对城市人口迁移影响的回归结果，具体参见表4－37。从模型选择来看，地级市选择了双向固定 SDM 模型，其他城市等级层面均因为空间计量模型未通过 LM 检验或空间回归系数不显著而选择个体或时间固定 OLS 模型。具体来看，地级市模型中的空间回归系数值 ρ 为负值且满足 1% 的显著性水平，表明地级市人口迁移存在显著为负的空间相关性，即周边城市迁移人口数量增长对本地城市具有显著的阻碍作用。从公共服务供给来看，不同城市等级层面公共服务供给对城市人口迁移的影响均显著为正，表明公共服务供给能够有效促进人口向城市迁移。从户籍制度来看，不同等级城市户籍制度对城市人口迁移的影响显著为负，表明户籍制度能够限制人口向城市迁移。从公共服务供给与户籍制度的交叉项来看，不同等级城市的回归系数均显著为负，表明各等级城市户籍制度会削弱城市公共服务供给对人口迁移的正向影响；从影响程度看，直辖市的抑制作用尤其明显，随后依次为地级市、省会城市和副省级城市。在空间外溢方面，仅周边城市户籍制度对本地城市人口增长具有抑制作用，而其他回归系数均不显著。总体来看，各等级城市户籍制度会通过削弱公共服务供给而阻碍人口向城市迁移，但城市公共服务供给仍然对迁移人口规模增长具有显著促进作用。

表4－37　　城市等级层面户籍制度下公共服务供给对城市人口迁移的影响

因变量	lnMP			
	地级市	省会城市	副省级城市	直辖市
	双向固定 SDM	个体固定 OLS	个体固定 OLS	时间固定 OLS
ln*PS*	1.9126 *	2.6704 *	1.5273 **	3.5033 **
	(2.3057)	(2.2109)	(3.1968)	(3.0922)
ln*HR*	−2.4824 ***	−4.4591 **	−1.0385 **	−10.4170 ***
	(−4.1985)	(−3.6676)	(−4.2249)	(−8.3560)

续表

因变量	lnMP			
	地级市	省会城市	副省级城市	直辖市
	双向固定 SDM	个体固定 OLS	个体固定 OLS	时间固定 OLS
$\ln PS \times \ln HR$	-0.5462 * (-1.7801)	-0.4608 ** (-2.1800)	-0.2503 ** (-2.1614)	-1.0289 *** (-2.1324)
$w \times \ln PS$	-42.3341 (-0.8416)			
$w \times \ln HR$	-37.6402 * (-1.6836)			
$w \times (\ln PS \times \ln HR)$	12.6967 (1.2398)			
控制变量	控制	控制	控制	控制
ρ / λ	-0.9970 ** (-2.3432)			
R^2	0.1567	0.0840	0.1513	0.3330
Hausman 检验	194.6563 ***	671.7514 ***	11122.5693 ***	9220.4613 ***
观测值数	3486	224	210	56

（3）户籍制度下公共服务供给对城市人口流动的影响。

根据上述空间计量模型选择步骤报告了城市等级层面户籍制度下公共服务供给对城市人口流动影响的回归结果，具体参见表 4-38。从模型选择来看，地级市选择了双向固定 SDM 模型，其他城市等级层面均因为空间计量模型未通过 LM 检验或空间回归系数不显著而选择个体固定 OLS 模型。具体来看，地级市模型中的空间回归系数值 ρ 显著为正，表明地级市流动人口存在显著为正的空间相关性，即周边城市流动人口规模增长对本地城市具有显著的促进作用。从公共服务供给来看，不同城市等级层面公共服务供给对城市人口流动的影响均显著为正，表明公共服务供给有利于促进人口向城市流入。从户籍制度来看，各等级城市户籍制度对城市流动人口规模的影响均显著为正，表明户籍制度未能限制城市流动人口规模增长，反而会促进人口向城市流动。从公共服务供给与户籍制度的交叉项来看，不同等级城市的回归系数均显著为负，表明各等级城市户籍制度均会削弱城市公共服务供给对人口流动的正向影响；从影响程度看，直辖市的抑制作用尤其明显，随后依次为地级市、副省级城市和省会城市。在空间外溢方面，仅周边城市户籍制度均对本地城市流动人口增长具有促进作用，而其他回归系数均不显著。总体来看，各等级城市户籍制度会通过削弱公共服务供给而阻碍流动人口规模增长，但城市公共服务供给仍然对流动人口规模增长具有显著促进作用。

表 4 - 38　　城市等级层面户籍制度下公共服务供给对城市人口流动的影响

因变量	lnFP			
	地级市	省会城市	副省级城市	直辖市
	双向固定 SDM	个体固定 OLS	个体固定 OLS	个体固定 OLS
lnPS	15.0437 *** (18.7392)	2.2921 ** (3.5814)	1.3797 *** (3.6780)	17.8700 *** (3.2693)
lnHR	10.9993 *** (33.9138)	7.2843 *** (3.5032)	4.2660 *** (3.5235)	16.9997 *** (3.7908)
lnPS × lnHR	- 3.1431 *** (- 18.6820)	- 0.2201 ** (- 2.2762)	- 0.4216 ** (- 2.0369)	- 3.2324 *** (- 2.7393)
w × lnPS	37.8321 (1.5467)			
w × lnHR	25.7555 ** (2.2607)			
w × (lnPS × lnHR)	- 7.2379 (- 1.4457)			
控制变量	控制	控制	控制	控制
ρ/λ	0.2960 ** (2.9153)			
R²	0.8674	0.7598	0.6985	0.8061

因变量	lnFP			
	地级市	省会城市	副省级城市	直辖市
	双向固定 SDM	个体固定 OLS	个体固定 OLS	个体固定 OLS
Hausman 检验	45. 5148 ***	727. 2236 ***	1532. 5265 ***	1502. 6483 ***
观测值数	3486	224	210	56

3. 城市区域层面

（1）户籍制度下公共服务供给对城市人口规模的影响。

根据上述空间计量模型选择步骤报告了区域层面户籍制度下公共服务供给对城市人口规模影响的回归结果，具体参见表 4 - 39。从模型选择来看，东部城市和西部城市选择了双向固定 SAR 模型，中部城市和东北城市因为空间计量模型未通过 LM 检验而选择个体或双向固定 OLS 模型。具体来看，东部城市和西部城市模型中的空间回归系数值 ρ 均显著为正，表明周边城市人口规模增长对本地城市具有显著的促进作用。从公共服务供给来看，不同区域层面公共服务供给对城市人口规模的影响均显著为正，表明公共服务供给有利于促进城市人口增长；东部城市和西部城市公共服务供给的空间外溢系数也显著为正，表明周边城市公共服务供给也有利于促进本地城市人口规模增长，即城市公共服务供给具有显著的空间外溢特征。从户籍制度来看，不同区域层面户籍制度对城市人口规模的影响均显著为正，表明户籍制度并未起到限制城市常住人口增长的作用，反而促进城市人口增长；东部城市和西部城市户籍制度的空间外溢系数也显著为正，表明周边城市户籍制度也有利于促进本地城市人口规模增长，即城市户籍制度具有显著的空间外溢特征。从公共服务供给与户籍制度的交叉项来看，不同区域城市的回归系数均显著为负，表明各区域城市户籍制度均会削弱城市公共服务供给对人口规模增长的正向影响；东部城市和西部城市的空间外溢系数显著为负，表明周边城市户籍制度与公共服务供给共同作用对本地城市人口规模增长具有抑制作用；从影响程度看，东北城市的抑制作用尤其明显，随后依次为西部城市、中部城市和东部城市。

总体来看，各区域城市户籍制度会通过削弱公共服务供给而阻碍人口规模增长，但城市公共服务供给仍然对人口规模增长具有显著促进作用。

表 4 - 39　区域层面户籍制度下公共服务供给对城市人口规模的影响

因变量	lnTP			
	东部城市	中部城市	西部城市	东北城市
	双向固定 SAR	双向固定 OLS	双向固定 SAR	个体固定 OLS
lnPS	0.4920 *** （2.6732）	0.1219 ** （1.4686）	0.5716 * （1.9033）	1.9936 *** （4.3901）
lnHR	0.6199 *** （6.3328）	0.4451 *** （4.1820）	0.6129 *** （5.6639）	- 0.0425 （- 0.1801）
lnPS × lnHR	- 0.0480 ** （- 2.2276）	- 0.0530 ** （- 2.9811）	- 0.0575 ** （- 2.9204）	- 0.4407 *** （- 4.5329）
w × lnPS	30.1269 *** （4.9288）		12.5358 *** （5.8632）	
w × lnHR	14.9959 *** （4.6997）		40.0906 *** （5.5844）	
w × (lnPS × lnHR）	- 6.0309 *** （- 5.0403）		- 25.5699 *** （- 5.8302）	
控制变量	控制	控制	控制	控制
ρ / λ	0.3500 ** （2.6225）		0.4970 ** （2.6219）	
R^2	0.9909	0.2279	0.9853	0.2246
Hausman 检验	115.9328 ***	325.6710 ***	52.5478 **	60.5605 ***
观测值数	1204	1120	1176	476

（2）户籍制度下公共服务供给对城市人口迁移的影响。

根据上述空间计量模型选择步骤报告了区域层面户籍制度下公共服务供给对城市人口迁移影响的回归结果，具体参见表 4 - 40。从模型选择来看，东部城市选择了个体固定 SAR 模型，西部城市选择了双向固定 SDM 模型, 中部城市和东北城市因为空间计量模型未通过 LM 检验而选择个体或双向固定 OLS 模型。具体来看, 东部城市和西部城市模型中的空间回归系数值 ρ 均显著为负, 表明东部城市和西部城市人口迁移存在显著为负的空间相关性, 即周边城市迁移人口数量增长对本地城市具有显著的阻碍作用。从公共服务供给来看, 东北城市公共服务供给对城市人口迁移影响不显著, 其他区域层面公共服务供给对城市人口迁移的影响均显著为正, 表明公共服务供给能够有效促进人口向城市迁移。从户籍制度来看, 不同区域层面户籍制度对城市人口迁移的影响均显著为负, 表明户籍制度能够有效限制人口向城市迁移。从公共服务供给与户籍制度的交叉项来看, 东部城市和中部城市的回归系数均显著为负, 而西部城市和东北城市的回归系数不显著, 表明东部城市和中部城市户籍制度均会削弱城市公共服务供给对人口迁移的正向影响, 而西部城市和东北城市则不存在影响; 从影响程度看, 中部城市的抑制作用高于东部城市。在空间外溢方面, 各回归系数均不显著, 说明城市公共服务供给、户籍制度及其两者共同作用在各区域城市均不存在空间外溢特征。总体来看, 东部城市和中部城市户籍制度会通过削弱公共服务供给而阻碍迁移人口规模, 但城市公共服务供给仍然对迁移人口规模增长具有显著促进作用。

表 4 – 40 区域层面户籍制度下公共服务供给对城市人口迁移的影响

因变量	lnMP			
	东部城市	中部城市	西部城市	东北城市
	个体固定 SAR	双向固定 OLS	双向固定 SDM	个体固定 OLS
lnPS	1. 8568 * (1. 8975)	9. 3959 *** (3. 2981)	0. 2953 ** (1. 1150)	– 11. 0442 (– 1. 1357)
lnHR	– 1. 0148 * (– 1. 9419)	– 5. 7070 *** (– 4. 8966)	– 2. 1152 ** (– 2. 2901)	– 3. 8601 ** (– 2. 7697)
lnPS × lnHR	– 0. 5071 ** (– 2. 5675)	– 2. 0605 *** (– 3. 4855)	0. 1134 (0. 2112)	2. 4126 (1. 1587)

续表

因变量	lnMP			
	东部城市	中部城市	西部城市	东北城市
	个体固定 SAR	双向固定 OLS	双向固定 SDM	个体固定 OLS
$w \times \ln PS$	-2.7218 (-0.1270)		18.2143 (0.9597)	
$w \times \ln HR$	-6.9572 (-0.7997)		42.3984 (0.6400)	
$w \times (\ln PS \times \ln HR)$	-0.0330 (-0.0082)		-3.7404 (-0.8622)	
控制变量	控制	控制	控制	控制
ρ / λ	-0.7850 ** (-2.1922)		-0.4994 ** (-3.2246)	
R^2	0.1670	0.0351	0.2654	0.0265
Hausman 检验	42.4024 **	86.6991 ***	35.7443 *	68.8508 ***
观测值数	1204	1120	1176	476

（3）户籍制度下公共服务供给对城市人口流动的影响。

根据上述空间计量模型选择步骤报告了区域层面户籍制度下公共服务供给对城市人口流动影响的回归结果，具体参见表 4-41。从模型选择来看，东部城市和西部城市均选择了双向固定 SAR 模型，中部城市和东北城市因为空间计量模型未通过 LM 检验而选择个体或双向固定 OLS 模型。具体来看，东部城市和西部城市模型中的空间回归系数值 ρ 均显著为正，表明这些区域城市流动人口存在显著为正的空间相关性，即周边城市流动人口规模增长对本地城市具有显著的促进作用。从公共服务供给来看，不同区域层面公共服务供给对城市人口流动的影响均显著为正，表明公共服务供给有利于促进人口流入城市；东部城市和西部城市公共服务供给的空间外溢系数也显著为正，表明周边城市公共服务供给也有利于促进本地城市流动人口规模增长，即城市公共服务供给具有显著的空间外溢特征。从户籍制度来看，不同区域层面户籍制度对城市人口流动的影响均显著为正，表明户籍制度未能限制人口向城市流动，反而有利于促进城市流动人口增长；东部城市和西部城市户籍制度的空间外溢系数也显著为正，表明周边户籍制度也有利于促进本地城市流动人口规模增长，即城市户籍制度具有显著的空间外溢特征。从公共服务供给与户籍制度的交叉项来看，不同区域城市的回归系数均显著为负，表明各区域城市户籍制度均会削弱城市公共服务供给对人口流动的正向影响；从影响程度看，东北城市的抑制作用尤其明显，随后依次为中部城市、东部城市和西部城市。在空间外溢方面，东部城市和西部城市的空间外溢系数显著为负，表明周边城市户籍制度与公共服务供给共同作用对本地城市流动人口规模增长具有抑制作用。总体来看，各区域城市户籍制度会通过削弱公共服务供给而阻碍流动人口规模增长，但城市公共服务供给仍然对流动人口规模增长具有显著促进作用。

表 4 - 41　　区域层面户籍制度下公共服务供给对城市人口流动的影响

因变量	lnFP			
	东部城市	中部城市	西部城市	东北城市
	双向固定 SAR	双向固定 OLS	双向固定 SAR	个体固定 OLS
lnPS	6. 1985 *** (6. 5098)	7. 7571 *** (5. 6464)	3. 2220 ** (2. 3233)	25. 6830 *** (9. 8693)
lnHR	5. 9470 *** (11. 7268)	11. 3125 *** (20. 1279)	8. 0794 *** (16. 1603)	24. 9918 *** (18. 6223)
lnPS × lnHR	- 1. 3091 *** (- 6. 4755)	- 1. 7526 *** (- 6. 1482)	- 0. 6305 ** (- 2. 1868)	- 5. 5705 *** (- 9. 9970)
w × lnPS	101. 5267 *** (3. 2454)		265. 7953 *** (2. 8094)	
w × lnHR	53. 1564 *** (3. 1893)		89. 0746 *** (2. 6299)	
w × (lnPS × lnHR)	- 19. 1560 *** (- 3. 1043)		- 51. 1892 ** (- 2. 5731)	
控制变量	控制	控制	控制	控制

续表

因变量	lnFP			
	东部城市	中部城市	西部城市	东北城市
	双向固定 SAR	双向固定 OLS	双向固定 SAR	个体固定 OLS
ρ/λ	0.3729 ** (2.6478)		0.1760 ** (2.2118)	
R^2	0.9162	0.5287	0.8917	0.7057
Hausman 检验	60.2074 **	59.7161 ***	96.6209 **	71.8912 **
观测值数	1204	1120	1176	476

二、现行户籍制度下城市差异化公共服务供给对人口集聚的影响

（一）模型设定

在上述分析空间模型的基础上，由于一般性公共服务供给与户籍制度无关，因而加入特殊性公共服务供给与户籍制度变量的交叉项，以考察两者对人口集聚的共同作用，以检验在户籍制度约束下的城市差异化公共服务供给是否依然影响人口集聚，最终产生新的空间计量面板模型：

$$\ln P_{i,t} = \alpha_1 \ln SPS_{i,t} + \alpha_2 \ln NPS_{i,t} + \beta \ln HR_{i,t} + \gamma \ln SPS_{i,t} \times \ln HR_{i,t}$$
$$+ \rho \sum_{j=1}^{N} w_{ij} \ln P_{i,t} + \upsilon \ln Z_{i,t+1} + \mu_i + \eta_t + \varepsilon_{i,t} \qquad (4-13)$$

$$\ln P_{i,t} = \alpha_1 \ln SPS_{i,t} + \alpha_2 \ln NPS_{i,t} + \beta \ln HR_{i,t} + \gamma \ln SPS_{i,t} \times \ln HR_{i,t} + \upsilon \ln Z_{i,t+1}$$
$$+ \mu_i + \eta_t + \varepsilon_{i,t} \quad \varepsilon_{i,t} = \lambda \sum_{j=1}^{N} w_{i,j} \varepsilon_{j,t} + \sigma_{i,t} \qquad (4-14)$$

$$\ln P_{i,t} = \alpha_1 \ln SPS_{i,t} + \alpha_2 \ln NPS_{i,t} + \beta \ln HR_{i,t} + \gamma \ln SPS_{i,t} \times \ln HR_{i,t}$$
$$+ \rho \sum_{j=1}^{N} w_{ij} \ln P_{i,t} + \theta_1 \sum_{j=1}^{N} w_{ij} \ln SPS_{i,t} + \theta_2 \sum_{j=1}^{N} w_{ij} \ln NPS_{i,t}$$
$$+ \theta_3 \sum_{j=1}^{N} w_{ij} \ln HR_{i,t} + \theta_4 \sum_{j=1}^{N} w_{ij} (\ln SPS_{i,t} \times \ln HR_{i,t})$$
$$+ \upsilon \ln Z_{i,t+1} + \varphi \sum_{j=1}^{N} w_{ij} \ln Z_{i,t+1} + \mu_i + \eta_t + \varepsilon_{i,t} \qquad (4-15)$$

其中，各变量的含义参见本章第一节和第二节。

（二）基准回归

根据上述空间计量模型选择步骤报告了城市差异化公共服务供给对人口集聚影响的基准回归结果，具体参见表 4 - 42。从模型选择来看，所有模型均选择了双向固定 SDM 模型。具体来看，常住人口和流动人口模型中的空间回归系数值 ρ 均显著为正，而迁移人口模型中的空间回归系数值 ρ 显著为负，这与上述研究保持一致。从差异化公共服务供给来看，特殊性和一般性公共服务供给均能够有效促进城市人口集聚，且特殊性公共服务对人口迁移和人口流动的影响效应尤其明显，而一般性公共服务对常住人口的影响效应最大。从户籍制度来看，户籍制度对城市常住人口和流动人口的影响显著为正，而对城市人口迁移的影响显著为负，这与本章第一节中的分析结果相一致，表明户籍制度仅对城市人口迁移具有限制作用。从特殊性公共服务供给与户籍制度的交叉项来看，各模型中的回归系数均显著为负，表明户籍制度会削弱城市公共服务对人口集聚的正向影响。在空间外溢方面，周边城市特殊性公共服务供给对本地城市常住人口和流动人口具有促进作用；周边城市一般性公共服务供给对本地城市常住人口和人口迁移具有促进作用；周边城市户籍制度对本地城市常住人口和流动人口具有抑制作用；周边城市户籍制度和特殊性公共服务供给共同作用对本地城市常住人口和流动人口具有抑制作用。总体来看，户籍制度会约束人口向城市集聚，且会通过削弱公共服务供给而阻碍人口向城市集聚，但城市公共服务供给仍然对人口集聚具有促进作用，且特殊性公共服务对城市人口集聚的影响作用尤其明显。

表 4 - 42 户籍制度下城市差异化公共服务供给对人口集聚的影响

因变量	$\ln TP$	$\ln MP$	$\ln FP$
	双向固定 SDM	双向固定 SDM	双向固定 SDM
$\ln SPS$	0. 1413 ** (3. 1388)	3. 8352 *** (2. 5980)	5. 3226 *** (7. 7434)

续表

因变量	lnTP	lnMP	lnFP
	双向固定 SDM	双向固定 SDM	双向固定 SDM
ln*NPS*	0. 1666 *** (11. 1063)	0. 2266 (1. 2680)	0. 2829 *** (4. 9967)
ln*HR*	0. 5430 *** (5. 2522)	− 2. 3386 * (− 1. 9012)	1. 0854 * (1. 8953)
ln*SPS* × ln*HR*	− 0. 0350 ** (− 1. 1329)	− 0. 9610 *** (− 3. 0986)	− 1. 1233 *** (− 7. 7786)
ln*EW*	0. 0830 *** (4. 6132)	0. 1466 (0. 6840)	0. 2757 *** (2. 7634)
ln*UR*	0. 0065 * (1. 6674)	0. 0406 (0. 8685)	− 0. 0241 (− 1. 1075)
ln*IU*	− 0. 0195 ** (− 2. 5528)	0. 0337 (0. 3701)	− 0. 0777 * (− 1. 8321)
ln*AI*	0. 0101 ** (2. 4252)	− 0. 0300 (− 0. 6021)	0. 0148 (0. 6403)
ln*GF*	0. 0035 (0. 5163)	− 0. 0698 (− 0. 8713)	0. 0845 ** (2. 2650)
ln*FE*	− 0. 0278 *** (− 2. 6148)	0. 1555 (1. 2282)	− 0. 0882 (− 1. 4966)
ln*FDI*	− 0. 0001 (− 0. 0127)	0. 0248 (1. 0354)	0. 0083 (0. 7412)
w × ln*SPS*	39. 7249 *** (8. 5269)	− 55. 0939 (− 1. 0044)	92. 4980 *** (3. 5980)
w × ln*NPS*	0. 8875 ** (2. 2785)	17. 9123 *** (3. 8676)	− 0. 4104 (− 0. 1919)
w × ln*HR*	− 30. 3580 *** (− 8. 3829)	14. 5952 (0. 3407)	− 60. 5136 *** (− 3. 0295)

续表

因变量	lnTP	lnMP	lnFP
	双向固定 SDM	双向固定 SDM	双向固定 SDM
$w \times (\ln SPS \times \ln HR)$	− 8. 4460 *** (− 8. 7909)	11. 2071 (0. 9909)	− 18. 7963 *** (− 3. 5457)
$w \times \ln EW$	0. 0229 (0. 1882)	− 2. 0389 (− 1. 4063)	1. 7411 *** (2. 5795)
$w \times \ln UR$	− 0. 4700 ** (− 2. 0329)	− 4. 8010 * (− 1. 7546)	1. 3916 (1. 0938)
$w \times \ln IU$	− 0. 4155 ** (− 2. 4565)	− 3. 1743 (− 1. 5883)	− 3. 2030 *** (− 3. 4283)
$w \times \ln AI$	0. 2228 ** (2. 1051)	− 1. 3021 (− 1. 0396)	− 1. 1581 ** (− 1. 9834)
$w \times \ln GF$	0. 1055 (0. 4677)	0. 6992 (0. 2603)	− 2. 0261 (− 1. 6192)
$w \times \ln FE$	− 0. 7465 *** (− 3. 2942)	− 4. 4531 * (− 1. 6641)	5. 0828 *** (4. 0748)
$w \times \ln FDI$	− 0. 0177 (− 0. 3086)	1. 8802 *** (2. 7387)	1. 2216 *** (3. 8072)
ρ / λ	0. 9990 *** (4. 4449)	− 0. 9940 *** (− 2. 6380)	0. 8357 *** (6. 2076)
R^2	0. 9888	0. 1924	0. 9002
Log-likelihood	3636. 7365	− 6190. 4273	− 2992. 6626
空间固定效应	7967. 6120 ***	450. 3352 ***	3423. 8104 ***
时间固定效应	94. 2593 ***	23. 5219 *	25. 4357 **
Hausman 检验	1010180. 6204 ***	123. 8908 **	156. 8946 ***
LM spatial lag	150. 6564 ***	109. 9900 **	20. 5634 ***
Robust LM spatial lag	100. 3721 ***	12. 6810 ***	28. 9313 ***
LM spatial error	75. 8205 ***	192. 0400 **	5. 8544 **
Robust LM spatial error	25. 5362 ***	13. 5015 ***	14. 2223 ***

续表

因变量	ln*TP*	ln*MP*	ln*FP*
	双向固定 SDM	双向固定 SDM	双向固定 SDM
Wald test spatial lag	148. 6126 ***	42. 5093 ***	85. 1811 ***
LR test spatial lag	113. 1772 ***	42. 4574 ***	124. 448 ***
Wald test spatial error	177. 4188 ***	40. 0566 ***	130. 0266 ***
LR test spatial error	130. 5170 ***	41. 2284 ***	135. 8655 ***
观测值数	3976	3976	3976

（三）异质性分析

1. 城市规模层面

（1）户籍制度差异化公共服务供给对城市人口规模的影响。

根据上述空间计量模型选择步骤报告了城市规模层面户籍制度下差异化公共服务供给对城市人口规模影响的回归结果，具体参见表 4 – 43。从模型选择来看，中等城市选择了双向固定 SAR 模型，其他城市规模层面均因为空间计量模型未通过 LM 检验或空间回归系数不显著而选择个体或双向固定 OLS 模型。具体来看，中等城市模型中的空间回归系数值 ρ 显著为正，表明中等城市人口规模存在显著为正的空间相关性，即周边城市人口规模增长对本地城市具有显著的促进作用。从特殊性公共服务供给来看，中等城市、大城市和特大城市的回归系数显著为正，而其他规模城市的回归系数不显著，表明中等城市、大城市和特大城市的特殊性公共服务供给有利于促进城市人口规模增长，而其他规模城市的特殊性公共服务供给对城市人口增长影响不显著。从一般性公共服务供给来看，不同规模城市的回归系数均显著为正，表明城市一般性公共服务供给有利于促进城市人口规模增长。从户籍制度来看，仅大城市和特大城市户籍制度对城市人口规模的影响显著为正，表明其户籍制度并未起到限制城市常住人口增长的作用，反而促进城市人口增长。从特殊性公共服务供给与户籍制度的交叉项来看，大城市和特大城市的回归系数显著为负，而其他规模城市的回归系数不显著，表明仅大城市和特大城市的户籍制度会削弱城市公共服务供给对常住人口的正向影响；从影响程度看，大城市的抑制作用略高于特大城市。总体来看，小城市和超大城市的一般性公共服务供给对城市人口规模的影响程度均高于特殊性公共服务供给，而其他规模城市的特殊性公共服务供给影响较大，且大城市和特大城市户籍制度会通过削弱公共服务供给而阻碍常住人口规模增长。

表 4 – 43　　　城市规模层面户籍制度下差异化公共服务供给

对城市人口规模的影响

因变量	$\ln TP$				
	小城市	中等城市	大城市	特大城市	超大城市
	双向固定 OLS	双向固定 SAR	双向固定 OLS	双向固定 OLS	个体固定 OLS
$\ln SPS$	1.4332 (1.0883)	0.7323 ** (2.4823)	2.2725 *** (8.9704)	1.7797 *** (3.8318)	0.3853 (0.5838)
$\ln NPS$	0.7359 *** (20.4485)	0.2092 *** (8.5677)	0.2308 *** (7.1679)	0.1414 ** (2.4283)	0.6270 *** (4.8200)
$\ln HR$	0.6599 (0.4970)	0.0026 (0.0057)	0.7100 *** (3.7251)	1.2666 *** (3.9575)	0.0303 (0.0902)
$\ln SPS \times \ln HR$	− 0.2038 (− 0.7257)	− 0.1325 (− 0.2652)	− 0.4185 *** (− 7.8072)	− 0.3756 *** (− 3.9620)	− 0.1160 (− 0.9475)
$w \times \ln SPS$		− 8.2922 (− 0.2777)			
$w \times \ln NPS$		− 1.3242 (− 1.4737)			
$w \times \ln HR$		14.1291 (0.5137)			
$w \times (\ln SPS \times \ln HR)$		2.3534 (0.3676)			
控制变量	控制	控制	控制	控制	控制

因变量	lnTP				
	小城市	中等城市	大城市	特大城市	超大城市
	双向固定 OLS	双向固定 SAR	双向固定 OLS	双向固定 OLS	个体固定 OLS
ρ / λ		0.8923 ** (2.3976)			
R^2	0.5036	0.8851	0.4965	0.4905	0.8941
Hausman 检验	50.8265 **	139.7200 ***	252.8475 ***	494.9253 ***	105.3590 ***
观测值数	1162	1512	1078	140	84

（2）户籍制度下差异化公共服务供给对城市人口迁移的影响。

根据上述空间计量模型选择步骤报告了城市规模层面户籍制度下差异化公共服务供给对城市人口迁移影响的回归结果，具体参见表4－44。从模型选择来看，所有城市规模层面均因为空间计量模型未通过 LM 检验或空间回归系数不显著而选择个体或双向固定 OLS 模型。从特殊性公共服务供给来看，中等城市、大城市和特大城市的回归系数显著为正，而其他规模城市的回归系数不显著，表明中等城市、大城市和特大城市的特殊性公共服务供给有利于促进人口向城市迁移，而其他规模城市的特殊性公共服务供给对城市人口迁移影响不显著。从一般性公共服务供给来看，大城市和超大城市的回归系数均显著为正，而其他规模层面的回归系数均不显著，表明大城市和超大城市一般性公共服务供给有利于促进城市迁移人口增长，其他规模层面一般性公共服务供给对城市人口迁移的影响不显著。从户籍制度来看，大城市及其更高规模城市户籍制度对人口迁移的影响显著为负，表明其户籍制度有利于限制人口向城市迁移。从特殊性公共服务供给与户籍制度的交叉项来看，大城市及其更高规模城市的回归系数显著为负，而其他规模城市的回归系数不显著，表明大城市及其更高规模城市的户籍制度会削弱城市公共服务供给对人口迁移的正向影响；从影响程度看，特大城市的抑制作用尤其明显，随后依次为超大城市和大城市。总体来看，不同规模城市特殊性公共服务比一般性公共服务供给更能促进城市迁移人口增长，且大城市及其更高规模城市的户籍制度会通过削弱公共服务供给而阻碍迁移人口规模增长。

表4－44　　　　　城市规模层面户籍制度下差异化公共
服务供给对城市人口迁移的影响

因变量	ln*MP*				
	小城市	中等城市	大城市	特大城市	超大城市
	个体固定 OLS	双向固定 OLS	双向固定 OLS	个体固定 OLS	个体固定 OLS
ln*SPS*	3.1510 (0.6602)	5.5110 ** (7.2238)	1.3565 ** (3.3653)	8.6148 *** (10.8653)	25.6629 (1.3729)
ln*NPS*	0.0741 (0.3982)	0.3857 (1.644!)	0.9639 ** (2.0422)	1.0453 (0.8337)	8.0133 ** (2.1748)
ln*HR*	－2.5113 (－0.5242)	－3.3221 (－0.8030)	－0.1227 ** (－1.0439)	－2.1949 ** (－5.7902)	－2.7942 ** (－3.2936)
ln*SPS*×ln*HR*	－0.7083 (－0.6953)	－1.2807 (－1.3386)	－0.4455 ** (－1.5669)	－1.8376 ** (－2.9519)	－1.3357 ** (－2.3850)
控制变量	控制	控制	控制	控制	控制
R^2	0.0116	0.0319	0.0273	0.1522	0.1947
Hausman 检验	41.7174 ***	100.0868 ***	1918.7427 ***	319.8527 ***	6947.0718 ***
观测值数	1162	1512	1078	140	84

（3）户籍制度下差异化公共服务供给对城市人口流动的影响。

根据上述空间计量模型选择步骤报告了城市规模层面户籍制度下差异化公共服务供给对城市人口流动影响的回归结果，具体参见表4－45。从模型选择来看，所有城市规模层面均因为空间计量模型未通过 LM 检验或空间回归系数不显著而选择个体固定 OLS 模型。从特殊性公共服务供给来看，大城市和特大城市的回归系数显著为正，而其他规模城市的回归系数不显著，表明大城市和特大城市的特殊性公共服务供给有利于促进人口向城市流动，而其他规模城市的特殊性公共服务供给对城市人口流动的影响不显著。从一般性公共服务供给来看，大城市和超大城市的回归系数均显著为正，而其他规模城市的回归系数不显著，表明大城市和超大城市的一般性公共服务供给有利于人口向城市流动，而其他规模城市一般性公共服务供给对城市人口流动的影响不显著。从户籍制度来看，小城市、中等城市和特大城市户籍制度对人口流动的影响显著为正，表明其户籍制度有利于促进人口向城市流动。从特殊性公共服务供给与户籍制度的交叉项来看，大城市和特大城市的回归系数显著为负，而其他规模城市的回归系数不显著，表明大城市和特大城市的户籍制度会削弱城市公共服务供给对人口流动的正向影响；从影响程度看，特大城市的抑制作用高于大城市。总体来看，大城市和特大城市特殊性公共服务比一般性公共服务供给更能促进城市流动人口增长，但其户籍制度会通过削弱公共服务供给而阻碍流动人口规模增长。

表 4 - 45　　　　城市规模层面户籍制度下差异化公共服务
供给对城市人口流动的影响

因变量	lnFP				
	小城市	中等城市	大城市	特大城市	超大城市
	个体固定 OLS	个体固定 OLS	个体固定 OLS	个体固定 OLS	个体固定 OLS
lnSPS	4.0263 (1.5215)	1.8707 (0.8443)	7.1857 *** (4.1220)	15.6161 *** (5.3032)	0.2118 (0.0716)
lnNPS	0.0885 (0.8578)	0.0443 (0.4124)	0.7626 *** (6.0287)	0.6027 (1.6253)	2.3538 *** (4.0368)
lnHR	11.4006 *** (4.2923)	3.9716 * (1.9464)	0.1767 (0.1306)	9.5755 *** (4.9249)	1.4882 (0.9880)
lnSPS × lnHR	0.8213 (1.4541)	-0.3944 (-0.8366)	-1.4427 *** (-3.9353)	-2.6586 *** (-4.6566)	-0.1264 (-0.2303)
控制变量	控制	控制	控制	控制	控制
R²	0.5872	0.5129	0.6559	0.6631	0.7073

续表

因变量	lnFP				
	小城市	中等城市	大城市	特大城市	超大城市
	个体固定 OLS	个体固定 OLS	个体固定 OLS	个体固定 OLS	个体固定 OLS
Hausman 检验	53.3403 ***	72.5220 **	452.2899 ***	417.9436 ***	1810.2887 ***
观测值数	1162	1512	1078	140	84

2. 城市等级层面

（1）户籍制度下差异化公共服务供给对城市人口规模的影响。

根据上述空间计量模型选择步骤报告了城市等级层面户籍制度下差异化公共服务供给对城市人口规模影响的回归结果，具体参见表 4 - 46。从模型选择来看，地级市选择了双向固定 SDM 模型，其他城市等级层面均因为空间计量模型未通过 LM 检验或空间回归系数不显著而选择个体或双向固定 OLS 模型。具体来看，地级市模型中的空间回归系数值 ρ 为正值且满足 1% 的显著性水平，表明地级市人口规模存在显著为正的空间相关性，即周边城市人口规模增长对本地城市具有显著的促进作用。从特殊性公共服务供给来看，地级市和省会城市的回归系数显著为正，而副省级城市和直辖市的回归系数不显著，表明地级市和省会城市的特殊性公共服务供给有利于促进城市人口规模增长，而副省级城市和直辖市特殊性公共服务供给对城市人口增长影响不显著。从一般性公共服务供给来看，不同等级城市的回归系数均显著为正，表明城市一般性公共服务供给有利于促进城市人口规模增长。从户籍制度来看，地级市和直辖市户籍制度对城市人口规模的影响显著为正，表明其户籍制度并未起到限制城市常住人口增长的作用，反而促进城市人口增长。从特殊性公共服务供给与户籍制度的交叉项来看，地级市和省会城市的回归系数显著为负，而其他等级城市的回归系数不显著，表明仅地级市和省会城市的户籍制度会削弱城市公共服务供给对常住人口的正向影响；从影响程度看，省会城市的抑制作用略高于地级市。总体来看，地级市和省会城市的特殊性公共服务供给对城市人口规模的影响程度均高于一般性公共服务供给，而副省级城市和直辖市的一般性公共服务供给影响较大，且地级市和省会城市户籍制度会通过削弱公共服务供给而阻碍常住人口规模增长。

表4-46　　城市等级层面户籍制度下差异化公共服务供给
对城市人口规模的影响

因变量	$\ln TP$			
	地级市	省会城市	副省级城市	直辖市
	双向固定 SDM	双向固定 OLS	双向固定 OLS	个体固定 OLS
$\ln SPS$	0.8801 *** （4.4352）	1.6433 *** （3.4301）	0.2195 （0.5907）	0.4121 （0.3418）
$\ln NPS$	0.1810 *** （11.1073）	0.0863 * （1.7026）	0.2596 *** （5.4696）	0.5157 *** （4.5148）
$\ln HR$	0.1224 ** （1.6938）	0.4143 （1.4558）	0.3052 （1.3528）	1.0200 * （1.7657）
$\ln SPS \times \ln HR$	-0.1569 *** （0.6937）	-0.3304 *** （-3.4622）	-0.0234 （-0.3278）	-0.0999 （-0.3865）
$w \times \ln SPS$	46.2914 *** （5.7682）			
$w \times \ln NPS$	1.1414 ** （2.4366）			
$w \times \ln HR$	-38.7296 *** （-5.7732）			
$w \times (\ln SPS \times \ln HR)$	-9.8318 *** （-5.8427）			
控制变量	控制	控制	控制	控制
ρ / λ	0.9999 *** （3.7122）			
R^2	0.9766	0.4808	0.4001	0.9624

因变量	lnTP			
	地级市	省会城市	副省级城市	直辖市
	双向固定 SDM	双向固定 OLS	双向固定 OLS	个体固定 OLS
Hausman 检验	48051. 2567 ***	1203. 8251 ***	1329. 6915 ***	2622. 0031 ***
观测值数	3486	224	210	56

（2）户籍制度下差异化公共服务供给对城市人口迁移的影响。

根据上述空间计量模型选择步骤报告了城市等级层面户籍制度下差异化公共服务供给对城市人口迁移影响的回归结果，具体参见表4－47。从模型选择来看，地级市选择了双向固定 SDM 模型，其他城市等级层面均因为空间计量模型未通过 LM 检验或空间回归系数不显著而选择个体或双向固定 OLS 模型。具体来看，地级市模型中的空间回归系数值 ρ 为负值且满足 1% 的显著性水平，表明地级市人口迁移存在显著为负的空间相关性，即周边城市迁移人口数量增长对本地城市具有显著的阻碍作用。从特殊性公共服务供给来看，省会城市的回归系数不显著，而其他等级城市的回归系数显著为正，表明省会城市的特殊性公共服务供给对城市迁移人口增长影响不显著，而其他等级城市的特殊性公共服务供给有利于促进城市迁移人口增长。从一般性公共服务供给来看，省会城市的回归系数不显著，而其他等级城市的回归系数显著为正，表明除省会城市外其他等级城市一般性公共服务供给有利于人口向城市迁移。从户籍制度来看，除省会城市外其他等级城市户籍制度对人口迁移的影响显著为负，表明其户籍制度有利于限制人口向城市迁移。从特殊性公共服务供给与户籍制度的交叉项来看，除省会城市外其他等级城市的回归系数显著为负，表明除省会城市外其他等级城市的户籍制度会削弱城市公共服务供给对人口迁移的正向影响；从影响程度看，直辖市的抑制作用尤其明显，随后依次为副省级城市和地级市。总体来看，不同规模城市特殊性公共服务比一般性公共服务供给更能促进城市迁移人口增长，且除省会城市外其他等级城市的户籍制度会通过削弱公共服务供给而阻碍迁移人口规模增长。

表 4 - 47　　　　　　**城市等级层面户籍制度下差异化公共服务**

供给对城市人口迁移的影响

因变量	lnMP			
	地级市	省会城市	副省级城市	直辖市
	双向固定 SDM	个体固定 OLS	个体固定 OLS	双向固定 OLS
lnSPS	1. 3913 ** (2. 7415)	12. 2993 (0. 9847)	3. 6109 *** (5. 6425)	97. 2466 ** (2. 0529)
lnNPS	0. 2729 * (1. 7699)	0. 9249 (0. 7332)	1. 2550 ** (2. 2995)	8. 4173 ** (2. 0790)
lnHR	− 0. 1375 ** (− 2. 0824)	− 2. 9006 (− 0. 3871)	− 2. 6559 *** (− 3. 7987)	− 38. 0704 ** (− 10. 6509)
lnSPS × lnHR	− 0. 4021 * (− 3. 2446)	− 2. 1407 (− 0. 8539)	− 0. 8723 ** (− 2. 7814)	− 15. 0897 ** (− 10. 5120)
w × lnSPS	− 128. 8438 * (− 1. 7097)			
w × lnNPS	14. 7675 *** (3. 3454)			
w × lnHR	99. 7829 (1. 5803)			
w × (lnSPS × lnHR)	28. 1897 * (1. 7836)			
控制变量	控制	控制	控制	控制
ρ/λ	− 0. 9980 ** (− 2. 3482)			
R^2	0. 1579	0. 0927	0. 1703	0. 3997
Hausman 检验	128. 5940 ***	673. 3629 ***	1662. 0945 ***	915. 3284 ***
观测值数	3486	224	210	56

（3）户籍制度下差异化公共服务供给对城市人口流动的影响。

根据上述空间计量模型选择步骤报告了城市等级层面户籍制度下差

异化公共服务供给对城市人口流动影响的回归结果，具体参见表4－48。从模型选择来看，地级市选择了双向固定 SDM 模型，其他城市等级层面均因为空间计量模型未通过 LM 检验或空间回归系数不显著而选择个体或双向固定 OLS 模型。具体来看，地级市模型中的空间回归系数值 ρ 显著为正，表明地级市流动人口存在显著为正的空间相关性，即周边城市流动人口规模增长对本地城市具有显著的促进作用。从特殊性公共服务供给来看，地级市和直辖市的回归系数显著为正，而其他等级城市的回归系数不显著，表明地级市和直辖市的特殊性公共服务供给有利于促进城市流动人口增长，而其他等级城市的特殊性公共服务供给对城市人口流动影响不显著。从一般性公共服务供给来看，不同等级城市的回归系数均显著为正，表明各等级城市一般性公共服务供给有利于人口向城市流动。从户籍制度来看，除直辖市外其他等级城市户籍制度对城市人口流动的影响均显著为正，表明其户籍制度并未起到限制城市流动人口增长。从特殊性公共服务供给与户籍制度的交叉项来看，地级市和直辖市的回归系数显著为负，而其他等级城市的回归系数不显著，表明仅地级市和直辖市的户籍制度会削弱城市公共服务供给对人口流动的正向影响；从影响程度看，直辖市的抑制作用高于地级市。总体来看，除省会城市外其他等级城市特殊性公共服务供给比一般性公共服务供给更能促进城市流动人口增长，且地级市和直辖市户籍制度会通过削弱公共服务供给而阻碍流动人口规模增长。

表 4 –48 城市等级层面户籍制度下差异化公共服务
供给对城市人口流动的影响

因变量	lnFP			
	地级市	省会城市	副省级城市	直辖市
	双向固定 SDM	个体固定 OLS	个体固定 OLS	双向固定 OLS
lnSPS	12. 2204 *** (11. 4975)	0. 8981 (0. 2338)	2. 4924 (1. 1605)	13. 7566 * (1. 8125)

续表

因变量	lnFP			
	地级市	省会城市	副省级城市	直辖市
	双向固定 SDM	个体固定 OLS	个体固定 OLS	双向固定 OLS
ln*NPS*	0.1825 ** (2.1442)	1.4513 *** (3.7412)	0.5890 ** (2.0613)	2.2715 *** (3.5015)
ln*HR*	5.3175 *** (5.6263)	7.7841 ** (3.3777)	4.6514 *** (3.6905)	2.1950 (0.5941)
ln*SPS* × ln*HR*	−2.5961 *** (1.5588)	−0.0518 (−0.0672)	0.5313 (1.3155)	−3.4989 ** (−2.1881)
w × ln*SPS*	80.4732 ** (1.9866)			
w × ln*NPS*	0.8175 (0.4999)			
w × ln*HR*	−58.0037 * (−1.7057)			
w × (ln*SPS* × ln*HR*)	−16.5381 * (−1.9368)			
控制变量	控制	控制	控制	控制
ρ/λ	0.5280 * (1.7441)			
R^2	0.8587	0.7677	0.6996	0.7738
Hausman 检验	76.5462 ***	906.6862 ***	1223.0639 ***	116.6743 ***
观测值数	3486	224	210	56

3. 城市区域层面

（1）户籍制度下差异化公共服务供给对城市人口规模的影响。

根据上述空间计量模型选择步骤报告了区域层面户籍制度下差异化公共服务供给对城市人口规模影响的回归结果，具体参见表4−49。从模型选择来看，东部城市和西部城市均选择了双向固定 SAR 模型，中部城市和东北城市因为空间计量模型未通过 LM 检验而选择双向固定 OLS 模型。具体来看，东部城市和西部城市模型中的空间回归系数值 ρ 均显著为正，表明周边城市人口规模增长对本地城市具有显著的促进作用。从特殊性公共服务供给来看，不同区域城市的回归系数均显著为正，表明各区域城市特殊性公共服务供给均有利于促进城市人口规模增长。从一般性公共服务供给来看，不同区域城市的回归系数均显著为正，表明各区域城市一般性公共服务供给均有利于促进城市人口规模增长。从户籍制度来看，不同区域城市户籍制度对城市人口规模的影响显著为正，表明其户籍制度并未起到限制城市常住人口增长的作用，反而促进城市人口增长。从特殊性公共服务供给与户籍制度的交叉项来看，各区域城市的回归系数均显著为负，表明各区域城市户籍制度会削弱城市公共服务供给对常住人口的正向影响；从影响程度看，东北城市的抑制作用尤其明显，随后依次为东部城市、西部城市和中部城市。总体来看，东北城市的特殊性公共服务供给对城市人口规模的影响程度均高于一般性公共服务供给，而其他区域城市的一般性公共服务供给影响较大，且各区域城市户籍制度会通过削弱公共服务供给而阻碍常住人口规模增长。

表 4 – 49　区域层面户籍制度下差异化公共服务供给对城市人口规模的影响

因变量	$\ln TP$			
	东部城市	中部城市	西部城市	东北城市
	双向固定 SAR	双向固定 OLS	双向固定 SAR	双向固定 OLS
$\ln SPS$	0.0580 ** (2.2967)	0.1495 ** (3.6338)	0.1173 ** (3.4179)	1.6491 *** (4.0639)
$\ln NPS$	0.1026 *** (3.2924)	0.2201 *** (7.8617)	0.1611 *** (5.7854)	0.0509 * (2.5662)
$\ln HR$	0.6534 *** (4.2283)	0.5488 *** (2.7763)	0.5442 ** (2.1519)	2.1406 *** (6.7308)

续表

因变量	$\ln TP$			
	东部城市	中部城市	西部城市	东北城市
	双向固定 SAR	双向固定 OLS	双向固定 SAR	双向固定 OLS
$\ln SPS \times \ln HR$	-0.0416^{**} (-1.9478)	-0.0025^{***} (-2.0509)	-0.0053^{**} (-2.0274)	-0.3496^{***} (-4.0334)
$w \times \ln SPS$	26.2854^{***} (4.0696)		101.6496^{***} (4.9083)	
$w \times \ln NPS$	0.3386 (0.5162)		0.3013 (0.2733)	
$w \times \ln HR$	-20.2015^{***} (-4.1372)		-87.0561^{***} (-4.6275)	
$w \times (\ln SPS \times \ln HR)$	-5.5874^{***} (-4.1480)		-21.1105^{***} (-4.7829)	
控制变量	控制	控制	控制	控制
ρ / λ	0.9280^{*} (1.7629)		0.8840^{**} (2.1319)	
R^2	0.9912	0.2274	0.9853	0.2181
Hausman 检验	311.6646^{***}	542.6493^{***}	70.3222^{**}	50.0987^{***}
观测值数	1204	1120	1176	476

（2）户籍制度下差异化公共服务供给对城市人口迁移的影响。

根据上述空间计量模型选择步骤报告了区域层面户籍制度下差异化公共服务供给对城市人口迁移影响的回归结果，具体参见表4-50。从模型选择来看，东部城市选择了个体固定 SAR 模型，西部城市选择了双向固定 SDM 模型，中部城市和东北城市因为空间计量模型未通过 LM 检验而选择个体或双向固定 OLS 模型。具体来看，东部城市和西部城市模型中的空间回归系数值 ρ 显著为负，表明东部城市和西部人口迁移存在显著为负的空间相关性，即周边城市迁移人口数量增长对本地城市具有显著的阻碍作用。从特殊性公共服务供给来看，东部城市和中部城市的回归系数均显著为正，而其他区域的回归系数不显著，表明东部城市和中部城市特殊性公共服务供给均有利于促进城市迁移人口增长，而西部和东北特殊性公共服务供给对城市人口迁移的影响不显著。从一般性公共服务供给来看，仅西部城市的回归系数显著为正，表明仅西部城市一般性公共服务供给对城市人口迁移具有促进作用。从户籍制度来看，除东北城市外其他区域城市户籍制度对人口迁移的影响显著为负，表明其户籍制度有利于限制人口向城市迁移。从特殊性公共服务供给与户籍制度的交叉项来看，东部城市和中部城市的回归系数显著为负，而其他区域的回归系数不显著，表明仅东部城市和中部城市户籍制度会削弱城市公共服务供给对人口迁移的正向影响，且中部城市的抑制作用高于东部城市。总体来看，不同区域城市的特殊性公共服务供给对人口迁移的影响程度均高于一般性公共服务供给，且东部城市和中部城市户籍制度会通过削弱公共服务供给而阻碍迁移人口规模增长。

表 4 - 50　　　　　区域层面户籍制度下差异化公共服务
供给对城市人口迁移的影响

因变量	$\ln MP$			
	东部城市	中部城市	西部城市	东北城市
	个体固定 SAR	双向固定 OLS	双向固定 SDM	个体固定 OLS
$\ln SPS$	1.6652 ** (2.7325)	8.1619 *** (3.1647)	2.2675 (0.9483)	5.7309 (0.6620)
$\ln NPS$	0.1053 (0.2905)	0.0163 (0.0532)	0.4832 * (1.9392)	0.2561 (0.4016)
$\ln HR$	− 1.0171 ** (− 2.5663)	− 5.1883 ** (− 2.4003)	− 1.5456 ** (− 2.6435)	− 5.9566 (− 0.8778)
$\ln SPS \times \ln HR$	− 0.5421 ** (− 2.5164)	− 1.8334 *** (− 3.4173)	− 0.3898 (− 0.0634)	− 1.3890 (− 0.7506)
$w \times \ln SPS$	− 118.6078 (− 1.6061)		263.0955 (1.43137)	

续表

因变量	lnMP			
	东部城市	中部城市	西部城市	东北城市
	个体固定 SAR	双向固定 OLS	双向固定 SDM	个体固定 OLS
$w \times \ln NPS$	-2.8802 (-0.3807)		22.7225^* (1.9128)	
$w \times \ln HR$	85.9710 (1.5196)		-249.3690 (-1.4645)	
$w \times (\ln SPS \times \ln HR)$	28.4796^* (1.8340)		-57.5153 (-1.4578)	
控制变量	控制	控制	控制	控制
ρ/λ	-0.3330^{**} (-1.5273)		-0.9952^{**} (-2.0516)	
R^2	0.2529	0.0372	0.2670	0.0282
Hausman 检验	40.7565^{**}	70.9940^{**}	86.6025^{**}	67.5507^{***}
观测值数	1204	1120	1176	476

（3）户籍制度下差异化公共服务供给对城市人口流动的影响。

根据上述空间计量模型选择步骤报告了区域层面户籍制度下差异化公共服务供给对城市人口流动影响的回归结果，具体参见表4－51。从模型选择来看，东部城市选择了双向固定 SAR 模型，中部城市选择了双向固定 SEM 模型，西部城市选择了个体固定 SAR 模型，东北城市因为空间计量模型未通过 LM 检验而选择个体固定 OLS 模型。具体来看，东部城市、中部城市和西部城市模型中的空间回归系数值 ρ 显著为正，表明这些区域城市流动人口存在显著为正的空间相关性，即周边城市流动人口规模增长对本地城市具有显著的促进作用。从特殊性公共服务供给来看，不同区域城市的回归系数均显著为正，表明各区域城市特殊性公共服务供给有利于促进城市流动人口增长。从一般性公共服务供给来看，中部城市和东北城市的回归系数显著为正，而其他区域城市的回归系数均不显著，表明中部城市和东北城市一般性公共服务供给有利于促进人口向城市流动，而其他区域城市一般性公共服务供给对人口流动的影响不显著。从户籍制度来看，除东北城市外其他区域城市户籍制度对人口流动的影响显著为正，表明其户籍制度有利于促进人口向城市流动。从特殊性公共服务供给与户籍制度的交叉项来看，各区域城市的回归系数均显著为负，表明各区域城市户籍制度会削弱城市公共服务供给对人口流动的正向影响；从影响程度看，东北城市的抑制作用尤其明显，随后依次为中部城市、西部城市和东部城市。总体来看，不同区域城市的特殊性公共服务供给对人口流动的影响程度均高于一般性公共服务供给，且各区域城市户籍制度会通过削弱公共服务供给而阻碍流动人口规模增长。

表 4 –51　　区域层面户籍制度下差异化公共服务供给
对城市人口流动的影响

因变量	$\ln FP$			
	东部城市	中部城市	西部城市	东北城市
	双向固定 SAR	双向固定 SEM	个体固定 SAR	个体固定 OLS
$\ln SPS$	1. 6390 * (2. 5703)	7. 1138 *** (5. 7270)	2. 4967 * (1. 9308)	20. 6642 *** (8. 8087)
$\ln NPS$	0. 2461 (1. 4805)	0. 2414 ** (2. 6441)	0. 0050 (0. 0391)	0. 0470 * (1. 2718)
$\ln HR$	1. 4886 * (1. 8056)	2. 1006 ** (2. 0163)	9. 4818 *** (8. 1373)	2. 5493 (1. 386)
$\ln SPS \times \ln HR$	− 0. 3742 * (1. 8706)	− 1. 5578 *** (− 2. 9120)	− 0. 5677 ** (− 2. 5346)	− 4. 5186 *** (− 9. 0109)
$w \times \ln SPS$	105. 8772 *** (3. 0836)		113. 1024 (1. 1923)	
$w \times \ln NPS$	− 0. 5746 (− 0. 1656)		5. 7151 (1. 1333)	
$w \times \ln HR$	− 67. 8996 *** (− 2. 6170)		− 65. 8246 (− 0. 7555)	

续表

因变量	lnFP			
	东部城市	中部城市	西部城市	东北城市
	双向固定 SAR	双向固定 SEM	个体固定 SAR	个体固定 OLS
$w \times (\ln SPS \times \ln HR)$	-20.6573 *** (-2.8790)		-18.9039 (-0.9326)	
控制变量	控制	控制	控制	控制
ρ/λ	0.6700 ** (2.2141)	0.5900 ** (2.4360)	0.2810 ** (1.3394)	
R^2	0.9135	0.8915	0.8924	0.6988
Hausman 检验	30.5607 **	41.2674 **	68.0246 **	136.4953 ***
观测值数	1204	1120	1176	476

第五章

城市人口空间集聚的优化路径

根据上述作用机理和实证分析结论，基于公共服务供给视角，通过提升公共服务供给能力、扩大公共服务覆盖面和构建公共服务成本分担机制等措施持续提升城市公共服务质量，推动人口向城市合理集聚；基于制度改革视角，通过继续降低城市落户门槛、有序剥离户口附加福利和细化城市差异化落户政策等措施加快推进户籍制度改革步伐，为城市人口集聚提供制度保障；基于人口集聚视角，通过积极推进人口向城市迁移、有序引导人口向城市流动和实现城市人口合理增长等措施，优化城市层级体系，实现城市人口合理集聚。

第一节　持续提升城市公共服务质量

政府作为城市公共服务供给的主体，应当充分考虑城市居民的需求，扩大公共服务供给范围和全面提升公共服务质量，以提升城市公共服务供给能力；通过保障流动人口享受公共服务权益，扩大公共服务覆盖面，加快推进基本公共服务均等化，让城市流动人口平等地享受公共服务；通过完善公共服务分层供给体系、财政转移支付机制和优化市场化激励约束机制等措施构建公共服务成本分担机制，为城市公共服务供给提供财政保障。

一、提升公共服务供给能力

公共服务体系建设是城市政府的重要职能，是保障社会公平正义的基础，是保障和改善民生的实践路径。各级政府应该采取有效措施，让城市居民平等地享受基本公共服务，真正实现幼有所育、学有所教、劳有所得、病有所医、老有所养、住有所居、弱有所扶，保障城市居民享受公共服务的权益，确保城市居民能够享受平等且大致相当的公共服务水平。针对城市公共服务领域中存在的优质资源短缺、供需结构矛盾等问题，要科学合理制定规划，通过制度建设制定更加精细化的公共服务体系，既提升公共服务供给能力又提高供需匹配的精确度，实现公共服务供给效率与公平的统一。

（一）扩大公共服务供给范围

随着城市居民生活水平不断提高，民生需求时刻发生变化，其对公共服务需求内容持续增多，需求形式也逐渐多样化，这就要求各级政府及其职能部门应当及时把握公共服务供给变化趋势，结合城市发展需要和财政资金保障情况，将城市公共服务供给范围从仅仅满足基本生存和发展需求，逐步向城市居民更加关心的优质公共服务资源领域拓展，如教育、医疗等特殊性公共服务方面。在公共服务供给质量上，城市居民对公共服务质量的要求也不断提升，呈现典型的优质化特点，这就需要城市公共服务供给水平要不断提升，从公共服务标准确立、服务内容优化、服务流程监管等方面全面提升。在公共服务标准方面，政府制定公共服务供给基本内容、服务流程、支出责任、能力保障和责任承担等方面，明确公共服务的底线标准，明确落实各级政府及其职能部门的主体责任，并根据居民的需求对标准进行动态化调整，以持续提升城市公共服务质量；在公共服务内容方面，加强对优质公共服务的供给能力，满足群众不断提升的公共服务需求；在公共服务监管方面，建立政府机构、社会组织、行业协会和社会公众等组成的综合监管体系，从公共服务供给准入、供给内容、服务流程、服务质量、从业人员等方面进行全方位监督，保障公共服务供给质量。

由于城市内部公共服务分布不均衡和优质公共服务资源相对匮乏，造成政府公共服务供给与居民公共服务需求匹配错位，难以充分实现公共服务均等化目标，影响政府公共服务供给绩效和居民社会信任。因此，提升城市内部公共服务均等化，有助于促进城市内部公共服务资源合理配置与调整，切实增强人民群众的获得感和幸福感。一是正确认识城市内部公共服务均等化的空间差异。由于长期内城市市辖区经济发展和公共资源配置的不均衡，造成城市内部公共服务的不平等问题，因此需要根据城市特征制定符合自身的城市内部公共服务均等化措施。如针对城市公共服务均等化水平较低的状况，切实采取措施缓和市辖区间公共服务供给差异；针对城郊公共服务差异较大的城市，采取措施加大对郊区的政策倾斜和财政支出，以提升郊区公共服务供给水平。同时，由于城市内部公共服务均等化主要强调公共服务供给与需求的错位匹配问题，因而需要分别从公共服务供给和需求两方面同时采取措施：公共服务供给方面，在城市财政支出规模既定的情况下，合理分配市辖区间财政支出比例，尤其注重加大对城市郊区的财政支持力度，保障人均公共服务资源的均衡配置；公共服务需求方面，针对不同市辖区特征制定更加精准的个性化公共服务需求，增强人民群众的获得感和幸福感。二是充分认识城市内部公共服务均等化的收敛性特征。由于城市内部公共服务的供给差异呈现收敛趋势，因此需要从全局视角制定公共服务均等化战略，让其与经济社会发展、财政支出等因素相匹配。对于均等化水平较低的城市，要有效调节其内部公共资源配置不均衡现状，一方面应加大对其郊区的支持力度，另一方面应发挥城区的辐射带动作用，有效提升其公共服务均等化水平。对均等化水平较高的城市，在持续发展经济和增加财政支出基础上，注重促进其内部公共服务均等化发展速度的协调，保障城市内部公共服务均等化目标实现。

城市公共服务供给中的基础设施建设和硬件配套难以有效覆盖辖区内的全体居民，尤其是基层社区的公共服务供给。因此，在明确城市公共服务标准的前提下，要强化基层社区的公共服务职能，推动优质公共服务资源向基层社区倾斜，持续改善基层社区各类公共服务设施水平。同时，加强政府部门对基层社区人财物的保障力度，引导高层次、高素质人才到基层社区就业，确保基本社区公共服务资源的投入力度，推动公共设施项目向基层社区延伸，实现优质公共服务资源向基层社区延伸下沉。在公共服务内容保障中，应该有效优先重点保障基层社区的义务教育、公共医疗卫生、社会保障和公共文化等基本需求。此外，根据基层社区布局合理规划公共服务供给网点，提升公共服务资源配给能力，扩大公共服务范围，切实提升公共服务供给的便利化水平。

（二）全面提升公共服务质量

为了更好地满足城市居民日益增长的美好生活需要，城市公共服务供给主体需要不断增加投入力度，扩大公共服务有效供给，创新供给方式，全面提升公共服务供给质量。下面主要从教育、医疗、文化和环境等方面分析如何全面提升城市公共服务质量，以有效促进人口向城市集聚。

在教育方面，健全城市公共教育资源均衡配置，缩小城市内部差距，提升教育质量。一是推进义务教育优质均衡发展。义务教育是教育工作的主体，也是城市公共服务的重点内容。城市义务教育的均衡发展需要政府根据城市经济发展和常住人口规模进行提前布局，优化义务教育学校的空间布局，解决流动人口子女入学难问题，提升城市义务教育质量，不仅在于持续加大对义务教育的人财物投入力度，而且在于注重优质教育资源的均衡发展。从教育投入视角看，注重推进义务教育学校投入的均衡发展，建立市辖区内优质师资共享机制，加大各级政府公共财政资金投入力度，改善义务教育学校的办学条件，并注重加大对条件较差学校的投入。从城市义务教育发展进程来看，现有城市基本实现义务教育对常住人口的全覆盖，但是却存在师资投入不均衡状况，这说明促进城市义务教育均衡发展的重点内容实现教师资源的均衡配置，真正实现市辖区内优质教师资源共享机制，保障义务教育的教学成果，真正实现义务教育优质均衡发展。二是促进学前教育普及普惠发展。学前教育已经成为国民教育体系的重要组成部分，也是近年来社会关注的热点问题。作为重要的民生工程，如何实现学前教育普及普惠发展直接关系儿童的健康发展和百姓切身利益。针对现有学前教育中存在的公办机构入学难和民办机构入学贵的问题，将学前教育规划纳入城市公共服务配套布局中，一方面直接增加公办制教学机构建设，另一方面将部分现有民办教学机构逐渐转化为公办制，实现公办制幼儿园的全覆盖，多渠道普及学前教育机构，让儿童能够就近入学。针对现有学前教育中存在的师资不足问题，加强学前教育师资的培养，一方面通过公开招聘等方式补充师资力量，另一方面出台政策措施对符合条件的教师给予编制和待遇保障，进而吸引优秀人才进入学前教育行业。同时，政府部门可以不定期举行各种职业技能培训，不断提高学前教育教师的培训力度，提升其专业技能，进而提升学前教育教学质量。针对现有学前教育中存在的资金困难问题，需要各级政府在用好用足学前教育专项资金的基础上，提前做好财政资金规划，支持学前教育机构建设、办学条件改善、优质师资引进和幼儿资助等，提升学前教育的办学质量，真正实现人民群众所期盼的"幼有所育"。三是推动普高与职高均衡发展。为促进教育事业均衡发展和社会对技术型人才的需求增加，让普高与职高的录取比例保持在一定的均衡水平，既保证了普通高中的教学质量，又有利于培养职业技能人才。普通高中教育需要进一步提升办学条件和师资力量，完善教学质量评价体系，以提升学生综合素养为培养目标。职业高中应该成为职业教育的起点，根据技能人才需求科学布局职业高中，探索技能型人才培养模式，不断提升职业教育的社会认可度，推动职业教育与产业发展融合发展。

在医疗方面，推动优质高效的医疗卫生服务体系建设，不断提高人民群众的健康素质和水平，是政府公共服务供给的重要组成部分，也是健康中国建设的核心内容。一是健全城市公共卫生服务体系。加大公共卫生领域的立法力度，制定完善的法律法规为公共卫生服务提供制度保障，尤其是针对各种传染病制定相关的防治法律法规，以社会公共安全视角为传染病防控和治理进行制度保障，提升国家和社会安全治理能力。构建疾病预防控制体系，始终坚持以预防为主，对各种疾病预防进行精准研判和定位，科学制定预防政策，并完善重大疫情应急响应机制，使城市公共卫生安全做到有法可依、科学评估和精准决策。制定重大疫情防控救治体系，加强医疗机构传染病救治能力建设，以大型公立医院为主体、社区医院为辅助，分级做好传染病的救治工作。健全公共卫生安全救助制度，面对重大公共安全事件，应该体现人民至上的国家责任，确保医疗机构紧急救助制度，将人民群众的生命安全放在首要地位。二是促进城市内部优质医疗卫生资源均衡发展。根据城市常住人口规模和服务半径合理配置医疗卫生服务资源，实现大型医院与社区医院均衡发展的医疗服务体系，保障城市居民能够均等地享受城市基本公共卫生服务。推动优质医疗卫生资源在辖区内的共享机制，以改变辖区内医疗卫生服务过度集中的局面，实现医疗卫生资源均衡化配置。加大对重点疾病领域防治的投入力度，在设施建设、设备采购、技术服务等方面给予足够的财政支出保障，以推动医疗卫生技术进步。促进医疗卫生资源向基层倾斜，补齐基层社区医院的建设短板，促进基层社区医院的医疗水平提升，满足城市居民就近就医的需求。三是推动医疗卫生服务的公益化。随着医疗卫生机构商业化进程推进，医疗卫生服务的公益化属性不断缺失，这就需要坚持公共医疗卫生的公益属性，将公共医疗卫生产品作为一项公共产品来对待，确保每个居民都能平等地享受。公立医院作为医疗卫生服务供给的主体，更应该主动发挥其公益化性质，将人民群众身体健康和生命安全放在首要地位，保障居民的基本医疗卫生产品需求，并通过不断完善基本医疗保障制度，切实减轻城市居民个人支付的医疗卫生费用，保障医疗卫生资源的公益化特征。

在文化方面，完善城市居民公共文化服务体系，为居民提供丰富多彩的文化娱乐活动，满足其不断增长的文化活动需求。一是加快公共文化服务设施建设。作为群众文化活动的重要载体，公共文化服务设施需要不断提升和完善，满足居民就近开展文化活动的需要。通过加大公共图书馆、文化馆等设施建设，为居民文化活动开展提供场所；也可以通过网络文化工程建设，为居民网络文化活动开展提供平台。二是健全公共文化服务标准。根据城市居民公共文化活动需求，明确国家基本公共服务文化服务的内容、种类和数量，对城市公共文化设施如公共图书馆、文化馆、博物馆等免费开放，在日常文化活动场所实现读书看报、电视电影等全覆盖。三是加强公共文化服务供给的多样化。随着城市居民文化需求的日益增长，公共文化服务供给的内容也应该不断增加，切实为城市居民提供内容丰富和优质高效的公共文化服务。

在环境方面，快速提升城市环境质量。作为现代工业生产和污染排放的主要场所，城市环境质量越来越受到公众的关注。城市环境质量与人类活动密切相关，会直接影响个人的身体健康和社会可持续发展，通过改善城市环境质量可以增强人民群众的获得感、幸福感。一是重视环境质量对人口流动和迁移的作用。城市作为现代人口的聚集地，随着中国城镇化进程的加快，城市人口还将保持稳定增长的态势，为此，政府部门应该重视保护城市环境，降低环境污染，加强环境治理，提升环境绿化，为居民提供更好的环境服务，有利于促进外来人口的进入，而不应该为了追求眼前利益而采取短期行为，不利于新型城镇化的长期健康发展。二是降低工业污染排放。虽然城市工业污染排放总量呈现出逐年下降的趋势，但是排放污染强度仍然较高，因此需要加快城市产业结构调整，优化城市产业结构布局，如对城市石油化工等污染较高的行业实行污染排放限制或技术改造等手段，以更好地改善和优化城市环境。三是加强环境治理机制。建立有效的环境管理体制，将行政手段、法律手段、经济手段和教育手段等有效结合起来，不断完善环境管理体制，将环境治理作为城市发展的重要目标，从制度层面严格控制污染排放，实现人口与环境的和谐共处。四是提升环境绿化水平。城市绿地系统具有明显的生态效益、景观效益和经济效益，有利于改善城市生态环境和提高居民生活质量。因此，需要采取措施加快城市绿化建设，注重适度增加绿化用地面积和绿化覆盖率，引导各项社会资金用于城市绿化建设。

二、扩大公共服务覆盖面

合理配置城市公共资源，按照常住人口标准配置城市公共资源，逐步实现公共服务供给由户籍人口向常住人口扩展，以保障流动人口在城市享受公共服务权益，提高流动人口的市民化进程。此外，持续推进城乡基本公共服务均等化，使城乡公共服务供给内容和标准统一衔接，促进城乡基本公共服务资源的公平分配，建立城乡一体、普惠共享的基本公共服务体系，从根本上保障农民人口享受城市公共服务的权益。同时，由于城市间经济发展和财政收入差异，使得城市间公共服务资源配置存在差距，这就需要上级政府通过财政转移支付等方式提高落后城市的公共服务水平，缩小城市间公共服务供给差异。

（一）保障流动人口享受公共服务权益

流动人口作为城市人口的重要组成部分，对城市经济发展做出了重要贡献，理应享受城市公共服务。在现有财政分权制度下，城市政府是辖区内居民的公共服务的主要提供方。在财力有限的情况下，城市政府首先保证和满足的是本地户籍人口的公共服务需求，尽量减少向外来流动人口提供公共服务。由于流动人口个人技术水平、财富收入等禀赋差异存在，城市倾向于选择禀赋较高的流动人口进入城市享受城市公共服务，而禀赋较低的流动人口因其对城市的贡献较少而被排除在城市政府公共服务供给的范围之外。在此情况下，流动人口在城市享受公共服务存在一定程度的门槛限制，从而不利于流动人口在城市的生存与发展。因此，需要进一步加大城市公共服务供给力度，降低流动人口享受城市公共服务的门槛，满足流动人口对基本公共服务的需求，尤其是注重加大对教育、医疗等特殊性公共服务向流动人口的覆盖力度，将流动人口纳入城市公共服务体系，让其与城市居民享有同等待遇。下面主要从城市就业、子女教育、基本医疗和社会保障等方面提出促进流动人口公共服务质量的措施和建议。

第一，建立和完善流动人口就业服务体系。追求更高的工资收入是流动人口在城市生存和发展的基本需求，因而需要为流动人口城市就业提供优质的公共服务。一是建立全国统一的就业服务体系，为外来人口进城务工提供就业信息平台，实现城乡间和城市间跨区域就业信息的交换与共享，有序拓宽流动人口就业渠道，促进人口的合理流动。二是加强对流动人口的职业技能培训。由于流动人口中外来农村劳动力的比重较高，而他们的技能水平普遍较低，这就需要政府加大对外来农村劳动力职业技能培训的投入力度，扩大职业技能培训的覆盖面，提高农村劳动力在城市就业市场上的竞争力。

第二，切实保障流动人口子女的平等受教育权。真正将流动人口子女教育纳入城市教育发展规划，通过建立流动人口子女教育动态监测机制，根据流动人口子女数量、分布和变化，合理规划区域内学前教育与义务教育的学校布局，同等条件接受流动人口子女接受义务教育，注重均衡配置教学资源，禁止流动人口子女受教育中存在的一切歧视现象。同时，将流动人口子女教育纳入财政保障范围，按照学校实际就读学生数足额拨付相应的教育经费，对以流动人口子女就读为主的学校，政府更应该主动落实义务教育的经费支持，注重改善学校办学条件和办学质量，尤其是加大对接受流动人口子女学校的财政支持力度。

第三，加强流动人口公共医疗卫生服务。将流动人口纳入城市公共卫生服务体系，在卫生机构、人员和经费配置中要考虑流动人口规模和结构，让流动人口也能平等地享有城市公共医疗卫生服务。将流动人口的传染病防控、妇幼保健等均纳入城市健康管理档案，与城市居民享有同等服务水平。确实解决流动人口看病难、看病贵的问题，不断提高流动人口基本医疗保障水平，方便他们在城市工作期间就近就医和及时报销，也要注重建立平价医疗卫生机构，减轻流动人口尤其是外来农村务工人员的医药费用负担。此外，还要提高流动人口公共卫生服务经费标准，保障流动人口公共医疗卫生经费投入。

第四，提高流动人口社会保障水平。健全符合流动人口特征的社会保障政策体系，实现流动人口基本医疗、养老和失业保险全覆盖。将拥有正常劳动合同的流动人口纳入城市基本医疗和养老保险范围，而拥有临时劳动合同的流动人口根据其自身意愿考虑是否纳入城市基本医疗和养老保险，在此过程中要从全国层面统筹规划，做好异地基本医疗和养老保险的异地转移和费用结算问题。在有条件的城市可以推行城市居民医疗和养老保险与农民新农合保险的整合，保障农村外出务工人员在城市享有均等的社会保障水平。对在城市就业的流动人口来说，应该将其纳入失业保险范围，确定流动人口的参保缴费、待遇享受和再就业服务等政策，逐步建立流动人口与城市居民统一的失业保险制度，保障流动人口在城市就业的基本权益。

流动人口由于其自身特征差异，对公共服务需求也存在一定的差异化，因而需要政府对其进行分类指导，根据流动人口自身特征提供差异化政策，稳步改善流动人口公共服务水平。对有落户意愿与能力的流动人口而言，政府应该制定政策逐步放宽城市落户门槛，让其顺利实现市民化过程，从而真正享受城市公共服务；对常年在城市务工但落户能力较弱的流动人口而言，政府应该将其充分纳入城市公共服务供给群体中，让其在就业权益、子女教育、社会保障和基本医疗等民生公共服务供给中与城市居民享受同等待遇；对短期务工且难以市民化的流动人口而言，政府应该重点改善其就业权益、基本医疗等公共服务供给，为他们在城市工作提供基本保障。

流动人口公共服务供给还需要人口流入地与流出地共同努力，对流动人口的基本公共服务给予保障。对于人口流出地区而言，人口外流会伴随着基础教育、基本医疗等公共服务的外溢，会在一定程度上削弱政府部门进行公共服务供给的正向激励，而人口流出地区也恰恰是经济发展相对落后的地区，政府会在招商引资和公共服务供给中面临艰难选择。在财政收入既定的情况下，政府部门会在保障基本公共服务供给的基础上优先选择招商引资项目投资，也在一定程度上会使该地区的公共服务供给处于较低水平。对人口流入地区而言，他们都是位于东部沿海地区的城市，经济发展快速增长，其对城市公共服务供给的投入也较高，但同时这些城市政府同样也面临同类型城市经济发展的标尺竞争。在政府政绩考核中，公共服务供给是基本考核指标，而以 GDP 为核心的经济增长则是核心考核指标，这与地方政府政绩考核和官员晋升直接挂钩。因而，经济相对发达的城市政府在满足上级政府对公共服务供给的基本考核目标后，会将更多的人力、物力和财力等资源投入到招商引资项目中来。因此需要建立与人口流动相关联的公共财政资金横向转移支付制度，消除由于人口流动而产生的地区间公共服务供给差异。

（二） 加快推进基本公共服务均等化

基本公共服务均等化涉及两个层面：一是城乡基本公共服务均等化；二是城市间基本公共服务均等化。下面分别从这两方面进行阐述和分析。

城乡基本公共服务均等化目标在于为城乡居民提供机会均等、结果大致均等的基本公共服务产品。由于城市与农村在公共服务供给中存在明显差异，因此需要采取有效措施加大对农村公共服务投入水平，消除城乡公共服务发展非均衡问题，积极推进城乡公共服务均等化。由于长期内城乡经济发展和公共资源配置的不均衡，在短期内难以真正实现城乡基本公共服务均等化要求，使得城乡基本公共服务非均等化特征将长期存在，但不能因此放弃推动城乡基本公共服务均等化目标的实现。因此要求政策制定者充分认识现有城乡基本公共服务均等化的基本特征和发展趋势，制定切实有效的措施和政策推动城乡基本公共服务均等化战略，如积极完善城乡统一的义务教育体制，促进城乡义务教育均衡发展保障城乡中小学学龄人口能够公平、均等地拥有受教育权利，尤其是注重保障流动人口子女享有受教育的权利，同时注重加大各级政府对基础教育尤其是农村基础教育投入，逐步实现城乡教育资源配置均等化；建立城乡统一的公共医疗卫生体制，有效解决城乡医疗卫生资源分配的不均衡问题，一方面要注重建立覆盖城乡居民的基本医疗服务设施建设，让城乡居民享受同等的基本医疗卫生服务和医疗保险制度；另一方面要加大对农村医务人员的培训和投入倾斜，切实提高农村医疗卫生水平；建立城乡统一的社会保障体制，全面推进和不断完善覆盖全体城乡居民的基本养老保险制度，注重落实城乡居民统一的最低生活保障，进一步提升新型农村合作医疗保障，通过提高统筹基金的比例、降低农民自费比例，以切实减轻农民医疗费用负担，从根本上解决农民"看病难、看病贵"问题；加强农村文化基础设施建设，增加农村文化服务总量，缩小城乡文化发展差距，加快城乡文化一体化发展。同时，注重深入挖掘促进城乡基本公共服务均等化的影响因素，如经济发展水平、政府财政能力等关键性因素，全方面、多层次促进城乡基本公共服务均等化目标实现。

考虑到城乡基本公共服务均等化存在的空间差异问题，不同地区需要根据自身特征采取相应的措施。由于城乡基本公共服务均等化区域内和区域间差异较大，且呈现逐步增强态势，因此，一是要采取措施缩小区域内差异，尤其是针对西部区域内差异最大的事实，要求该地区应该充分利用自身优势大力发展经济，增加政府财政支出力度，加大对农村地区基本公共服务供给水平和力度，切实保障地区内城乡基本公共服务均等化目标实现。二是要注重缩小区域间差异。针对东中部与西部区域间差距较大的事实，中央政府应该实行适度倾斜策略，加大对西部地区的政策倾斜和财政支持力度，尤其是增强其农村地区基本公共服务供给水平，以提升其基本公共服务均等化水平，逐步缩短与东中部地区的差距，努力实现区域间城乡基本公共服务的大体均衡发展；同时，均等化水平较高的东部地区也应该注重发挥其发展优势，在不断提升内部城乡基本公共服务均等化水平的同时，也要注重增强对其他区域的空间溢出效应和示范带动作用，以加快实现城乡基本公共服务均等化目标。

随着城乡基本公共服务的发展，其均等化呈现收敛性特征，这就要求政府部门在制定相关政策时，既要注重缩小城乡基本公共服务的供给差异，也要兼顾城乡基本公共服务均等化发展速度的协调。对于均等化水平较高的东部地区而言，由于自身经济发展水平较高，应该注重通过增加财政支出力度等方式不断提升城乡基本公共服务均等化水平；对于均等化水平较低的中西部地区而言，不能仅仅依靠中央和地方政府优惠政策或资金支持，以及周围地区高质量公共服务供给的辐射力，更要注重提升自身经济发展水平和财政支出力度，加大农村基本公共服务的供给能力，全面推进基本公共服务均等化；对于均等化水平最低的东北地区而言，由于经济发展水平和财政实力较弱，应该在不断提升城市基本公共服务水平的同时，尤其注重农村基本公共服务的供给力度，如积极引导民间组织参与农村基本公共服务供给，逐步实现优质公共教育、医疗和文化资源向农村倾斜等，加快推进基本公共服务均等化。

在推进城市基本公共服务均等化进程中，中央和省级等上级政府的公共财政支出主要是满足基本保障需求，而由于城市经济发展、公共财政收入等因素存在较大差异，使得城市间公共服务供给必然存在差异，而城市基本公共服务均等化要求并非要求城市公共服务供给完全相同，而是以标准化推动基本公共服务均等化，即寻求居民基本公共服务需求与政府财政保障的最佳平衡点，使得城市居民能够公平可及地获得大致均等的基本公共服务，其中强调的是机会均等，而不是数量均等。城市基本公共服务均等化要求，既包括保障每个居民能够有享受基本公共服务的机会，这是各级政府的基本职能，也包括人均基本公共服务供给水平大致相等，以保障城市居民的基本权利。针对现有城市公共服务供给不足和质量不高的现状，国家从"十三五"时期开始制定国家基本公共服务清单，随着对公共服务领域的细分与完善，公布的《国家基本公共服务标准（2021版）》系统梳理了公民从出生到死亡各个年龄阶段享受的公共服务内容，使国家基本公共服务供给更加规范和透明，是推动城市基本公共服务均等化的重要内容。

中国城市公共服务呈现出明显的非均衡性态势，这已经成为中国城镇化进程中的客观存在，但也存在收敛式增长趋势，这就要求政府部门在制定相关政策时：一是充分重视城市公共服务的空间非均衡性特征，城市公共服务的完全均衡增长是难以实现和没有必要的，因为在现有资源配置不均衡情况下，任何国家、区域、省份或城市群都难以实现均衡增长，最终使得城市公共服务非均衡增长是一种常态，实现均衡增长仅是追求的过程。因此要求政策制定者需要在考虑城市自身行政等级和城市规模等因素的基础上，对中国城市公共服务的基本特征和发展趋势进行准确判断，在充分考虑其资源禀赋和区位优势的基础上，明确其在国家和地区发展中的角色及定位功能，即制定差异化措施保障不同类型城市实现公共服务质量的提升，实现城市公共服务的空间协同发展。二是充分认识城市间公共服务差异的主要来源是规模间、等级间或区域间差距，这就要求政府在制定公共服务协调发展政策时一方面要加大对城市规模较小、行政等级较低或中西部城市的政策倾斜，促进这些城市公共服务质量的提升，另一方面也要注重较大规模城市、较高行政等级或东部城市的空间溢出效应，增强公共服务水平较高城市的空间生产能力，强化其对周围城市的辐射力，实现区域协同发展。对于城市公共服务质量较低的城市而言，不能仅仅依靠政府优惠政策或资金支持、高质量公共服务城市的辐射力，更要注重提升城市自身公共服务的供给能力。

三、构建公共服务成本分担机制

城市公共服务供给主要通过公共财政预算方式提供。各级政府应该通过完善公共财政预算结构，优化公共财政支出结构，尤其是注重优先安排资金增加城市公共服务供给，以保障居民的公共服务需求。对地级市政府而言，中央政府和省级政府都是上级政府，在公共服务供给中发挥重要作用，因而在厘清上级政府和城市政府财政支出基础上，健全公共服务供给的财政体制，既充分发挥上级政府的行政优势，又保证城市政府财政自主权，并充分调动企业和社会组织等市场力量，与居民一起共同承担公共服务供给成本，即以政府财政资金投入为主体，吸引企业和社会组织等社会资金进入，与个人一起共同提升城市公共服务供给能力。

（一）完善公共服务分层供给体系

公共服务供给主体是各级政府，中央政府在公共服务政策制定和执行过程中具有权威性和主导作用，省级政府和城市政府依据上级政府的政策精神结合自身资源和财力实现自身辖区内公共服务供给，由此可见，中国公共服务供给政策选择实行的是自上而下的政府主导路径，有利于政策制定和实施的高效性，也在一定程度上造成了下级政府在公共服务供给政策过程中的被动性，难以激发其自身主动性积极参与到公共服务供给中。从各级政府的责任划分来看，中央政府应该制定公共服务供给最低标准，保障基本公共服务均等化，而地方政府应该根据自身经济发展和财政收入等因素注重提高公共服务供给效率，最大限度满足公众的公共服务需求。

首先，需要明确中央政府、省级政府和城市政府的支出责任。由于上级政府和城市政府在基础教育、医疗卫生和社会保障等方面的责任划分处于模糊状态，不利于城市公共服务均等化实现。在中国现有财政体系下，中央和省级政府比城市政府在财力支配方面具有明显优势，上级政府可以充分利用其资源和权利优势，充分保障城市基本公共服务供给能力，努力缩小城市间公共服务供给差异。具体来说，中央和省级政府具有保障公民享有基本公共服务水平的责任，如基础教育、基本医疗和社会保障等，真正让每一位公民能够拥有平等地享有基本公共服务的权利，这也是其作为上级政府的首要和基本职能。对此，中央政府应该建立全国统一的教育、医疗和社保账户，以中央政府财政投入为主，省级政府、城市政府、用人单位和公民个人投入为辅，以有效避免多重行政等级所带来的效率损失，构建完善的国家基本公共服务体系。这就要求中央政府要重点关注地方政府不愿或难以提供的公共服务，以确保每个居民，尤其是弱势群体（如城市流动人口等）能够获得基本而有保障的公共服务；同时，对地方政府或市场主体提供的公共服务要进行严格监督和考核，为市场创造一个良好有序的公平环境。

其次，由于城市间公共服务供给的差异性特征，这就需要中央和省级政府加大对落后地区基础教育、基本医疗和公共交通等基本公共设施的投资力度，以缓解城市间公共服务供给的财力差距特征，体现中央和省级政府的公平性，充分发挥其在基本公共服务保障中的底线作用。当城市间公共服务设施建设水平逐渐趋于平衡，城市基础设施建设的责任将由中央或省级政府逐渐向城市政府转换。当城市基本公共服务设施基本平衡的情况下，城市政府应该承担城市基本公共服务设施建设的主体，既保证了中央和省级政府财政资金的公平性和使用效率，又发挥了城市政府的主动性和积极性。由于政府资金投入主要是财政预算，中央政府、省级政府和城市政府根据事权承担相应的支出责任，如根据不同公共服务供给类型承担相应的支出责任，保证上级政府和城市政府都有与事权相适应的财力提供社会所需要的公共产品和服务。

最后，还需要加强城市政府财政自主权，以保障城市政府能够充分利用自身优势提升公共服务供给能力和水平，进而增强城市公共服务的配置效率。从财政资金的自主权来看，中央和省级政府主要负责区域间重大项目决策和实施，并监督城市政府辖区内重大项目，而城市政府主要负责行政区划内重大项目决策和实施。这就需要中央和省级政府充分履行其为公众服务的职能，一方面下放部分财政资金的使用权，使城市政府在能够充分有效考虑自身资源禀赋的基础上，实行差别化发展模式，并提供城市特色公共服务，调动城市发展的积极性和主动性；另一方面加强对城市财政预算的监管和考核，实时公开财政资金的预算、决算和使用明细，以保障公共服务供给的有效性。此外，城市政府还注重完善城市税收体系，缓解城市公共服务供给的财政压力，增强其主动性和宏观调控能力，为强化公共服务供给提供财政保障。

（二）完善财政转移支付机制

实现公共服务均等化目标要求中央政府和省级政府在保证城市公共服务供给均衡发展中具有重要作用。充分发挥财政转移支付在公共服务供给中的作用，既要加强对城市公共服务供给力度，又要注重城市间财政支出平衡。

上级政府应该加大对城市财政转移支付力度。由于城市政府是其辖区内公共服务的直接供给者，其对城市公共基础设施建设规划和布局更具有合理性和长远性，更注重从实际出发改善城市公共服务供给水平，从而增强城市政府因地制宜使用财政资金的自主权，可以在一定程度上减少向上级政府争取项目的成本，而从自身财力出发制定符合自身特色公共服务设施。这就需要明确和制定各级政府基本公共服务的事权和支出责任，明确一般性转移支付和专项转移支付。对中央委托地方项目而言，中央财政应该根据情况给予充分的财政资金；对同属中央和地方项目而言，应该明确中央和地方政府各自承担比例；对城市政府自身项目而言，当其自有财政收入难以满足支出情况时，中央财政应该通过一般性转移支付给予补助。同时，增强中西部城市一般性转移支付规模和比例也是促进城市间公共服务均等化要求的重要体现。通过规范中央政府专项支付的比例，充分发挥专项资金在公共服务供给均衡发展中的重要作用。省级政府还可以通过调整省内城市间财政转移支付比例，以有效调节省内城市间公共服务供给的财力差距，注重加大经济落后城市公共服务转移支付力度，以保障城市间公共服务均等化目标实现。

统筹建立城市间公共财政资金横向转移支付制度。人口流动性增强需要建立城市间公共财政资金横向转移支付制度，而信息网络技术的发展也为公共财政资金横向转移支付提供了技术支撑。虽然国家基本公共服务供给由中央政府兜底，但是城市间经济发展和财政收入等差异难以实现城市间公共服务均等化。随着城市流动人口规模不断增加，如何满足和提高流动人口公共服务水平已经成为城市政府必须考虑的问题。由于公共财政资金的分配主要是户籍人口为主，很多公共服务资金预算不覆盖流动人口，尤其是对人口流入城市而言，实现公共服务全覆盖存在财政预算超支的情况，因而需要处理好民生保障底线和财政预算平衡之间的关系。这就需要建立全国统一的人口公共服务信息服务系统，通过建立公共财政资金横向转移支付和财政结算信息服务系统，让公共服务资金随着人口流动而自主结算，实现城市间公共财政的补偿平衡，促进城市公共服务供给能力和质量提升。

（三）优化市场化激励约束机制

随着城市居民对公共服务产品需求层次性和多样化不断提升，仅仅依靠政府提供公共服务产品难以满足需求，因而需要在确立政府主导地位的基础上，引入市场力量参与公共服务供给，形成公共服务供给的多元化，提高公共服务供给效率和质量。

通过建立相关激励机制，充分发挥社会资本在公共服务供给中的效率和质量。随着城市居民日益提升的公共服务质量需求和多样化趋势，单一的政府供应模式面临较大挑战，难以真正有效满足居民对公共服务的需求。因而需要政府部门在利用现有财政资金提供基本公共服务保障的前提下，制定可行有效的政策激励社会资金进入城市公共服务领域，提供多样化的公共服务产品，以拓宽公共服务资金来源渠道，以保障公共服务供给的多样化与提高供给效率。从中国现有公共服务供给情况来看，社会资本已经逐步进入公共服务供给领域，如基础教育中的民办中小学及相关培训机构等民办教育、医疗卫生中各种民办医疗卫生机构等。但是现有社会资本的参与度仍然较低，存在收费高、认可度低、利用效率低等问题，不利于公共服务产品的供给，这与现有政府与社会资本供给存在一定边界模糊有关，政府公共部门和社会私人部门在公共服务提供中存在较强的竞争，而非互补，政府部门对社会私营部门的公共服务产品提供缺乏有效监管和约束。因而需要搭建合理公共服务供给体系，厘清政府部门和社会部门的公共服务供给范围，既保障居民基本公共服务供给，也满足居民的多样化需求。对于社会资本可以参与的公共服务领域，制定行业准入标准，破除制度性壁垒，通过公平竞争的方式吸引社会私有部门进入，如公共服务设施提供中在土地、税收等方面给予一定程度的政策优惠，健全社会资本参与的保障体系，为社会资本参与政府公共服务供给提供制度保障。此外，在明晰政府和市场边界的基础上，注重完善公共服务供给的评估、激励和监督机制，如建立统一的评审机制，消除对社会私营部门的歧视政策，对其公共服务产品进行公正评价，既保障公共服务供给质量，又保障社会资本的合法权益。

完善政府采购政策，积极推动公共服务供给的市场化。政府购买已经成为公共服务市场化改革的重要内容之一，尤其是在教育科研、医疗卫生等方面，主要方式是政府通过合同购买、委托外包等形式向社会购买公共服务。在此过程中，政府仍然是公共服务提供方和责任方，对社会组织提供的公共服务具有监督监管职责。因此，需要规范政府采购政策，真正有效和多样化满足公众的公共服务需求。首先要明确政府采购的范围和界限，即政府应该根据公共服务自身属性和生产效率来确定是否应该向社会进行购买，然后通过规范政府购买方式，如公开招标、定向委托等，保证购买过程中的公平公正。不管采取何种购买方式，政府都应该按照相关法律法规，规范政府购买程序，确定公共服务买卖双方的责任义务。此外，政府还应该完善公共服务购买中的公共财政制度建设，创新公共财政预算，将政府采购公共服务纳入现有预算中，科学编制公共服务采购的预算，以规范资金使用的效率和保障。

将政府目标和私人部门有机结合，以市场力量实现公共服务合理配置。在强调政府主导公共服务供给时，还应该积极鼓励各种市场力量参与公共服务供给，以满足城市居民公共服务多样化需求。在公共服务供给中引入市场机制，通过市场竞争机制为城市居民提供更多的选择机会，有利于改善城市公共服务供给质量和效率，实现多元化公共服务供给格局。首先要明确市场力量在公共服务供给中的定位，应该将其定义为对政府公共服务供给的补充力量，而非主导力量。对于营利性市场力量而言，将其作为一般企业主体看待，正确履行责任和义务，对其经营活动进行有效监督；对非营利性市场力量而言，坚持激励与约束并举原则，利用政府政策对其进行激励的同时，也要制定相应制度对其进行规范化管理。这就要求政府一方面应该制定相应的规章制度鼓励市场力量参与到城市公共服务供给中来；另一方面要重点鼓励非营利性机构健康发展，充分保障城市公共服务供给的多样化。

第二节　加快推进户籍制度改革步伐

现有户籍制度在承担人口登记和管理职能基础上，还具有限制人口迁移和公共服务供给差异的功能，这都会直接或间接影响人口向城市空间集聚，因而需要加快推进户籍制度改革步伐，既要继续降低城市落户门槛，尤其是大城市的落户条件，也要有序剥离户口附加的教育、医疗等社会福利，让户籍制度回归到人口登记和管理等基本职能上。同时，根据城市自身特征进一步细化差异化落户政策，以切实为流动人口进城落户提供制度保障。

一、继续降低城市落户门槛

城市落户门槛对人口迁移具有重要影响，是户籍制度改革的重点内容。充分发挥降低落户门槛对城市人口迁入的重要促进作用，逐步推进人口在区域间的自由迁移，破除人口自由流动障碍，真正实现以人为核心的新型城镇化。

随着户籍制度改革的不断推进，城市落户条件也不断优化调整，国务院先后印发了一系列文件。2014年7月国务院印发的《关于进一步推进户籍制度改革的意见》，明确要求全面放开建制镇和小城市落户限制，有序放开中等城市落户限制，合理确定大城市落户条件，严格控制特大城市人口规模，这为新一轮落户条件确定了基本方针。2016年1月国务院印发实施的《居住证暂行条例》明确规定了城市落户条件：城区人口50万人以下的小城市的落户条件为在城市市区有合法稳定住所；城区人口50万人至100万人的中等城市的落户条件为在城市有合法稳定就业并有合法稳定住所，同时按照国家规定参加城镇社会保险达到一定年限；城区人口100万人至500万人的大城市的落户条件为在城市有合法稳定就业达到一定年限并有合法稳定住所，同时按照国家规定参加城镇社会保险达到一定年限，但对参加城镇社会保险年限的要求不得超过5年；城区人口500万人以上的特大城市和超大城市以具有合法稳定就业和合法稳定住所、参加城镇社会保险年限、连续居住年限等为主要指标，建立完善积分落户制度。该文件的出台为城市新的落户条件确定了初步标准。2016年9月国务院办公厅引发《推动1亿非户籍人口在城市落户方案》，进一步细化了城市落户条件：一是调整完善大中城市落户政策，要求大中城市均不得采取购买房屋、投资纳税等方式设置落户限制；城区常住人口300万人以下的城市不得采取积分落户方式；大城市落户条件中对参加城镇社会保险的年限要求不得超过5年，中等城市不得超过3年。二是调整完善超大城市和特大城市落户政策，要求超大城市和特大城市要以具有合法稳定就业和合法稳定住所（含租赁）、参加城镇社会保险年限、连续居住年限等为主要依据，区分城市的主城区、郊区、新区等区域，分类制定落户政策，重点解决符合条件的普通劳动者落户问题。该文件完成了新一轮户籍制度改革的顶层设计方案，为后续外来人口城市落户提供了重要的决策参考。

为更好地落实中央政府城市落户条件，国家发展改革委每年印发关于新型城镇化建设的重点内容，逐步将落户限制细化和深化。2019年3月国家发展改革委印发《2019年新型城镇化建设重点任务》，要求继续加大户籍制度改革力度，在此前城区常住人口100万人以下的中小城市和小城镇已陆续取消落户限制的基础上，城区常住人口100万~300万人的Ⅱ型大城市要全面取消落户限制；城区常住人口300万~500万人的Ⅰ型大城市要全面放开放宽落户条件，并全面取消重点群体落户限制。超大城市、特大城市要调整完善积分落户政策，大幅增加落户规模、精简积分项目，确保社保缴纳年限和居住年限分数占主要比例。2020年4月国家发展改革委印发《2020年新型城镇化建设和城乡融合发展重点任务》，要求督促城区常住人口300万人以下城市全面取消落户限制，并推动城区常住人口300万人以上城市基本取消重点人群落户限制。2021年4月国家发展改革委印发《2021年新型城镇化和城乡融合发展重点任务》，要求有序放开放宽城市落户限制，城区常住人口300万人以下城市落实全面取消落户限制政策，实行积分落户政策的城市确保社保缴纳年限和居住年限分数占主要比例。随着这些改革方案不断出台，中小城市和城区常住人口300万人以下的大城市通过条件限制人口落户的政策全面取消，城区常住人口300万人以上城市的落户条件也逐步放松，使得人口向城市迁移落户的意愿更加强烈，外来人口在城市落户机会上的公平性不断提高。

从现有户籍制度改革来看，城市落户门槛相比之前有所降低，尤其是城区常住人口300万人以下城市直接取消人口落户限制。同时也注意到，落户门槛是随着城市人口规模增加而增加的，是依据城市规模制定的梯度化政策。新的户籍制度措施在城区常住人口300万人以下城市表现为非限制性人口迁移和非歧视性公共服务供给；在城区常住人口300万人以上城市表现为限制性人口迁移和歧视性公共服务供给。具体来看，中小城市由于本身户籍福利较少和改革难度小，率先取消落户限制；大城市由于其户籍内含福利较多和改革难度较大，以城区常住人口300万人规模为界限实行差别化政策，逐步放松落户限制；特大城市和超大城市由于其户籍内含福利最多和改革难度最大，依然实行严格的落户门槛。从不同城市流动人口规模来看，大城市尤其是特大城市和超大城市往往拥有最多的流动人口，其在现有户籍改革方案下仍然难以在城市实现落户，在城市公共服务供给中依然面临户籍歧视。因此，在新的户籍制度改革中应该充分考虑外来人口在特大城市和超大城市落户难的限制，各城市根据自身特征，逐步渐进式地降低城市落户门槛，如逐步放宽Ⅱ型大城市的落户条件，在特大城市和超大城市落户方面持续完善积分落户制度等。

户籍制度改革的重点在于流动人口大量集聚的特大城市或超大城市，这些城市均是通过设置落户门槛来根据自身需要选择性吸引外来人口。积分落户政策虽然实现了一部分人落户目标，但是该政策落实和实施过程中存在明显的人力资本倾向。根据城市积分落户规则，高学历或高技能、居住和就业稳定的年轻人在积分落户上具有明显优势，尤其是近年来城市间进行的人才争夺战，主要是对高学历或高技术人才的争夺，这在一定程度上形成了人才空间分布的非均衡性特征，也将大多数农村外来人口继续排斥在落户条件之外，不利于实现农村外出人口的市民化。在此背景下，大量高学历年轻人在特大城市或超大城市落户，而学历较低的农村人口在城市务工后最终不得不返回农村，使得城乡人力资本差距日益扩大，不利于城乡经济社会协调发展。这就需要在进一步的户籍制度改革中严格控制积分制落户所适用的城市范围，在积分设置中逐渐向在城市长期务工的农业人口及其家庭倾斜，尽可能让人力资本水平较低但长期在城市稳定就业的农村人口进城落户。此外，应该杜绝特大城市和超大城市中存在的所谓"低端人口"清理政策，切实保障城市外来人口在城市的基本公共服务供给。

二、逐步剥离户口附加福利

现有户籍管理制度不仅作为统计人口信息的法律制度，还同时附着限制人口自由流动和城市偏向性的社会福利，如义务教育、公费医疗、社会保障等，这使得外来人口难以享受本地户籍人口的各种社会福利。户籍制度改革中关于实行城乡统一的户口登记制度、放松城市落户条件等均没有真正让流动人口享受城市基本公共服务和社会福利，直接影响户籍制度改革的成效。户口附加福利的剥离一直是户籍制度改革的重点和难点，如何让流动人口和城市居民享受同等公共服务和社会福利成为户籍制度改革的关键所在。由于户籍本身被附加了社会福利，造成了社会福利分配的差异化，间接造成了社会的不平等，不利于社会稳定和经济发展。户籍制度改革就需要打破这一不平衡的社会福利分配体制，将户口附着的社会福利和公共服务等彻底与户口类型剥离，使户籍人口与流动人口在城市享受近似平等的社会福利，实现城市常住人口享受公平的社会福利，真正实现城市公共服务均等化目标。

随着户籍制度改革的不断推进，户籍附着的教育、医疗、社保等社会福利开始逐渐剥离，如外来人口子女在城市享受义务教育、外来务工人员在城市就医便利等。为此，国家也采取措施为外来人口享受公共服务提供保障。如2016年1月实施的《居住证暂行条例》明确规定：公民离开常住户口所在地，到其他城市居住半年以上，符合有合法稳定就业、合法稳定住所、连续就读条件之一的，可以依照本条例的规定申领居住证；居住证是持证人在居住地居住、作为常住人口享受基本公共服务和便利的证明；县级以上人民政府及其有关部门应当为居住证持有人提供义务教育、基本公共就业服务、基本公共卫生服务和计划生育服务、公共文化体育服务等。该政策的实施使得居住证持有者能够与户籍人口同等地享受教育、就业、医疗、文化等基本公共服务，让外来人口享受城市的各项公共服务和社会福利。全面实施居住证制度，推进居住证制度覆盖全部未落户城镇常住人口，保障居住证持有人享有国家规定的各项基本公共服务和办事便利。鼓励地方各级政府根据本地实际不断扩大对居住证持有人的公共服务范围并提高服务标准。以人口为基本要素，完善公共服务资源配置，使基本公共服务设施布局、供给规模与人口分布、环境交通相适应，增强基本公共服务对人口集聚和吸纳能力的支撑。2016年12月国务院印发《国家人口发展规划（2016～2030年）》，明确提出：全面实施居住证制度，推进居住证制度覆盖全部未落户城镇常住人口，保障居住证持有人享有国家规定的各项基本公共服务和办事便利；鼓励地方各级政府根据本地实际不断扩大对居住证持有人的公共服务范围并提高服务标准；以人口为基本要素，完善公共服务资源配置，使基本公共服务设施布局、供给规模与人口分布、环境交通相适应，增强基本公共服务对人口集聚和吸纳能力的支撑。居住证制度的实施是城市人口管理工作的重大创新，是实现户口附加福利剥离的有效措施，有利于加快推进外来人口的市民化进程。随着居住证制度的推进实施，城市流动人口享受的社会福利逐渐扩大，而户籍人口独享的社会福利逐渐缩小，使得城市户籍人口与外来人口的户口附加福利差距逐渐缩小，使得城市外来人口能够享受更多的户籍人口福利，直接增强了城市对外来人口的吸引力，有利于促进人口向城市流动或迁移，进一步增强了城市的人口集聚能力。

与城市落户门槛政策类似，居住证制度也存在一定的申领门槛限制，尤其是特大城市和超大城市在居住证申领条件中仍然存在以合法稳定居住和就业为基本门槛，仍然使得部分外来人口难以申领居住证，无法享受户籍人口的各项社会福利和公共服务。此外，即使居住证持有者也无法完全享有与户籍人口同等条件的社会福利和公共服务，特大城市和超大城市仍然存在优质公共服务资源仅对城市户籍人口开放的特征。从流动人口的空间分布看，特大城市和超大城市往往也是流动人口的主要流入地。居住证制度确实使一部分外来人口能够享受城市就业、教育、医疗等社会福利，但是仍然与户籍人口社会福利存在差距。同时，户口附加福利的剥离也不是一蹴而就的，是一种过渡性户籍制度改革措施。有些社会福利难以从户口上直接剥离出来，如义务教育、保障性住房等，这些福利一般难以完全实现市场化，即使在城市内部也存在差异性，也使得户籍人口与流动人口所享受的社会福利难以完全一致。此外，剥离户口附加福利并不意味着取消相对应的社会福利，而是让长期生活在城市的人口都能够享受到这些公共服务和社会福利。基于此，在进一步深化户籍改革中要继续有序剥离户口附加福利，各级政府作为户籍制度改革的主体，也是剥离户口福利的执行者，中央和地方各级政府需要协调统一积极推动户口附加福利的剥离力度，让流动人口与户籍人口能够真正实现公共服务的均等化，这才是户籍制度改革的实质性进展。

剥离户口附加福利也有利于减轻户籍制度改革的成本。财政支出成本是户籍制度改革需要考虑的重要因素之一，也是外来人口城市落户的核心所在。城市户籍制度改革成本直接决定了城市政府改革的意愿和阻力，若户籍制度改革的成本较高，则城市政府改革的意愿和阻力就较大。因此，在政府公共财政支出有限的情况下，户籍制度改革不能一味强调降低落户门槛或落户条件，还要看地方政府的财政支出能力。在现有财政分权体制下，外来人口落户成本是由人口流入地的城市政府承担，使得落户人口规模增加一定会造成城市政府的财政压力，直接影响其户籍制度改革的意愿和阻力。虽然人口主要流入的城市往往是经济比较发达的城市，政府财政支出规模较大，也具有较强的融资能力，能保证外来人口的基本公共服务支出，但也会形成一定的财政支出压力。居住证制度的实施意味着城市公共服务不仅提供给户籍人口，还涵盖了能够在城市获得居住证的持有者，使得城市基本公共服务的范围逐渐扩大，也解决了因为户籍制度改革带来的户籍人口增加导致政府公共财政支出增加的困难。通过剥离户口附加福利，可以直接减轻外来人口市民化成本，使得户籍制度改革面临的财政压力减少，也有利于进一步推动户籍制度改革步伐。在现有财政分权制度下，户籍制度改革需要加大中央财政的负担比例，对城市基本公共服务如义务教育、基本医疗等方面主要由中央财政负担，而社会保障、住房保障和基础设施等方面加大中央财政承担比例，主要由地方政府财政负担，以加强城市政府的自主性，更好地推动户籍制度改革平稳推进。

三、细化城市差异化落户政策

城市差异化落户政策主要包括两个方面：一是不同城市应该根据自身特征实施差异化落户政策；二是城市内部不同行政区划（如中心城区与郊区或新区）实行差异化落户政策。

现有户籍制度改革主要是根据城市规模制定的差异化政策，如2014年的《关于进一步推进户籍制度改革的意见》，城市落户条件是根据城市规模而制定的差异化落户政策，后续国家、地方政府和有关部门均以此为依据对落户政策进行细化，积分落户条件等均以城市规模为标准进行分类规定。相对于其他城市分类标准，城市规模标准具有很强的操作性和合理性，直接推动了城市落户政策的实施，推动了城市户籍制度改革的进程。但是，按照城市规模标准实施的差异化落户政策也存在一定的不足之处。一是由于城市流动人口特征差异，实施相同的落户政策存在困难。如 2019 年特大城市中东莞流动人口为700 多万人，而南京和西安的流动人口却不足 50 万人，如果执行相同的落户标准，两者的实施效果会存在很大差异；2019 年超大城市中的深圳流动人口有 800 多万人，而天津和重庆的流动人口仅为 300 万人左右，同样的落户标准也不合理。即使是拥有相近流动人口规模的城市，其流动人口中农村外出人口的比重也不尽相同，使得落户难度也存在差异。二是现有落户政策中规模较小城市的落户难度低于规模较大城市，也不利于城市落户政策的执行。在超大城市和特大城市中西安和南京的流动人口比重较小，而嘉兴、湖州等地级市的流动人口规模却较大，这使得现有落户政策施行会面临一定的困难。三是相同规模城市也会存在等级或区域差异，采取相同落户政策也不准确。如广州、深圳和四大直辖市都属于超大城市，但是直辖市由于其自身行政等级优势而具有较强的资源配置能力和财政支出力度，对落户的承受能力较强，这也会造成落户政策实施中的差异问题。四是相同规模城市的财政支出能力存在差异，造成落户政策实施中城市政府面临不同的意愿和阻力。由于城市政府是现落户政策实施的主体，规模相同城市具有不同的财政支出能力，在落户成本的承担中面临的差异较大，也不利于落户政策的实施。总体而言，城市规模标准是实施差异化落户政策的一种单一标准，不能很好地反映相同规模城市在流动人口落户中的差异特征。此外，由于户籍门槛对城市人口迁入的影响因城市规模、等级和区域存在差异，不同城市在制定户籍制度改革措施时需要找准各自的侧重点，合理制定准入门槛，以发挥各自的比较优势，吸引人口迁入，形成多样性的城镇化发展的格局。尤其考虑到 300 万人口以上、高等级和东部城市的户籍门槛对人口迁入的限制作用，需要着重加强该类城市的户籍制度改革力度，通过落实人口迁入以推动城市自身健康发展和新型城镇化进程。因而，户籍制度改革应充分考虑到城市的规模、等级和区域差异，进一步细化城市落户政策，针对各个城市自身特征制定细化的差异化落户政策。

随着城市户籍制度改革的不断推进，一些特大城市和超大城市也逐步设施细化的差异化落户政策。如 2020 年 12 月广州发布《广州市差别化市外迁入管理办法》，准备在白云区、黄埔区、花都区、番禺区、南沙区、从化区和增城区 7 个行政区实施差别化入户政策，符合拥有国内普通高校全日制本科学历或学士学位（单证）、拥有国内普通高校全日制大专学历、全日制技师学院预备技师班、高级工班毕业人员，年龄在 28 周岁及以下，申报时须在差别化入户实施范围区域内连续缴纳社会保险满 12 个月等条件的就业或创业人员，可以将户籍迁入广州市。2021 年 2 月南京市人民政府办公厅发布《关于进一步推动非户籍人口在城市落户的实施意见》，提出进一步创新户口迁移政策：全面放宽浦口、六合、溧水、高淳区城镇地区落户限制，对持有上述四区居住证、缴纳城镇职工社会保险 6 个月以上的人员，即可办理落户。2021 年 3 月上海市人民政府印发《关于本市"十四五"加快推进新城规划建设工作的实施意见》的通知，提出强化人才引进的政策：制定差异化的人口导入和人才引进政策，完善居住证积分和落户政策，加大新城对紧缺急需人才和优秀青年人才的引进力度，拓宽海外人才引进渠道；探索出台与中心城区差异化的购房和租赁政策，研究完善租购并举、租售衔接的人才住房政策；因地制宜制定涉及教育、医疗、养老等服务人才的"一揽子"公共服务配套政策。同时发布的《"十四五"加快推进新城高质量发展的支持政策》中对"优化新城人才落户和居住证政策"进行了明确和细化，具体包括：对新城重点产业的用人单位，可由行业主管部门优先推荐纳入人才引进重点机构；缩短新城"居转户"年限，对在新城重点产业的用人单位和教育、卫生等事业单位工作满一定年限并承诺落户后继续在新城工作 2 年以上的人才，经新城所在区推荐后，"居转户"年限由 7 年缩短为 5 年；对新城范围内教育、卫生等公益事业单位录用的非上海生源应届普通高校毕业生，直接落户打分加 3 分；市、区加大对新城特殊人才落户的支持力度；对上海市居住证持证人在新城工作并居住的，予以专项加分，即每满 1 年积 2 分，满 5 年后开始计入总分，最高分值为 20 分。2021年 3 月青岛市人民政府发布《关于进一步深化户籍制度改革的意见》，实施分区域、分类别、差别化落户政策：继续放宽市南区、市北区、李沧区、崂山区四个中心城区落户政策，大幅放宽黄岛区、城阳区、即墨区三个城区落户政策。随后 7 月山东省人民政府办公厅印发《关于支持青岛西海岸新区进一步深化改革创新加快高质量发展的若干措施》的通知，要求全面放开西海岸新区（黄岛区）落户限制，实现落户"零门槛"。2021 年 8 月杭州市人民政府办公厅印发《构建共建共享公共服务体系专项计划》的通知，提出建立差异化落户政策体系：严格执行核心城区落户限制政策；九大星城分类执行控制、适度放开和鼓励落户的政策，完善"政策性落户＋人才入户＋居住证积分落户"政策体系，实行支持区域重点产业（企业）发展的差异化落户政策，对"星城"内的龙头企业人才落户降低条件、增加名额，引导核心城区过度密集区块人口向"星城"疏解、城市新流入人口向"星城"集聚。2021 年 10 月河北省人民政府印发《河北省就业促进"十四五"规划》的通知，要求对首都周边市县和雄安新区实行差别化户口迁移政策，全面落实居住证制度。综合来看，城市内部差异化落户政策的实施目的在于通过政策引导为城市郊区或新城的发展吸引更多人才，究其原因在于当前城市中心城区人口密度普遍较高，郊区或新城区人口密度偏低，城市的产业或功能需要向郊区或新城区转移。这一政策是顺应户籍制度深化改革和城市高质量发展的要求而实施的，有利于促进人口向城市转移，加快推动市民化进程，对其他城市也具有很强的借鉴意义，具有一定的推广价值。因此，大城市尤其是特大城市或超大城市可以根据自身城市内部区划特征和经济发展要求，逐步推行内部差异化落户政策，以更好地推动新型城镇化健康发展。

第三节　有序引导城市人口合理集聚

中国城镇化路径选择中存在以大城市为主的集中式和以小城镇为主的分散式两种观点，其争论焦点在于城市体系合理化。一个国家城市体系的合理化有利于高效优化要素资源分配和充分发挥集聚（或扩散）效益优势，这就需要不同规模的城市相互依存、共同发展，既充分发挥大城市的集聚与辐射效应，又注重增强中小城市和小城镇的容纳与吸收作用，从而实现大中小城市和小城镇协调发展战略。中国城市人口集聚的非均衡性态势已经成为中国人口城镇化进程中的客观存在，这就要求政府部门在制定城市人口规模政策时应该对中国城市人口集聚的基本特征和发展趋势进行准确判断，即在充分考虑其资源禀赋和区位优势的基础上，明确其在国家和地区发展中的角色及定位功能，制定差异化措施保障不同类型城市实现人口集聚的增长态势，最大限度释放城市的人口集聚红利，并在长时期内使其逐步回归到均衡增长模式。在现有资源配置不均衡情况下，人口向城市的集聚是用脚投票的结果，任何国家、区域、省份或城市群都难以实现均衡增长，最终使得城市人口非均衡增长是一种常态，实现均衡增长仅是追求的过程。尽管如此，政府部门也可以采取某些制度性措施保障人口集聚程度较低的城市实现人口快速增长，以促进这些城市经济健康发展，也可以一定程度上缓解某些城市由于人口过度集聚所产生的城市病问题。

一、积极推动人口向城市迁移

现有户籍管理制度下，城市户籍人口与常住人口存在较大差额，使得户籍城市化率与常住人口城市化率存在较大差异，影响城市化发展进程。形成这种现象的原因在于人口向城市迁移面临约束，难以真正实现市民化身份的转变。中国特色城镇化道路是以人为核心的城镇化，国家"十三五"规划中明确提出要加快提高户籍人口城镇化率，这就需要各级政府采取措施积极推动人口向城市迁移。从人口迁移路径来看，人口向城市迁移面临明显的户籍制度障碍，而城市公共服务也成为吸引人口迁入城市的重要因素，因此，如何积极推动人口向城市迁移，既要加快推进户籍制度改革步伐，为人口向城市迁移扫清制度约束，又要持续提升城市公共服务，为人口城市就业和生活提供基本保障。这两部分内容前文已做详细介绍，在此不再赘述。此外，还要重点分析影响人口向城市迁移的动因与特征的其他因素，以更好地制定措施促进人口向城市迁移，确保外来人口能够真正"留得下"和"留得住"。

从人口迁移动因来看，获得更好的就业岗位和收入水平是人口向城市迁移的重要因素。由于城乡间和城市间的就业岗位和收入水平存在较大差距，如城市就业岗位丰富多样、收入水平较高，是农村人口向城市迁移的主要动力；城市间由于经济发展和产业结构差异，就业岗位也存在差异性，同时城市收入水平会随着城市规模增加而增加，会随着城市等级提高而增加，也会呈现从西向东逐步增加态势，进而使得人口不断地从中小城市迁入大城市、从低等级城市迁入高等级城市、从中西部地区迁入东部城市。通过对"四普""五普""六普"数据中人口迁移的分析可以发现，随着时间的推移，高收入城市对低收入城市或农村人口的吸引力呈现逐步增强趋势，也使得中国人口迁移呈现出明显的空间集中特征，主要集中在东部沿海的长三角、珠三角和京津冀城市群。这就需要重点关注这些迁入城市的就业岗位和工资收入水平，制定有效措施为进城人口提供更多的就业岗位和更高的工资收入。就业岗位提供是城市经济发展的重要目标，在供给侧结构性改革背景下，针对城市经济发展特色和产业结构需求，采取灵活多变的形式持续增加就业岗位，为人口迁移提供经济基础。如积极发展劳动密集型产业，尤其是对劳动力需求较多的服务业，如社区服务、家政、旅游、养老等领域；在城市政府部门中，基层机构的服务型就业岗位普遍短缺，政府可以通过购买服务方式增加就业岗位，既满足了政府公共服务供给的需要，提高了服务质量，又减轻了基层机构的负担；民营企业在城市劳动力需求中承担的比重不断提升，城市政府通过不断优化营商环境，为民营企业发展提供有力的政策支持和激励，可以创造出更好的就业岗位。城市数字经济的发展具有巨大的就业潜力，形成各种各样的灵活就业岗位。工资收入水平的提升也是促进人口迁移的直接经济原因，因而需要切实采取措施保障和提高工资收入水平。如根据城市经济发展、公共财政收支等因素，制定符合城市自身特色的最低工资标准，并根据法律法规严格执行，保护劳动力基本权益；劳动者工资收入与自身人力资本密切相关，因而需要采取措施不断提高劳动者自身素质，如加强劳动者职业技能培训，提高其职业技能；完善社会保障制度，如提高城市居民医保和养老保险的最低标准，提高劳动者社会福利水平。由此可见，丰富城市就业岗位和提高工资水平为人口向城市迁移提供重要的经济保障。

空间距离也是影响人口向城市迁移的重要因素。在经典的人口迁移理论中，迁入地和迁出地的空间距离越近，其迁移所花费的交通等成本就越小，迁移的可能性也就越高；而随着空间距离增加，人口迁移成本也会随之上升，进而会增加迁移的不确定性和风险。传统的人口引力模型中主要采用地区间直线和道路距离来衡量现实空间中地区间人口迁移的距离衰减情况，而未考虑到地区间的空间距离与交通工具和通勤时间密切相关。随着更为快速和便捷的交通工具如高速铁路、高速公路和航空运输的普及，城市的交通通达性持续提升，地区间空间相对距离显著压缩，人口迁移的成本也持续下降，使得人口长距离迁移的可能性不断增加。城市作为交通运输的重要枢纽，其交通通达性远高于农村地区，且特大城市或超大城市、高等级城市和东部城市均具有较高的交通通达性，进而成为城市人口迁入的主要地区。随着交通网络的逐步完善和提升，城际铁路、高速铁路和公路、航空等综合交通网络的构建，城市与外界的连通性将会逐渐增强，也为人口迁移提供了高效快捷的综合交通运输网络体系，减少了迁移成本。

作为一种直接的人口吸收政策，城市人才引进是以人才需求为导向，充分尊重知识和劳动力能力，为城市外来人口就业和生活提供基本的户籍保障和稳定预期，以更有效的方式吸引高素质人才进入城市。城市政府采取的有选择性的人口迁移政策也促使了大量高学历人才不断向城市集聚，提升了城市人力资本水平。因而，城市政府应该充分重视人才引进工作，不仅能够为吸引人才进入提供便利条件，还能为人才在城市就业和生活提供保障。现有城市人才引进工作确实促进了大量大学生在城市就业和生活，为城市经济发展带来了活力，因而需要进一步加大政策优惠力度，继续鼓励和吸引大学生迁入，如在大学生就业或择业过程中通过优化网络招聘信息媒介和渠道，为其就业提供良好的平台；在城市租房市场上继续加大对大学生公租房比例，或修建人才公寓等解决大学生的住房问题；加大对大学生创业的激励措施，积极为有条件和有意愿的创业大学生提供政策支持和资金激励。人才引进工作既提高了城市人力资本水平，也为城市经济发展提供重要人力资源保障。

二、引导人口向城市有序流动

城市作为流动人口的重要聚集地，如何引导人口向城市有序流动是中国新型城镇化建设的重要内容。流动人口为城市建设和发展提供了大量劳动力、人力资本等生产要素，创造了巨额财富，是城市经济长期稳定发展的重要保障。城市既然享受了流动人口为其带来的繁荣发展，也应该为流动人口提供相应的制度和利益保障，让流动人口充分融入城市中。随着中国城镇化进程的快速发展，流动人口还将保持稳定增长的态势，这就要求相关政府部门在制定流动人口政策和措施时，应该将流动人口作为长期存在的现象来看待，为其提供良好的制度保障，让其与户籍人口享受均等的公共服务，使其更好地融入城市中，而不应该为了追求眼前利益而采取短期行为。尤其是许多大城市将流动人口作为控制城市人口规模的重要方面，忽略了流动人口将长期存在的事实，最终难以对城市流动人口进行有效的管理。中国城市流动人口规模的非均衡性态势是中国城镇化进程中的客观事实，这就要求政策制定需要遵循差异化特征，根据城市自身特征制定特殊化的流动人口政策，以有效引导外来人口的有序流动。如制定城市流动人口规模协调发展政策时既要加大对流动人口规模较低城市的政策倾斜，通过采取某些制度性措施保障其实现人口快速增长，又要注重流动人口规模较大城市的空间溢出效应，注重发挥其空间溢出效应，实现区域人口协同均衡发展；既要注重缩小区域间流动人口规模的差异，也要促进区域间流动人口增长速度的协调。对于流动人口规模较低的城市而言，不能仅仅依靠城市经济发展水平和质量的提升，也要注重进一步增强吸引流动人口进入的政策优惠力度。

在现有户籍管理制度下，外来人口可以实现向城市自由流动，但却无法真正均等地享受城市公共服务。从公共服务供给类型看，一般性公共服务是对流动人口均等开放的，而特殊性公共服务只是部分向流动人口开放，这在一定程度上阻碍了流动人口的社会融合。因此，应充分考虑到城市公共服务供给对人口流动的重要性，实现流动人口与户籍人口公共服务的均等化，让城市流动人口真正融入城市中，针对现有公共服务中仍然存在的限制人口流动的因素，地方政府应该通过增加城市公共财政支出力度，注重提高公共服务供给，扩大公共服务覆盖面，以有效吸引外来流动人口，而中央政府也应该适度扩大对中西部地区和中小城市的财政转移支付力度，通过建立有效的激励机制，快速提升该类地区的公共服务供给，以保障区域间和城市间人口的均衡流动。在公共服务供给中不断提升政府的公共服务供给能力，如在教育服务方面，消除教育服务对流动人口的排他性和限制性，保障流动人口子女平等地享受公共教育的权利，尤其是基础阶段的公共教育服务；在文化服务方面，加强文化基础设施建设，既加大其对流动人口公共文化服务免费开放的力度，又注重建设流动人口获取公共文化服务信息的渠道；在医疗服务方面，加强医疗卫生服务设施建设，为流动人口提供最基本的设施保障，同时将流动人口纳入城市社区卫生服务体系，为其提供基本的医疗卫生服务，使其享受基本医疗保险制度；在交通服务方面，加强城市公共交通和道路建设，让流动人口真正享受城市公共交通的便利与优惠；在环境服务方面，注重改善城市环境质量，增加城市环境的宜居性，以增强对流动人口的吸引力。由于城市公共服务供给对人口流动的影响因城市规模、等级和区域而存在差异，这就要求不同城市在制定提升公共服务供给措施时需要找准各自的侧重点，即规模较大、较高等级或东部地区的城市在继续注重全面提升公共服务供给的基础上，注重加大对自身较弱公共服务的投资力度，包括消除教育服务对流动人口的排他性、加大城市交通设施建设和改善自然环境质量等，以更有效吸引外来流动人口的进入；而规模较小、一般地级市或中西部地区的城市也注重发挥自身比较优势，一方面继续提升自身具有比较优势的公共服务供给；另一方面也应该注重加强自身较弱公共服务供给的投资力度。

中国新型城镇化强调是以人为核心，而推动流动人口社会融合就是其中的主要任务。流动人口社会融合可以实现流动人口对城市的身份认同、经济立足和权益平等，是城市提升对外来人口吸引力的重要措施。因此，需要政府有关部门采取措施切实保障流动人口权益。一是为流动人口城市就业提供保障。流动人口城市就业是其在城市生存和生活的基础条件，也是其流入城市的主要动因。在政策扶持方面，通过健全全国统一的劳动力平等就业制度，消除一切排斥流动人口城市就业的制度安排和设计，清理和取消流动人口进城就业的歧视措施和限制，保障流动人口与城市户籍人口拥有平等的就业权利和就业机会。同时，加大对流动人口就业创业的培训支持力度，如加强对农村务工人员的职业技能培训水平和资金投入，提升其非农劳动技能和就业机会，促进农村劳动力非农就业转移；将流动人口纳入城市公共服务就业服务范围，为流动人口提供全方位的就业服务。此外，维护流动人口合法劳动权益，如加强流动人口与用人单位的劳动合同管理，提高流动人口就业合法性和稳定性；保障流动人口与城市户籍人口享受同工同酬、足额兑现劳动工资等政策，依法保护流动人口的劳动所得。二是解决流动人口城市住房问题。流动人口进入城市需要稳定的居住场所，是其安心城市就业的前提条件，会直接影响城市有序管理与社会和谐稳定。通过将流动人口纳入现有城市住房供应体系，制定流动人口享受保障住房的标准和范围，将符合条件的流动人口纳入城市保障性住房范围，并逐步扩大城市公租房的覆盖范围；在此过程中需要加大中央和地方财政对城市保障性住房的支持力度，为城市保障性住房建设提供足够的财力支持，满足流动人口的基本住房需求。此外，由于流动人口城市住房主要是租房为主，因而需要完善城市租房市场，保障流动人口租房权益。如增加城市公租房供给，为收入较低的流动人口提供基本住房保障；加强对住房租赁市场的监管，如住房条件、租金、安全和卫生等，以切实保障流动人口租房权益。三是保障流动人口享受城市基本公共服务。以实现城市常住人口公共服务全覆盖为目标，实现城市基本公共服务均等化，满足流动人口对公共服务的需求。明确政府作为公共服务供给的主体责任，制定相关政策或法律法规坚决落实，明确流动人口公共服务供给的基本清单，让其享受与户籍人口同等水平的基本公共服务；保障流动人口服务供给的财政资金，既加大中央和地方财政资金的支持力度，又采取市场化手段增加社会资本投入，形成多元化公共服务供给投入体系。四是完善流动人口城市落户政策。让长期在城市稳定就业和生活的流动人口实现落户，让其分享城市发展成果，是流动人口真正融入城市的迫切期望。户籍制度改革是保障流动人口落户的第一步，这就需要继续降低城市积分落户条件，解决好户籍门槛与落户意愿之间的矛盾，最大化解决流动人口落户意愿；逐步剥离户籍制度上附加的各种社会福利，让户籍回归到本身统计和管理的职能，按照常住人口标准提供各项社会福利，以保障流动人口权益；继续落实城市居住证制度，打通居住证持有人与城市居民之间的通道，为流动人口落户提供政策支持。

三、实现城市人口合理增长

城市人口增长是城市化进程的显著特征，它会通过集聚效应和规模效应促进城市经济增长。20世纪90年代以后，随着户籍制度改革推进和东部沿海地区经济快速发展，人口大规模向城市集聚，城镇人口由1990年的26.41%上升至2019年的60.60%，30年间增长了2.3倍。随着经济转型升级和人口结构变化，城市对人口需求不断增加，近年来引发了城市抢人大战，使得城市间人口竞争更加激烈。中国城市规模体系比较合理，针对其日益明显的分化趋势，需要调整未来城镇化战略发展的重点，不仅要一如既往地重视大城市（尤其是特大城市和超大城市）发展，也应该重新重视中小城市发展，最终实现大中小城市协调发展。在现有资源配置不均衡情况下，人口向大城市集聚是用脚投票的结果，这就要求政府部门在制定政策时应该在充分考虑其资源禀赋和区位优势的基础上，明确其在国家和地区发展中的角色及定位功能，制定差异化措施保障实现城市发展，最大限度释放城市的人口规模集聚红利。城市人口增长并不是一成不变的，由于不同规模、等级和区域城市工资水平、产业结构和公共服务等均存在较大差异，使其对人口吸纳和需求存在差异，城市政府会采取不同的人口竞争策略以满足城市发展需要，最终形成城市人口增长会存在差异。这就要求政府相关部门根据其差异产生原因和存在的既定事实制定科学有效的人口规模协调发展政策，一方面要加大对中心城市、地级市和中西部城市的政策倾斜和财政支持力度，如通过降低落户门槛和增加公共服务供给为人口进入城市扫清制度障碍，以实现其人口快速增长和经济健康发展；另一方面也要注重发挥大城市、高等级城市和东部城市的空间溢出效应，既可以一定程度上缓解某些城市由于人口过度集聚所产生的城市病问题，又可以强化其对周围城市的辐射力，实现区域人口协同发展。

从城市规模分布来看，尽管由于城市间人口规模差异过大而导致其收敛特征难以改变其空间差异上升态势，也要充分认识到城市人口规模收敛性特征存在的事实，这就要求政府相关部门既要充分重视缩小区域间城市人口规模的相对差异，也要重视促进区域间城市人口规模增长速度的协调。对于人口规模较低的城市，增加其人口规模不能仅仅依靠其大力发展经济和提升公共服务质量等措施，也要重视采取优惠政策和资金激励等措施吸引人口的进入。由于中等城市人口规模增长缓慢导致中国城市体系不够均衡的重要原因，这就要求政府在制定城市人口规模协调发展政策时一方面要加大对中等城市的政策倾斜，通过采取某些制度性措施保障中等城市实现人口快速增长，这不能仅仅依靠城市经济发展水平和质量的提升，也要注重吸引人口的优惠政策出台或高质量的市政公用设施水平，以全面促进这些城市经济健康发展；另一方面也要注重大城市的空间溢出效应，增强大城市的空间溢出能力，既可以一定程度上缓解某些城市由于人口过度集聚所产生的城市病问题，又可以强化其对周围城市的辐射力，实现区域人口协同发展和构建合理化城市体系。同时根据不同区域城市人口增长特征，中部地区应该注重大城市发展，通过加快承接东部地区制造业转移等不断增加大城市人口规模，以改变其城市体系扁平化特征；而其他地区要注重控制大城市规模，注重大中小城市协调发展。

城市人口增长具有显著的空间效应，即相邻城市间会互相影响，产生相似的决策行为，这种行为在社会学中称为"同群效应"，即城市人口增长既有来自城市自身就业机会、工资待遇、产业结构、公共服务等因素的激励，也有来自相邻城市的外溢。中国城市人口规模呈现明显的空间集聚特征，首先，表现为地理空间集聚。1990年后中国大规模人口向城市集聚，地理分布呈现明显的空间非均衡特征，区域层面表现为向东部沿海地区集聚，城市群层面表现为向长三角、珠三角和京津冀三大城市群集聚，由此说明地理位置对中国城市人口规模分布具有显著影响。由于地理位置较近的城市通常拥有相似的区位优势、运输成本和市场规模等，对外来人口具有相似的吸引力，从而使得地理相邻城市间人口增长会存在正向同群效应。其次，城市人口规模与其经济发展水平紧密相关。从劳动力报酬看，劳动力进入城市的主要动机是获得更高的劳动报酬，因而城市工资水平是吸纳外来人口的重要因素。经济发展水平相近的城市通常拥有相近的工资水平，进而对城市外来人口具有相似的吸引力，使其人口增长存在相同趋势。从地方政府决策看，经济发展水平相近的城市会存在较强的攀比和模仿行为，一方面城市经济发展要与人口规模相适应，不同经济发展阶段对人口规模的需求量存在差异，经济相邻城市间会为吸纳人口会采取相同的政策措施；另一方面城市产业结构需要配套相应的人口规模，由于产业结构对人口需求的差异性，使得拥有相同产业结构的城市必然会竞争拥有相同技能的劳动力，使得经济相邻城市间会通过竞争人口以满足产业配套需求。最后，城市人口规模也与行政区划具有密切关系。相同省份城市不仅在经济发展中存在激烈竞争，而且还会在人口增长中存在竞争模仿行为。由于相同省份城市通常拥有相同的户籍制度措施，其对外来人口进入具有相同阻力，进而在人口增长方面具有相似特征，同时，相同省份的城市政府官员是最直接的竞争对手，为了满足城市产业发展对人才的需求，也会采取相同人才引进优惠政策，进而对人口增长产生相似影响。因此，需要科学认识城市人口增长的同群效应，促进国家城镇体系合理化。由于城市人口增长存在正向同群效应，这就需要城市间加强交流合作，充分发挥人口增长的空间依赖性和外溢性，促进人口在城市间自由合理流动和有效集聚。政府相关部门在制定政策时，应该充分注重不同区域和规模城市的空间关联，在充分利用城市自身比较优势的基础上使城市人口增长互相依存、共同发展，既要发挥东部城市或大城市的集聚与辐射效应，也要注重中西部城市或中小城市的容纳与吸收作用，形成多层次城市人口增长格局，促进城市人口空间集聚与协调发展相结合，最终构建城市人口规模合理布局的城镇体系，从而有利于高效优化要素资源分配和充分发挥集聚或扩散效益优势。

中心城市在城市体系中具有重要地位，对外围城市人口增长具有较强的空间溢出效应，因此要充分发挥中心城市对城市群总体人口空间分布和区域协调发展的引领作用，尤其是占主导地位的特大城市，如上海、广州和北京等，一方面增强其对外围城市的空间联系强度，发挥其引领城市群人口空间合理布局的核心作用，另一方面加大其对外围城市的空间辐射效应，降低对距离较近城市的空间竞争效应，以更好地实现区域内城市协调发展。同时，充分认识外围城市人口合理集聚也是城市群空间结构健康发展的重要组成部分，一方面需要外围城市能够主动融入城市群，与中心城市建立较强的空间联系，以增强中心城市的辐射强度，另一方面需要积极参与群内产业分工协作，积极承接产业转移，提高人口吸引集聚能力。此外，加快构建城市群内高效快捷的综合交通运输网络体系，由于中心城市的空间联系强度和辐射效应与时间距离密切相关，因此通过构建城际铁路、高速铁路和公路等综合交通网络，加强中心城市与外围城市的连通性，以增强中心城市的空间辐射效应，更好地推动城市群健康有序发展。

城市人口增长过程中存在互相学习和借鉴经验的模仿行为，不仅相同规模城市会相互学习和借鉴人口增长经验，不同规模城市间也会学习和模仿其他城市行为决策以扩大人口规模。相同规模城市通常拥有相似的经济发展水平，会为外来人口提供相似的就业机会和工资待遇，也会为吸纳外来人口采取相似策略，使得城市政府通常以相同规模城市的行为和做法作为决策依据，以避免在人口竞争中处于劣势地位。此外，不同规模城市也存在互相模仿行为。由于小城市和中等城市人口规模相对较低，为促使城市人口快速增长，中小城市会主动向大城市学习和借鉴，这使得大城市自然成为中小城市人口增长的主要模仿对象。同时，大城市人口增长除了具有初始人口、经济和制度优势外，大多数城市都是从中等城市，甚至是小城市慢慢发展起来的，这就为中小城市人口增长提供了良好的经验借鉴。同时，城市人口增长同群效应的来源包括学习效应和竞争效应两种内在机制。城市人口规模是一个不断增长的过程，也是一个城市自身经验积累和自我完善的过程，因此城市人口增长可以通过自我学习和经验积累来不断更新和强化自身行为决策实现；同时，相邻城市人口增长通过空间溢出效应也会影响本城市，使得本城市人口增长过程中还会不断学习借鉴相邻城市经验。同时，城市人口规模也是城市间互相竞争的结果，城市会为了吸引人口进入而采取的各种竞争策略，如城市公共服务供给对人口规模增长具有显著的促进作用，是人口流动中"用脚投票"机制的重要考量，政府间会通过提高城市公共服务质量来吸引外来人口进入；户籍制度是阻碍人口向城市迁移的重要制度障碍，放松户籍制度有利于促进人口向城市迁移。城市政府会通过采取相似的竞争性策略来促进城市人口增长，进而影响城市人口增长的同群效应。因此，需要充分重视不同类型城市人口增长的学习和模仿行为。对东部城市或大城市而言，在市场力量作用下，外来人口向其集聚的趋势在短期内难以发生改变，这就需要其继续发挥人口集聚效应，如消除户籍制度壁垒，进一步降低外来人口落户门槛，保障人口自由流动和迁移的权利；出台更多的人才吸引政策和产业优惠政策等，为外来人口进入提供保障。同时，也需要注重发挥其空间溢出效应，既可以一定程度上缓解其人口过度集聚产生的城市病问题，也可以强化对相邻城市的辐射力，与相邻城市构建良好的城市人口合理增长关系；对中西部城市或中小城市而言，应该充分利用国家实施的区域经济协调发展政策，在发挥自身特色产业基础上，有效承接东部沿海地区产业转移，优化升级产业结构和增强经济集聚水平，以促进其人口增长；还要持续推进户籍制度改革，采取奖励措施吸引人口落户，如加大对吸引人才政策的优惠力度，在教育、医疗、社保和购房等方面出台系列政策让外来人口进城落户，真正实现流动人口市民化，推动城市人口合理增长。

参 考 文 献

［1］安虎森，颜银根，朴银哲．城市高房价和户籍制度：促进或抑制城乡收入差距扩大？——中国劳动力流动和收入差距扩大悖论的一个解释［J］．世界经济文汇，2011（4）：41-51.

［2］安体富，任强．中国公共服务均等化水平指标体系的构建——基于地区差别视角的量化分析［J］．财贸经济，2008（6）：79-82.

［3］鲍常勇．我国286个地级及以上城市流动人口分布特征分析［J］．人口研究，2007（6）：67-75.

［4］蔡昉，都阳，王美艳．户籍制度与劳动力市场保护［J］．经济研究，2001（12）：41-49.

［5］蔡昉．户籍制度改革与城乡社会福利制度统筹［J］．经济学动态，2010（12）：4-10.

［6］蔡昉．以农民工市民化推进城镇化［J］．经济研究，2013（3）：6-8.

［7］陈刚强，李郇，许学强．中国城市人口的空间集聚特征与规律分析［J］．地理学报，2008（10）：1045-1054.

［8］陈杰，郭晓欣，钟世虎．户籍歧视对农村流动人口城市定居意愿的影响研究［J］．社会科学战线，2021（2）：89-96.

［9］陈娟．城市公共服务分类供给的机制建设与路径完善［M］．北京：中国社会科学出版社，2020.

［10］陈乐，李郇，姚尧，等．人口集聚对中国城市经济增长的影响分析［J］．地理学报，2018（6）：123-136.

［11］陈明星，郭莎莎，陆大道．新型城镇化背景下京津冀城市群流动人口特征与格局［J］．地理科学进展，2018（3）：363-372.

［12］陈明星，李扬，龚颖华，等．胡焕庸线两侧的人口分布与城

镇化格局趋势——尝试回答李克强总理之问 [J]. 地理学报, 2016
(2): 179-193.

[13] 淳于淼泠, 郭春甫, 金莹. 政府公共服务供给能力研究: 以西部地区地方政府为例 [M]. 北京: 北京大学出版社, 2017.

[14] 邓曲恒, 古斯塔夫森. 中国的永久移民 [J]. 经济研究, 2007 (4): 137-148.

[15] 邓智团, 樊豪斌. 中国城市人口规模分布规律研究 [J]. 中国人口科学, 2016 (4): 48-60.

[16] 翟振武, 王宇, 石琦. 中国流动人口走向何方? [J]. 人口研究, 2019 (2): 8-13.

[17] 丁菊红, 邓可斌. 财政分权、软公共品供给与户籍管制 [J]. 中国人口科学, 2011 (4): 44-52.

[18] 董理, 张启春. 我国地方政府公共支出规模对人口迁移的影响——基于动态空间面板模型的实证研究 [J]. 财贸经济, 2014 (12): 40-50.

[19] 都阳, 蔡昉, 屈小博, 等. 延续中国奇迹: 从户籍制度改革中收获红利 [J]. 经济研究, 2014 (8): 4-13.

[20] 段成荣, 杨舸. 我国流动人口的流入地分布变动趋势研究 [J]. 人口研究, 2009 (6): 3-14.

[21] 樊纲, 郭万达, 等. 中国城市化和特大城市问题再思考 [M]. 北京: 中国经济出版社, 2017.

[22] 樊士德. 中国流动人口政策演化与评价: 以长三角地区为例 [M]. 北京: 社会科学文献出版社, 2020.

[23] 范逢春, 谭淋丹. 城乡基本公共服务均等化制度绩效测量: 基于分省面板数据的实证分析 [J]. 上海行政学院学报, 2018 (1): 53-64.

[24] 方大春, 杨义武. 城市公共品供给对城乡人口迁移的影响——基于动态面板模型的实证分析 [J]. 财经科学, 2013 (8): 75-84.

[25] 冯骁, 牛叔文, 李景满. 我国市域基本公共服务均等化的空

间演变与影响因素 [J]. 兰州大学学报 (社会科学版), 2014 (2): 86 - 93.

[26] 付文林. 人口流动的结构性障碍: 基于公共支出竞争的经验分析 [J]. 世界经济, 2007 (12): 32 - 40.

[27] 甘行琼, 刘大帅, 胡朋飞. 流动人口公共服务供给中的地方政府财政激励实证研究 [J]. 财贸经济, 2015 (10): 87 - 101.

[28] 高虹. 城市人口规模与劳动力收入 [J]. 世界经济, 2014 (10): 145 - 164.

[29] 高鸿鹰, 武康平. 我国城市规模分布 Pareto 指数测算及影响因素分析 [J]. 数量经济技术经济研究, 2008 (4): 43 - 52.

[30] 龚峰. 财政激励、机会平等与公共服务均等化研究 [M]. 北京: 科学出版社, 2019.

[31] 龚健雅, 许刚, 焦利民, 等. 城市标度律及应用 [J]. 地理学报, 2021 (2): 251 - 260.

[32] 顾朝林, 蔡建明, 张伟, 等. 中国大中城市流动人口迁移规律研究 [J]. 地理学报, 1999 (3): 204 - 212.

[33] 顾朝林, 庞海峰. 建国以来国家城市化空间过程研究 [J]. 地理科学, 2009 (1): 10 - 14.

[34] 官华平. 流动人口就业稳定性研究 [M]. 北京: 科学出版社, 2020.

[35] 国家卫生计生委流动人口服务中心. 中国流动人口地理空间分布数据集 (2015 年) [M]. 北京: 中国人口出版社, 2017.

[36] 国务院发展研究中心课题组. 民生为本: 中国基本公共服务改善路径 [M]. 北京: 中国发展出版社, 2012.

[37] 韩峰, 李玉双. 产业集聚、公共服务供给与城市规模扩张 [J]. 经济研究, 2019 (11): 149 - 164.

[38] 韩剑萍, 苟思远, 黄庆旭, 等. 成渝城市群近 40 年城市规模分布演变——基于 K - S 检验的滚动样本回归 [J]. 经济地理, 2019 (8): 59 - 67.

[39] 韩瑞波, 曹沪华, 刘紫葳. 基于综合引力模型的中国城镇体

系再探索 [J]. 中国科学: 地球科学, 2018 (12): 1670 - 1684.

[40] 韩增林, 李彬, 张坤领. 中国城乡基本公共服务均等化及其空间格局分析 [J]. 地理研究, 2015 (11): 2035 - 2048.

[41] 何兰萍, 傅利平, 等. 公共服务供给与居民获得感: 社会治理精细化的视角 [M]. 北京: 中国社会科学出版社, 2019.

[42] 何炜. 公共服务提供对劳动力流入地选择的影响——基于异质性劳动力视角 [J]. 财政研究, 2020 (3): 101 - 118.

[43] 何兴强, 费怀玉. 户籍与家庭住房模式选择 [J]. 经济学 (季刊), 2018 (2): 527 - 548.

[44] 洪俊杰, 倪超军. 城市公共服务供给质量与农民工定居选址行为 [J]. 中国人口科学, 2020 (6): 54 - 65, 127.

[45] 侯慧丽. 城市公共服务的供给差异及其对人口流动的影响 [J]. 中国人口科学, 2016 (1): 118 - 125.

[46] 侯新烁. 户籍门槛是否阻碍了城市化?——基于空间异质效应模型的分析 [J]. 人口与发展, 2018 (3): 24 - 34.

[47] 侯亚杰. 户口迁移与户籍人口城镇化 [J]. 人口研究, 2017 (4): 82 - 96.

[48] 黄国平. 城市化进程中的基本公共服务财政保障研究 [M]. 长春: 吉林大学出版社, 2019.

[49] 黄洁, 钟业喜. 中国城市人口密度及其变化 [J]. 城市问题, 2014 (10): 17 - 22.

[50] 黄燕芬, 张超. 城市行政层级视角的人口流动影响机理研究 [J]. 中国人口科学, 2018 (1): 33 - 45.

[51] 纪江明, 胡伟. 中国城市公共服务满意度的熵权 TOPSIS 指数评价——基于 2012 连氏 "中国城市公共服务质量调查" 的实证分析 [J]. 上海交通大学学报 (哲学社会科学版), 2013 (3): 41 - 51.

[52] 贾卓, 陈兴鹏, 李晨曦, 等. 兰州—西宁城市群人口集聚格局及影响因素 [J]. 兰州大学学报 (自然科学版), 2019 (4): 436 - 442.

[53] 简新华, 黄锟. 中国城镇化水平和速度的实证分析与前景预

测 [J]. 经济研究，2010 (3)：28 - 39.

[54] 江曼琦，席强敏. 中国主要城市化地区测度——基于人口聚集视角 [J]. 中国社会科学，2015 (8)：26 - 46.

[55] 江依妮，张光. 财政资源错配：户籍区隔下的地方公共服务供给 [J]. 经济体制改革，2016 (4)：5 - 11.

[56] 姜海山，蒋俊杰，于洪生，等. 中国政府架构与基本公共服务 [M]. 北京：人民出版社，2017.

[57] 蒋小荣，汪胜兰. 中国地级以上城市人口流动网络研究——基于百度迁徙大数据的分析 [J]. 中国人口科学，2017 (2)：35 - 46.

[58] 焦利民，雷玮倩，许刚，等. 中国城市标度律及标度因子时空特征 [J]. 地理学报，2020 (12)：2744 - 2758.

[59] 解垩. 转移支付与公共品均等化分析 [J]. 统计研究，2007 (6)：63 - 66.

[60] 金相郁. 中国城市规模效率的实证分析：1990 - 2001 年 [J]. 财贸经济，2006 (6)：78 - 82.

[61] 孔薇. 中国基本公共服务供给区域差异研究 [M]. 北京：中国社会科学出版社，2020.

[62] 劳昕，沈体雁. 中国地级以上城市人口流动空间模式变化——基于 2000 和 2010 年人口普查数据的分析 [J]. 中国人口科学，2015 (1)：15 - 28.

[63] 劳昕. 基于人口迁移网络的中国城市体系演化研究 [M]. 北京：中国社会科学出版社，2019.

[64] 李斌，李拓，朱业. 公共服务均等化、民生财政支出与城市化——基于中国 286 个城市面板数据的动态空间计量检验 [J]. 中国软科学，2015 (6)：79 - 90.

[65] 李超，万海远. 新型城镇化与人口迁转 [M]. 广州：广东经济出版社，2014.

[66] 李国正，艾小青，陈连磊，等. 社会投资视角下环境治理、公共服务供给与劳动力空间集聚研究 [J]. 中国人口·资源与环境，2018 (5)：58 - 65.

[67] 李华，董艳玲．中国基本公共服务均等化测度及趋势演进——基于高质量发展维度的研究 [J]．中国软科学，2020 (10)：74 - 84.

[68] 李强，陈宇琳，刘精明．中国城镇化"推进模式"研究 [J]．中国社会科学，2012 (7)：82 - 100.

[69] 李若建．工人群体的分化与重构——基于人口调查数据的分析 [J]．中国人口科学，2015 (5)：21 - 32，126.

[70] 李松林，刘修岩．中国城市体系规模分布扁平化：多维区域验证与经济解释 [J]．世界经济，2017 (11)：146 - 171.

[71] 李拓，李斌，余曼．财政分权、户籍管制与基本公共服务供给——基于公共服务分类视角的动态空间计量检验 [J]．统计研究，2016 (8)：80 - 88.

[72] 李拓，李斌．中国跨地区人口流动的影响因素——基于286个城市面板数据的空间计量检验 [J]．中国人口科学，2015 (2)：73 - 83.

[73] 李伟军．住房负担、公共服务与人口集聚——基于中国三大城市群48个城市的实证检验 [J]．经济经纬，2019 (5)：9 - 16.

[74] 李晓春，马轶群．我国户籍制度下的劳动力转移 [J]．管理世界，2004 (11)：47 - 52.

[75] 李尧．教育公共服务、户籍歧视与流动人口居留意愿 [J]．财政研究，2020 (6)：92 - 104.

[76] 李一花，李静，张芳洁．公共品供给与城乡人口流动——基于285个城市的计量检验 [J]．财贸研究，2017 (5)：55 - 66.

[77] 李怡涵．中国省际人口迁移的空间区域分布特征及相关问题研究：基于三次人口普查数据的分析 [M]．北京：中国社会科学出版社，2017.

[78] 李袁园．中国省际人口迁移和区域经济发展研究 [M]．北京：社会科学文献出版社，2014.

[79] 梁海艳．中国流动人口生存与发展状况研究 [M]．北京：经济管理出版社，2018.

[80] 梁婧，张庆华，龚六堂．城市规模与劳动生产率：中国城市

规模是否过小？——基于中国城市数据的研究［J］. 经济学（季刊），2015（3）：1053 – 1072.

［81］梁琦，陈强远，王如玉. 户籍改革、劳动力流动与城市层级体系优化［J］. 中国社会科学，2013（12）：36 – 59.

［82］廖传清，郑林. 长江中游城市群人口分布与城镇化格局及其演化特征［J］. 长江流域资源与环境，2017（7）：963 – 972.

［83］林李月，朱宇，柯文前，等. 基本公共服务对不同规模城市流动人口居留意愿的影响效应［J］. 地理学报，2019（4）：737 – 752.

［84］刘成奎. 政府城市偏好、网络信息与城乡基本公共服务均等化［J］. 财贸研究，2013（6）：78 – 86.

［85］刘春涛. 东北三省人口迁移时空格局与机制研究［M］. 南京：东南大学出版社，2021.

［86］刘欢，席鹏辉. 户籍管制与流动人口家庭化迁移——基于2016 年流动人口监测数据的经验分析［J］. 经济与管理研究，2019（11）：82 – 95.

［87］刘欢. 财政压力、户籍制度改革与劳动生产率——农业劳动力转移的视角［J］. 经济社会体制比较，2020（6）：167 – 177.

［88］刘金凤，魏后凯. 城市公共服务对流动人口永久迁移意愿的影响［J］. 经济管理，2019（11）：20 – 37.

［89］刘金伟. 我国城市户籍开放程度及其影响因素分析——基于全国 63 个样本城市的评估［J］. 国家行政学院学报，2016（5）：91 – 95.

［90］刘敏. 人口流动新形势下的公共服务问题识别与对策研究［J］. 宏观经济研究，2019（5）：42 – 50.

［91］刘乃全，邓敏. 多中心结构模式与长三角城市群人口空间分布优化［J］. 产业经济评论，2018（4）：91 – 103.

［92］刘乃全，宇畅，赵海涛. 流动人口城市公共服务获取与居留意愿——基于长三角地区的实证分析［J］. 经济与管理评论，2017（6）：112 – 121.

［93］刘睿文，封志明，游珍. 中国人口集疏格局与形成机制研究

[J]. 中国人口·资源与环境, 2010 (3): 89 - 94.

[94] 刘涛, 曹广忠. 城市规模的空间聚散与中心城市影响力——基于中国 637 个城市空间自相关的实证 [J]. 地理研究, 2012 (7): 1317 - 1327.

[95] 刘涛, 齐元静, 曹广忠. 中国流动人口空间格局演变机制及城镇化效应——基于 2000 和 2010 年人口普查分县数据的分析 [J]. 地理学报, 2015 (4): 567 - 581.

[96] 刘涛, 卓云霞, 王洁晶. 邻近性对人口再流动目的地选择的影响 [J]. 地理学报, 2020 (12): 2716 - 2729.

[97] 陆铭, 高虹, 佐藤宏. 城市规模与包容性就业 [J]. 中国社会科学, 2012 (10): 47 - 66.

[98] 陆铭. 城市、区域和国家发展——空间政治经济学的现在与未来 [J]. 经济学 (季刊), 2017 (4): 1499 - 1532.

[99] 陆万军, 张彬斌. 户籍门槛、发展型政府与人口城镇化政策——基于大中城市面板数据的经验研究 [J]. 南方经济, 2016 (2): 28 - 42.

[100] 陆益龙. 户口还起作用吗——户籍制度与社会分层和流动 [J]. 中国社会科学, 2008 (1): 149 - 162.

[101] 路江涌, 陶志刚. 中国制造业区域聚集及国际比较 [J]. 经济研究, 2006 (3): 103 - 114.

[102] 吕炜, 张妍彦. 城市内部公共服务均等化及微观影响的实证测度 [J]. 数量经济技术经济研究, 2019 (11): 101 - 120.

[103] 马君, 李全文. 我国城市公共产品及公共服务地区性差异实证研究 [J]. 经济研究参考, 2013 (57): 46 - 54.

[104] 马志飞, 尹上岗, 张宇, 等. 中国城城流动人口的空间分布、流动规律及其形成机制 [J]. 地理研究, 2019 (4): 926 - 936.

[105] 毛新雅, 王红霞. 城市群区域人口城市化的空间路径——基于长三角和京津冀 ROXY 指数方法的分析 [J]. 人口与经济, 2014 (4): 43 - 50.

[106] 梅志雄, 徐颂军, 欧阳军, 等. 近 20 年珠三角城市群城市

空间相互作用时空演变 [J]. 地理科学, 2012 (6): 694 - 701.

[107] 苗洪亮, 周慧. 中国三大城市群内部经济联系和等级结构的比较——基于综合引力模型的分析 [J]. 经济地理, 2017 (6): 52 - 59.

[108] 缪小林, 王婷, 高跃光. 转移支付对城乡公共服务差距的影响——不同经济赶超省份的分组比较 [J]. 经济研究, 2017 (2): 52 - 66.

[109] 穆光宗, 江砥. 流动人口的社会融合: 含义、测量和路径 [J]. 江淮论坛, 2017 (4): 129 - 133.

[110] 年猛, 王垚. 行政等级与大城市拥挤之困——冲破户籍限制的城市人口增长 [J]. 财贸经济, 2016 (11): 126 - 145.

[111] 潘泽瀚. 中国人口迁移与区域收入差距 [M]. 上海: 上海人民出版社, 2020.

[112] 彭希哲, 郭秀云. 权利回归与制度重构——对城市流动人口管理模式创新的思考 [J]. 人口研究, 2007 (4): 1 - 8.

[113] 彭希哲, 等. 中国大城市户籍制度改革研究 [M]. 北京: 经济科学出版社, 2015.

[114] 戚伟, 刘盛和, 赵美风. 中国城市流动人口及市民化压力分布格局研究 [J]. 经济地理, 2016 (5): 55 - 62.

[115] 戚伟, 刘盛和. 中国城市流动人口位序规模分布研究 [J]. 地理研究, 2015 (10): 1981 - 1993.

[116] 戚伟, 赵美风, 刘盛和. 1982~2010 年中国县市尺度流动人口核算及地域类型演化 [J]. 地理学报, 2017 (12): 2131 - 2146.

[117] 乔宝云, 范剑勇, 冯兴元. 中国的财政分权与小学义务教育 [J]. 中国社会科学, 2005 (6): 37 - 46.

[118] 乔晓春. 户籍制度、城镇化与中国人口大流动 [J]. 人口与经济, 2019 (5): 1 - 17.

[119] 屈小博. 户籍制度改革的成本与收益研究 [M]. 北京: 中国社会科学出版社, 2021.

[120] 任强. 中国省际公共服务水平差异的变化: 运用基尼系数的测度方法 [J]. 中央财经大学学报, 2009 (11): 5 - 9.

[121] 任喜萍，殷仲义．中国省域人口集聚、公共资源配置与服务业发展时空耦合及驱动因素 [J]．中国人口·资源与环境，2019（12）：77 – 86.

[122] 任远．人的城镇化：新型城镇化的本质研究 [J]．复旦学报（社会科学版），2014（4）：134 – 139.

[123] 邵磊，任强，侯一麟．基础教育均等化措施的房地产资本化效应 [J]．世界经济，2020（11）：78 – 101.

[124] 邵琳．人口流动背景下的城乡基本公共服务供需研究 [M]．北京：中国建筑工业出版社，2020.

[125] 沈亚平．中国城市化进程中公共服务供给研究 [M]．天津：南开大学出版社，2017.

[126] 宋锦．中国户籍制度改革与劳动力市场变迁 [M]．北京：中国劳动社会保障出版社，2020.

[127] 宋艳姣．我国流动人口的"安居乐业"及市民化路径研究 [M]．北京：中国财政经济出版社，2021.

[128] 宋扬．户籍制度改革的成本收益研究——基于劳动力市场模型的模拟分析 [J]．经济学（季刊），2019（3）：813 – 832.

[129] 苏红键，魏后凯．密度效应、最优城市人口密度与集约型城镇化 [J]．中国工业经济，2013（10）：5 – 17.

[130] 苏红键，魏后凯．迁入潜能与城市增长 [J]．中国软科学，2020（8）：78 – 90.

[131] 孙斌栋，金晓溪，林杰．走向大中小城市协调发展的中国新型城镇化格局——1952 年以来中国城市规模分布演化与影响因素 [J]．地理研究，2019（1）：75 – 84.

[132] 孙建军．我国基本公共服务均等化供给政策研究 [M]．北京：知识产权出版社，2012.

[133] 孙文凯，白重恩，谢沛初．户籍制度改革对中国农村劳动力流动的影响 [J]．经济研究，2011（1）：28 – 41.

[134] 孙文凯．中国的户籍制度现状、改革阻力与对策 [J]．劳动经济研究，2017（3）：50 – 63.

［135］孙焱林，张攀红．人口迁移、地方公共支出与房价相互间的影响［J］．城市问题，2015（5）：90－96.

［136］覃成林，刘佩婷．行政等级、公共服务与城市人口偏态分布［J］．经济与管理研究，2016（11）：102－110.

［137］谭策天，何文．户籍歧视、城市体系与城市化——基于新经济地理学视角的理论和实证研究［J］．南开经济研究，2019（1）：46－65.

［138］汤韵，梁若冰．中国省际居民迁移与地方公共支出——基于引力模型的经验研究［J］．财经研究，2009（1）：16－25.

［139］唐天伟，孙丽华，张剑娜．我国省级政府基本公共服务均等化测度分析：2003－2012［J］．经济管理，2013（11）：170－177.

［140］唐为．中国城市规模分布体系过于扁平化吗？［J］．世界经济文汇，2016（1）：36－51.

［141］田艳平，冯国帅．城市公共服务对就业质量影响的空间差异［J］．城市发展研究，2019（12）：122－129.

［142］汪立鑫，王彬彬，黄文佳．中国城市政府户籍限制政策的一个解释模型：增长与民生的权衡［J］．经济研究，2010（11）：115－126.

［143］王春光．农村流动人口的"半城市化"问题研究［J］．社会学研究，2006（5）：107－122，244.

［144］王国霞，秦志琴，程丽琳．20世纪末中国迁移人口空间分布格局——基于城市的视角［J］．地理科学，2012（3）：273－281.

［145］王克强，贺俊刚，刘红梅．户籍堤坝效应与东部城市就业吸引力研究［J］．中国人口科学，2014（6）：2－14.

［146］王丽艳，马光荣．帆随风动、人随财走？——财政转移支付对人口流动的影响［J］．金融研究，2017（10）：18－34.

［147］王伟同，魏胜广．人口向小城市集聚更节约公共成本吗［J］．财贸经济，2016（6）：146－160.

［148］王小鲁，夏小林．优化城市规模推动经济增长［J］．经济研究，1999（9）：22－29.

［149］王小鲁．城市化与经济增长［J］．经济社会体制比较，2002（1）：23－32．

［150］王业强．倒"U"型城市规模效率曲线及其政策含义——基于中国地级以上城市经济、社会和环境效率的比较研究［J］．财贸经济，2012（11）：127－136．

［151］王悦荣．城市基本公共服务均等化及能力评价［J］．城市问题，2010（8）：9－16．

［152］王智勇．人口集聚与区域经济增长——对威廉姆森假说的一个检验［J］．南京社会科学，2018（3）：60－69．

［153］魏守华，孙宁，姜悦．Zipf定律与Gibrat定律在中国城市规模分布中的适用性［J］．世界经济，2018（9）：96－120．

［154］魏守华，杨阳，陈珑隆．城市等级、人口增长差异与城镇体系演变［J］．中国工业经济，2020（7）：5－23．

［155］魏义方，卢倩倩．土地财政依赖、城市公共服务供给与人口城镇化——基于35个大中城市的面板数据分析［J］．经济纵横，2021（7）：118－128．

［156］吴彬彬，章莉，孟凡强．就业机会户籍歧视对收入差距的影响［J］．中国人口科学，2020（6）：100－111．

［157］吴晶．长三角城市群基本公共服务的区域差异及空间演变研究［J］．上海经济，2017（6）：46－58．

［158］吴开亚，张力，陈筱．户籍改革进程的障碍：基于城市落户门槛的分析［J］．中国人口科学，2010（1）：66－74．

［159］吴瑞君，朱宝树．中国人口的非均衡分布与"胡焕庸线"的稳定性［J］．中国人口科学，2016（1）：14－24．

［160］吴伟平，刘乃全．异质性公共支出对劳动力迁移的门槛效应：理论模型与经验分析［J］．财贸经济，2016（3）：28－44．

［161］吴雪萍，赵果庆．中国城市人口集聚分布——基于空间效应的研究［J］．人文地理，2018（2）：131－137．

［162］武力超，林子辰，关悦．我国地区公共服务均等化的测度及影响因素研究［J］．数量经济技术经济研究，2004（8）：72－86．

[163] 武优勐. 公共服务集聚对劳动力流动的影响 [J]. 财经科学, 2020 (6): 120 - 132.

[164] 席强敏. 城市效率与城市规模关系的实证分析——基于 2001~2009 年我国城市面板数据 [J]. 经济问题, 2012 (10): 37 - 41.

[165] 夏纪军. 人口流动性、公共收入与支出——户籍制度变迁动因分析 [J]. 经济研究, 2004 (10): 56 - 65.

[166] 夏怡然, 陆铭. 城市间的 "孟母三迁" ——公共服务影响劳动力流向的经验研究 [J]. 管理世界, 2015 (10): 78 - 90.

[167] 夏怡然, 苏锦红, 黄伟. 流动人口向哪里集聚? ——流入地城市特征及其变动趋势 [J]. 人口与经济, 2015 (3): 13 - 22.

[168] 肖挺. 地铁发展对城市人口规模和空间分布的影响 [J]. 中国人口科学, 2021 (1): 79 - 90.

[169] 谢来位. 公共服务协同供给的制度创新研究 [M]. 北京: 中国社会科学出版社, 2019.

[170] 谢露露. 产业集聚和工资 "俱乐部": 来自地级市制造业的经验研究 [J]. 世界经济, 2015 (10): 148 - 168.

[171] 辛冲冲, 陈志勇. 中国基本公共服务供给水平分布动态、地区差异及收敛性 [J]. 数量经济技术经济研究, 2019 (8): 52 - 71.

[172] 熊兴, 余兴厚, 王宇昕. 我国区域基本公共服务均等化水平测度与影响因素 [J]. 西南民族大学学报 (人文社会科学版), 2018 (3): 108 - 116.

[173] 徐水源. 社会融合: 新时代中国流动人口发展之路 [M]. 北京: 人民出版社, 2019.

[174] 许恒周, 赵一航, 田浩辰. 京津冀城市圈公共服务资源配置与人口城镇化协调效率研究 [J]. 中国人口·资源与环境, 2018 (3): 22 - 30.

[175] 许莉, 万春. 京津冀城市圈公共服务供给水平测度及其区域差异分析 [J]. 调研世界, 2020 (5): 41 - 45.

[176] 许庆明, 胡晨光, 刘道学. 城市群人口集聚梯度与产业结

构优化升级——中国长三角地区与日本、韩国的比较［J］.中国人口科学，2015（1）：29－37.

［177］闫东升，陈雯，李平星.基于人口分布空间特征的市民化压力研究［J］.地理研究，2015（9）：1733－1743.

［178］严善平.人口移动、劳动力市场及其机制研究［M］.北京：人民出版社，2020.

［179］杨本建，黄海珊.城区人口密度、厚劳动力市场与开发区企业生产率［J］.中国工业经济，2018（8）：78－96.

［180］杨刚强，孟霞，孙元元，等.家庭决策、公共服务差异与劳动力转移［J］.宏观经济研究，2016（6）：105－117.

［181］杨刚强，孟霞.公共服务、家庭结构对劳动力转移的影响及公共政策选择［M］.北京：人民出版社，2017.

［182］杨冠琼，等.基本公共服务均衡化与政府行为优化［M］.北京：经济管理出版社，2018.

［183］杨晓军，陈浩.中国城乡基本公共服务均等化的区域差异及收敛性［J］.数量经济技术经济研究，2020（12）：127－145.

［184］杨晓军.城市差异化公共服务对人口空间集聚的影响——基于我国地级市动态空间杜宾模型的分析［J］.城市问题，2020（6）：12－19.

［185］杨晓军.城市公共服务质量对人口流动的影响［J］.中国人口科学，2017（2）：104－114.

［186］杨晓军.城市环境质量对人口流迁的影响——基于中国237个城市的面板数据的分析［J］.城市问题，2019（3）：23－31.

［187］杨晓军.区域与空间视角下中国城市规模分布与增长［J］.人口与经济，2021（5）：81－94.

［188］杨晓军.中国城市流动人口规模的区域差异与收敛性［J］.人口与发展，2021（4）：2－13.

［189］杨晓军.中国城市人口规模的区域差异与收敛性分析［J］.人口学刊，2021（2）：5－19.

［190］杨晓军.中国户籍制度改革对大城市人口迁入的影响——

基于 2000 ~ 2014 年城市面板数据的实证分析［J］. 人口研究，2017（1）：98 - 112.

［191］杨学成，汪冬梅. 我国不同规模城市的经济效率和经济成长力的实证研究［J］. 管理世界，2002（3）：9 - 12.

［192］杨义武，林万龙，张莉琴. 地方公共品供给与人口迁移——来自地级及以上城市的经验证据［J］. 中国人口科学，2017（2）：93 - 103.

［193］叶文平，李新春，陈强远. 流动人口对城市创业活跃度的影响：机制与证据［J］. 经济研究，2018，53（6）：159 - 172.

［194］尹德挺，袁尚. 新中国 70 年来人口分布变迁研究——基于"胡焕庸线"的空间定量分析［J］. 中国人口科学，2019（5）：15 - 28.

［195］于涛方. 中国城市人口流动增长的空间类型及影响因素［J］. 中国人口科学，2012（4）：49 - 60.

［196］于潇，Peter Ho. 非农业户籍会使人更幸福吗［J］. 统计研究，2016（10）：67 - 74.

［197］悦中山，王红艳，李树茁. 流动人口融合政策与农民工的社会融合［J］. 江苏行政学院学报，2017（5）：81 - 88.

［198］曾繁荣，李玲蔚，贺正楚，等. 基本公共服务水平与新型城镇化动态关系研究［J］. 中国软科学，2019（12）：150 - 160.

［199］曾红颖. 我国基本公共服务均等化标准体系及转移支付效果评价［J］. 经济研究，2012（6）：20 - 32，45.

［200］张车伟，蔡翼飞. 中国城镇化格局变动与人口合理分布［J］. 中国人口科学，2012（6）：44 - 57.

［201］张光，尹相飞. 流动人口与地方教育财政投入——基于 2000 ~ 2011 年跨省数据的实证分析［J］. 教育与经济，2015（6）：3 - 10.

［202］张国俊，黄婉玲，周春山，等. 城市群视角下中国人口分布演变特征［J］. 地理学报，2018（8）：1513 - 1525.

［203］张浩然. 日照间距约束、人口密度与中国城市增长［J］.

经济学（季刊），2018（1）：333 - 354.

［204］张吉鹏，黄金，王军辉，等. 城市落户门槛与劳动力回流［J］. 经济研究，2020（7）：175 - 190.

［205］张吉鹏，卢冲. 户籍制度改革与城市落户门槛的量化分析［J］. 经济学（季刊），2019（4）：1509 - 1530.

［206］张开志，高正斌，张莉娜，等. "候鸟式"流动亦或"永久"迁移？——基于社会融入视角的公共服务可及性与人口流迁选择［J］. 经济与管理研究，2020（7）：112 - 133.

［207］张丽，吕康银，王文静. 地方财政支出对中国省际人口迁移影响的实证研究［J］. 税务与经济，2011（4）：13 - 19.

［208］张文武，余泳泽. 城市服务多样性与劳动力流动——基于"美团网"大数据和流动人口微观调查的分析［J］. 金融研究，2021（9）：91 - 110.

［209］张贤明，等. 基本公共服务均等化研究［M］. 北京：经济科学出版社，2017.

［210］张晓杰. 区域基本公共服务均等化：创新、协同与共享［M］. 上海：上海人民出版社，2020.

［211］张序，等. 公共服务的理论与实践［M］. 成都：四川大学出版社，2019.

［212］张耀军，岑俏. 中国人口空间流动格局与省际流动影响因素研究［J］. 人口研究，2014（5）：54 - 71.

［213］赵如婧，周皓. 基本公共服务、城市规模与流动人口居留意愿——基于2010～2017年流动人口动态监测调查数据［J］. 西北人口，2021（6）：1 - 16.

［214］赵耀辉，刘启明. 中国城乡迁移的历史研究：1949～1985［J］. 中国人口科学，1997（2）：26 - 35.

［215］郑真真. 中国流动人口变迁及政策启示［J］. 中国人口科学，2013（1）：36 - 45，126 - 127.

［216］周光霞. 城市集聚经济、户籍制度与农村劳动力流动［M］. 北京：经济科学出版社，2019.

［217］周梦天．中国城市生活质量、商业环境与人口流动研究——基于空间均衡的视角［M］．北京：人民出版社，2010．

［218］周文，赵方，杨飞，等．土地流转、户籍制度改革与中国城市化：理论与模拟［J］．经济研究，2017（6）：183－197．

［219］周小刚．深化户籍制度改革的城市公共服务创新研究［M］．北京：科学出版社，2020．

［220］周晓津．基于大数据的人口流动流量、流向新变化研究［M］．北京：经济管理出版社，2020．

［221］朱传耿，马荣华，甄峰，等．中国城市流动人口的空间结构［J］．人文地理，2002（1）：65－68．

［222］邹一南，李爱民．户籍管制、城市规模与城市发展［J］．当代经济研究，2013（9）：53－60．

［223］邹一南．户籍制度改革：路径冲突与政策选择［M］．北京：人民出版社，2019．

［224］Anderson K, Cerlsen F. Local Public Services and Migration: Educational Change Evidence from Norwegian Municipalities［J］. The Review of Regional Studies, 1997, 27（2）：123－142.

［225］Au C. -C. , Henderson J. V. How Migration Restrictions Limit Agglomeration and Productivity in China［J］. Journal of Development Economics, 2006, 80（2）：350－388.

［226］Bayoh I, Irwin E G, Haab T. Determinants of Residential Location Choice: How Important Are Local Public Goods in Attracting Homeowners to Central City Locations?［J］. Journal of Regional Science, 2006, 46（1）：97－120.

［227］Berck P, Tano S, Westerlund O. Regional Sorting of Human Capital: The Choice of Location among Young Adults in Sweden［J］. Regional Studies, 2016,（50）5：757－770.

［228］Berlinschi R, Harutyunyan A. Do Migrants Think Differently? Evidence from Eastern European and Post－Soviet States［J］. International Migration Review, 2019, 53（3）：831－868.

［229］ Bosker M. , Brakman S. , Garretsen H. , Schramm M. Relaxing Hukou: Increased Labor Mobility and China's Economic Geography ［J］. Journal of Urban Economics, 2012, 72 (2 – 3): 252 – 266.

［230］ Buch T, Hamann S, Niebuhr A, Rossen A. What Makes Cities Attractive? The Determinants of Urban Labour Migration in Germany ［J］. Urban Studies, 2014, 51 (9): 1960 – 1978.

［231］ Chan K. W. The Chinese Hukou System at 50 ［J］. Eurasian Geography and Economics, 2009, 50 (2): 197 – 221.

［232］ Dagum C. A New Approach to The Decomposition of the Gini Income Inequality Ratio ［J］. Empirical Economics, 1997, 22 (4): 515 – 531.

［233］ Dahlberg M, Eklöf M, Fredriksson P, Jofre – Monseny J. Estimating Preferences for Local Public Services Using Migration Data ［J］. Urban Studies, 2012, 49 (2): 319 – 336.

［234］ Dalmazzo A, De Blasio G. Amenities and skill-biased agglomeration effects: Some results on Italian cities ［J］. Papers in Regional Science, 2011, 90 (3): 503 – 527.

［235］ Day K M. Interprovincial Migration and Local Public Goods ［J］. Canadian Journal of Economics, 1992, 25 (1): 123 – 144.

［236］ Dustmann C, Okatenko A. Out – Migration, Wealth Constraints, and the Quality of Local Amenities ［J］. Journal of Development Economics, 2014, (110): 52 – 63.

［237］ Elhorst J P. Matlab Software for Spatial Panels ［J］. International Regional Science Review, 2014, 37 (3): 389 – 405.

［238］ Friedman J. A Conditional Logit Model of the Role of Local Public Services in Residential Choice ［J］. Urban Studies, 1981, 18 (3): 347 – 358.

［239］ Marre A W, Rupasingha A. School quality and rural in-migration: Can better rural schools attract new residents? ［J］. Journal of Regional Science, 2020, 60 (1): 156 – 173.

［240］Maza A, Gutiérrez – Portilla M. , Hierro M. and Villaverde J. (2019), Internal Migration in Spain: Dealing with Multilateral Resistance and Nonlinearites ［J］. International Migration, 2019, 57（1）: 75 – 93.

［241］Nechyba T J, Strauss R P. Community Choice and Local Public Services: A Discrete Choice Approach ［J］. Regional Science and Urban Economics, 1998, 28（1）: 51 – 73.

［242］Quah D. Galton's Fallacy and Tests of the Convergence Hypothesis ［J］. Scandinavian Journal of Economics, 1993, 95（4）: 427 – 443.

［243］Quigley J M. Consumer Choice of Dwelling, Neighborhood and Public Services ［J］. Regional Science and Urban Economics, 1985, 15（1）: 41 – 63.

［244］Rapaport C. Housing Demand and Community Choice: An Empirical Analysis ［J］. Journal of Urban Economics, 1997, 42（2）: 243 – 260.

［245］Rodríguez – Pose A, Ketterer T D. Do Local Amenities Affect the Appeal of Regions in Europe for Migrants? ［J］. Journal of Regional Science, 2012, 52（4）: 535 – 561.

［246］Shilpi F, Sangraula P, Li Y. Voting with Their Feet? Access to Infrastructure and Migration in Nepal ［J］. Policy Research Working Paper, 2014, 52（15）: 598 – 617.

［247］Tiebout C M. A Pure Theory of Local Expenditures ［J］. The Journal of Political Economy, 1956, 64（5）: 416 – 424.